DE OORLOGSBRUID

Edith Hahn Beer en Susan Dworkin

DE OORLOGSBRUID

the house of books

Eerste druk, maart 2012
Derde druk, juli 2012

Is eerder verschenen onder de titel *De joodse bruid*.

Oorspronkelijke titel
The Nazi Officer's Wife
Uitgave
Rob Weisbach Books, an Imprint of William Morrow and Company, Inc.,
New York
Copyright © 1999 by Pritchards Trustees Ltd, as Trustee of the Edith Hahn Trust
Copyright voor het Nederlandse taalgebied © 2002 by The House of Books,
Vianen/Antwerpen

Vertaling
Ineke van Bronswijk
Omslagontwerp
marliesvisser.nl
Omslagfoto
Hollandse Hoogte/Roger Viollet

ISBN 978 90 443 3413 5
D/2012/8899/39
NUR 320

Ter herinnering aan mijn dierbare moeder,
Klothilde Hahn

voorwoord

Het verhaal dat in dit boek wordt verteld is met opzet heel lang begraven gebleven. Net als veel mensen die een grote calamiteit hebben overleefd waarbij vele anderen zijn omgekomen, praatte ik niet over mijn leven als 'U-boot', toen ik op de vlucht voor de Gestapo met een valse identiteit in nazi-Duitsland woonde, vlak onder de oppervlakte van de maatschappij, maar vergat ik liever zoveel mogelijk. Bovendien wilde ik de jongere generaties niet met droevige herinneringen opzadelen. Het was mijn dochter Angela die erop heeft aangedrongen dat ik mijn verhaal zou vertellen, een geschreven verslag zou achterlaten, dat ik het wereldkundig zou maken.

In 1977 besloot ik mijn archief uit de oorlog – brieven, foto's en documenten – te laten veilen. Het archief werd bij Sotheby's in Londen gekocht door twee oude vrienden, filantropen op het gebied van historisch erfgoed – Drew Lewis en Dalk Feith. Het was hun bedoeling om het te schenken aan het Holocaust Memorial Museum in Washington, en daar wordt het nog altijd bewaard. Ik ben het museum enorm dankbaar voor hun medewerking en betrokkenheid. De papieren in het archief hebben veel herinneringen opgeroepen. Susan Dworkin heeft me met haar sympathie en begrip geholpen om het verleden onder woorden te brengen, en daarvoor ben ik haar erkentelijk.

Veel dank aan Nina Sasportas uit Keulen, die met haar gedetailleerde research mijn geheugen heeft aangevuld, en aan Elizabeth Le-Vangia Uppenbrink uit New York; zij heeft alle brieven en documenten in begrijpelijk en vlot Engels vertaald. Eveneens veel dank aan Nicholas Kolarz, Robert Levine, Suzanne Braun-Levine, onze redacteur Colin Dickerman en zijn rechterhand Karen Murphy, en aan onze uitgever, Rob Weisbach – stuk voor stuk gewaardeerde critici die enthousiasme, energie en wijsheid hebben bijgedragen.

Tot slot wil ik nog zeggen dat dit boek zonder mijn dochter Angela Schlüter nooit geschreven zou zijn. Het was de liefhebbende toon van haar vragen, haar behoefte om te weten, haar zoektocht naar het vreemde, wonderlijke verleden die me hebben geïnspireerd om dit verhaal eindelijk te vertellen.

Edith Hahn Beer
Netanya, Israël

hoofdstuk 1

Het kleine stemmetje van toen

Na een tijd waren er geen uien meer. Mijn collega's onder de Rode-Kruisverpleegsters in het Städtische Krankenhaus in Brandenburg zeiden dat het kwam doordat de Führer de uien nodig had om er het gifgas van te maken waarmee onze vijanden overwonnen moesten worden. Zoveel plezier schonk het vergassen van de vijand de mensen niet, en volgens mij zouden de meeste inwoners van het Derde Rijk tegen die tijd – mei 1943 – veel liever een ui hebben gegeten.

In die tijd werkte ik op de afdeling voor de buitenlandse dwangarbeiders en krijgsgevangenen. Ik zette thee voor alle patiënten en bracht die rond op een kleine kar, probeerde te glimlachen en met een opgewekt 'Guten Tag' te groeten.

Op een dag bracht ik de theekopjes terug naar de keuken om ze af te wassen en betrapte ik een van de oudere verpleegsters op het snijden van een ui. Ze was de vrouw van een officier en kwam uit Hamburg. Ik geloof dat ze Hilde heette. Ze vertelde me dat de ui voor haar eigen lunch was en keek me doordringend aan om te zien of ik doorhad dat ze loog.

Ik keek haar wezenloos aan, glimlachte mijn bête lachje en waste de theekopjes af alsof ik geen flauw benul had dat deze verpleegster haar ui op de zwarte markt had gekocht voor een zwaargewonde Russische gevangene, zodat hij voor zijn dood nog één keer kon proeven waar hij zo naar verlangde. Zowel voor het kopen van de ui als voor haar vriendschap met de Rus had ze naar de gevangenis gestuurd kunnen worden.

Net als de meeste Duitsers die Hitlers wetten trotseerden, was de

9

verpleegster uit Hamburg een hoge uitzondering. Het was gebruike-lijker dat het personeel in ons ziekenhuis het eten dat voor de buitenlandse patiënten bestemd was stal om het mee naar huis te nemen of het zelf op te eten. Bedenk wel dat deze verpleegsters geen hoogopgeleide vrouwen uit progressieve gezinnen waren voor wie het verzorgen van de zieken een edele roeping was. Vaak waren het jonge boerendochters uit Oost-Pruisen, voorbestemd om een leven lang te zwoegen op de velden en in de stallen, en werken als verpleegster was een van de weinige acceptabele manieren om daaraan te ontkomen. Ze waren in het nazi-tijdperk opgegroeid, met nazi-propaganda. Ze geloofden oprecht dat ze als Noord-Europese 'ariërs' deel uitmaakten van een superieur ras. Voor hun gevoel waren de Russen, Fransen, Nederlanders, Belgen en Polen die bij ons werden verpleegd louter en alleen op deze wereld om het zware werk voor hen te doen. Het stelen van een bord soep van dit soort verachtelijke schepsels was in hun ogen geen zonde maar een volmaakt legitieme activiteit.

Ik schat dat er meer dan tienduizend buitenlandse dwangarbeiders in Brandenburg waren, werkzaam in de autofabriek van Opel, de vliegtuigfabriek van Arado of in andere fabrieken. Het merendeel van de patiënten in ons ziekenhuis was bij bedrijfsongelukken gewond geraakt. Terwijl ze werkten aan de opbouw van de economie in het Reich raakten hun handen verminkt in metalen persen, liepen ze brandwonden op bij withete smeltovens, of kwamen onder de bijtende chemicaliën te zitten. Het was een slavenvolk, overwonnen en hulpeloos, weggehaald bij hun ouders, vrouwen en kinderen, vol heimwee. Ik durfde niet naar hun gezicht te kijken uit angst mezelf te zien – mijn eigen angst, mijn eigen eenzaamheid.

In ons plattelandsziekenhuis was elke afdeling in een apart gebouw ondergebracht. Er was een speciaal gebouw waar de verpleegsters aten, een gebouw waar de was werd gedaan, een gebouw waar de orthopedische gevallen werden verpleegd en een voor besmettelijke ziekten. De dwangarbeiders werden streng gescheiden van de Duitse patiënten, ongeacht hun kwaal. We hoorden op een gegeven moment dat er een heel gebouw was gereserveerd voor buitenlanders die aan tyfus leden, een ziekte die door besmet water wordt verspreid. Hoe ze een dergelijke ziekte hadden opgelopen in onze prachtige historische stad – de inspiratiebron voor onvergetelijke composities, waar het water schoon was en het eten zorgvuldig werd gerantsoeneerd en gekeurd door de overheid, was voor eenvoudige meisjes zoals wij niet te bevatten. Veel van mijn collega's gingen ervan uit dat de buitenlanders het aan zichzelf te wijten hadden, vanwege hun gebrek aan hygiëne. De verpleegsters wilden voor zichzelf niet toegeven dat de ziekte het gevolg was van de abominabele omstandigheden waaronder deze dwangarbeiders moesten leven.

Het is van belang om te weten dat ik geen echte verpleegster was maar een verpleeghulp, slechts geschoold in huishoudelijke taken. Ik voerde de patiënten die niet zelf konden eten, stofte de nachtkastjes af en maakte de ondersteken schoon. Op mijn eerste werkdag sopte ik zevenentwintig steken – in de gootsteen, alsof het een gewone afwas was. Ik waste de rubberhandschoenen, die niet werden weggegooid zoals de dunne witte handschoenen van tegenwoordig. Die van ons waren dik en duurzaam, geschikt voor hergebruik. Ik moest ze van binnen poederen. Soms prepareerde ik een zwarte zalf waarmee verband werd ingesmeerd, als kompres om reumatische pijnen te verlichten. En dat was het wel zo'n beetje. Daar hield mijn medische kennis op.

Er is me één keer gevraagd om te assisteren bij een bloedtransfusie. Van de ene patiënt werd bloed afgenomen in een kom, en dat werd uit de kom in de ader van een andere patiënt gezogen. Ik moest in het bloed roeren om te voorkomen dat het stolde. Ik werd misselijk en rende de kamer uit. 'Ach,' zeiden ze tegen elkaar, 'Grete is maar een simpel meisje uit Wenen, nauwelijks opgeleid, net een treetje boven een werkster – wat kun je van haar nou verwachten? Laat haar de buitenlanders wier vingers in de machines zijn afgehakt maar voeren.'

Ik bad dat er niemand dood zou gaan als ik wachtdienst had. Kennelijk werden mijn gebeden verhoord, want de gevangenen wachtten tot mijn dienst erop zat en gingen dan pas dood.

Ik probeerde aardig voor hen te zijn; ik probeerde Frans te spreken tegen de Fransen om hun heimwee te verlichten. Misschien glimlachte ik te opgewekt, want op een ochtend in augustus kreeg ik van mijn afdelingshoofd te horen dat ik te familiair met de buitenlanders omging en daarom werd overgeplaatst naar de kraamafdeling.

Er waren namelijk overal informanten. Daarom was de verpleegster die de verboden ui klaarmaakte voor haar Russische patiënt ook zo

bang voor me, zelfs voor mij, Margarethe, afgekort 'Grete'. Een onge-
schoolde verpleeghulp van eenentwintig uit Oostenrijk. Zelfs ík kon
mogelijk voor de Gestapo of de SS werken.

In de vroege herfst van 1943, kort na mijn overplaatsing naar de
kraamafdeling, werd er een belangrijke industrieel opgenomen, die
helemaal vanuit Berlijn per ambulance was vervoerd nadat hij een beroerte had gehad. Hij had rust en stilte nodig en moest vierentwintig
uur per dag behandeld worden. Berlijn werd sinds januari door de geallieerden gebombardeerd, dus meenden zijn familieleden en vrienden dat hij sneller zou herstellen in Brandenburg, dat niet werd gebombardeerd, en waar het ziekenhuispersoneel niet de handen vol
had aan noodgevallen en hij op meer persoonlijke aandacht kon rekenen. Misschien omdat ik de jongste en het minst geschoold was, en
niemand om me zat te springen, werd ik bij de baby's weggehaald om
hem te verzorgen.

Het was geen plezierig werk. Hij was gedeeltelijk verlamd en moest
naar de wc worden geholpen, elke hap moest hem worden gevoerd, en
hij moest gewassen worden en regelmatig omgedraaid. Bovendien
moest ik zijn verslapte en krachteloze lichaam masseren.

Ik vertelde Werner, mijn verloofde, weinig over mijn nieuwe patiënt, omdat ik bang was dat het zijn ambitie alleen maar zou opzwe-
pen en hij van mij zou verlangen dat ik mijn contact met deze belangrijke figuur zou uitbuiten om er ons voordeel mee te doen. Werner
was altijd op allerlei voordeeltjes uit. De ervaring had hem geleerd dat
je in het Reich niet hogerop kwam op grond van talent en bekwaam-
heid, maar door de juiste connecties: vrienden op hoge posten of
machtige familieleden. Zelf was Werner kunstschilder, fantasierijk en
behoorlijk getalenteerd. Voordat de nazi's aan de macht kwamen, had
zijn talent hem niets dan werkloosheid en dakloosheid opgeleverd;
hij had in de regen in het bos geslapen. Toen braken er betere tijden
aan. Hij werd lid van de nazi-partij en benoemd tot opzichter op de
spuitafdeling van de Arado-vliegtuigfabriek, waar hij veel dwangarbeiders onder zich had. Over een tijdje zou hij officier worden bij de
Wehrmacht, en tevens mijn liefhebbende echtgenoot. Toch rustte hij
niet – nog niet, zo was Werner niet. Hij was altijd op zoek naar dat
beetje extra, een buitenkansje, een manier om op te klimmen naar een

positie die hem eindelijk de beloning zou opleveren waarvan hij vond dat hij er recht op had. Hij was een rusteloze en impulsieve man, altijd dromend van succes. Als ik hem alles vertelde over mijn belangrijke patiënt, zou hij misschien te hooggespannen verwachtingen gaan koesteren. Daarom vertelde ik hem net genoeg, niet meer.

Toen de rijksminister van Bewapening en Oorlogsindustrie, Albert Speer, mijn patiënt persoonlijk bloemen stuurde, begreep ik waarom de andere verpleegsters er zo op gebrand waren geweest dat ik dit baantje zou krijgen. Het was riskant om hoge partijleden te verzorgen. Door een ondersteek te laten vallen of een glas water om te gooien, kon je ernstig in de problemen komen. Wat zou er gebeuren als ik deze patiënt te snel omdraaide, als ik hem te ruw waste, hem soep voerde die te heet, te koud of te zout was? En, o Heer, stel nou dat hij nóg een beroerte kreeg? Stel nou dat hij overlééd, terwijl ik degene was die hem verpleegde?

Ik sidderde bij de gedachte aan alles wat ik verkeerd kon doen, zodat ik mijn uiterste best deed om zelfs de kleinste dingen precies goed te doen. Geen wonder dat de industrieel me geweldig vond.

'U bent een eersteklas verpleegster, zuster Margarethe,' zei hij terwijl ik hem waste. 'U moet ruime ervaring hebben, ook al bent u nog heel jong.'

'Helemaal niet, meneer,' zei ik met mijn kleinste stemmetje. 'Ik ben nog maar net van school. Ik doe alleen wat me is geleerd.'

'En u hebt nooit eerder iemand verzorgd die een beroerte heeft gehad?'

'Nee, meneer.'

'Verbijsterend.'

Elke dag kon hij zich een klein beetje beter bewegen en iets duidelijker praten. Hij moet moed hebben geput uit zijn eigen herstel, want hij was in een opperbest humeur.

'Vertel me eens, zuster Margarethe,' zei hij terwijl ik zijn voeten masseerde, 'hoe denken de mensen in Brandenburg over de oorlog?'

'O, dat weet ik niet, meneer.'

'Maar u vangt toch weleens wat op... Ik ben geïnteresseerd in de publieke opinie. Wat vinden de mensen van het vleesrantsoen?'

'Dat is voldoende.'

'Wat vinden ze van het nieuws uit Italië?'

Moest ik toegeven dat ik op de hoogte was van de geallieerde landingen? Durfde ik dat? Durfde ik het níet toe te geven? 'We zijn er allemaal van overtuigd dat de Britten uiteindelijk verslagen zullen worden, meneer.'

'Kent u vrouwen met een vriend die aan het oostfront vecht? Wat schrijven de mannen in hun brieven naar huis?'

'De mannen schrijven niet over de gevechten, meneer, want ze willen niet dat wij ons zorgen maken, en verder zijn ze bang dat ze misschien een belangrijk detail verklappen en dat de vijand hun brieven onderschept en leest, en dat hun kameraden dan gevaar lopen.'

'Hebt u gehoord dat de Russen kannibalen zijn? Hebt u gehoord dat ze hun eigen jongen opeten?'

'Ja meneer.'

'En gelooft u dat?'

Ik waagde het erop. 'Sommige mensen geloven het, meneer. Maar kennelijk zijn er heel veel Russen en volgens mij zouden het er lang niet zoveel zijn als ze hun eigen kinderen opaten.'

Hij moest erom lachen. Hij had vriendelijke pretogen en innemende manieren, en deed me zelfs een beetje aan mijn grootvader denken, die ik jaren geleden had verpleegd nadat hij een beroerte had gehad... zo lang geleden, in een ander leven. Ik begon me te ontspannen in het gezelschap van de belangrijke industrieel en was minder op mijn hoede.

'Wat zou de Führer kunnen doen om de mensen blij te maken, zuster? Wat denkt u?'

'Mijn verloofde zegt dat de Führer van Duitsland houdt als van een echtgenote, en dat hij daarom niet is getrouwd, en dat hij alles zou willen doen om ons gelukkig te maken. Dus als u hem een keer spreekt, meneer, misschien kunt u de Führer dan vertellen dat we heel erg blij zouden zijn als hij ons wat uien kon sturen.'

Dat vond hij buitengewoon amusant. 'Je bent een goed medicijn voor me, Margarethe. Je bent openhartig en aardig, de ideale Duitse vrouw. Vertel me eens, vecht je verloofde aan het front?'

'Nog niet, meneer. Hij heeft bijzondere talenten, dus helpt hij mee aan de bouw van vliegtuigen voor de Luftwaffe.'

'Mooi zo, mooi zo,' zei hij. 'Mijn zonen zetten ook hun beste beentje voor; ze doen het tegenwoordig voortreffelijk.' Hij liet me een foto zien van zijn grote, knappe zoons in uniform. Ze bekleedden hoge functies binnen de nazi-partij en genoten veel aanzien. Hij was apetrots op hen.

'Het is makkelijk om kardinaal te worden,' zei ik, 'als je neef de paus is.'

Hij hield op met pochen en keek me lang en doordringend aan. 'Ik merk wel dat je niet zo'n héél achterlijk meisje bent,' zei hij. 'Volgens mij ben je een zeer intelligente vrouw. Wat heb je voor opleiding?'

Mijn maag trok samen en mijn keel werd droog.

'Dat zei mijn grootmoeder vroeger altijd.' Ik draaide hem om en begon zijn rug te wassen. 'Een oud gezegde in onze familie.'

'Als ik terugga naar Berlijn wil ik je graag meenemen als mijn particuliere verpleegster. Ik zal het met je superieuren overleggen.'

'Dat zou ik heel fijn vinden, meneer, maar mijn verloofde en ik gaan binnenkort trouwen, dus u begrijpt dat ik niet weg kan uit Brandenburg – dat zou onmogelijk zijn. Maar ik ben u wel heel dankbaar, meneer! Dank u wel. Ik voel me vereerd, zeer vereerd!'

Mijn dienst zat erop. Ik wenste hem welterusten en liep trillend en wankelend op mijn benen zijn kamer uit. Ik was nat van het zweet. Ik vertelde de collega die het van me overnam dat het kwam doordat het oefenen van de zware ledematen van mijn patiënt zulk inspannend werk was. In werkelijkheid zweette ik omdat ik mijn ware identiteit bijna had prijsgegeven. Als ik ook maar iets van intelligentie liet doorschemeren – een opmerking over literatuur of geschiedenis die een doodgewoon Oostenrijks meisje onmogelijk kon maken – zou dat in mijn geval gelijkstaan aan besnijdenis, een regelrechte bekentenis.

Tijdens mijn wandeling naar de woonblokken van Arado aan de oostkant van de stad, waar Werner en ik woonden, vertelde ik mezelf voor de miljoenste keer dat ik voorzichtiger moest zijn en elk spoor van intelligentie moest verbergen, dat ik wezenloos moest kijken en mijn mond moest houden.

In oktober 1943 organiseerde de gemeente Brandenburg een parade, en elke groep arbeiders moest iemand afvaardigen. Het werd als een grote eer beschouwd om erheen te mogen. De hoger gekwalificeerde verpleegsters waren allemaal om de een of andere reden verhinderd; ik vermoed dat ze geen zin hadden om feest te vieren omdat ze hadden gehoord hoe slecht het ging met de Duitse troepen in Rusland, Noord-Afrika en Italië (hoewel ik me niet kon voorstellen hoe ze dat wisten, aangezien de berichtgeving op de Duitse radio onvolledig was en iedereen wist dat luisteren naar Radio Moskou, de BBC, de Voice of America of Beromünster in Zwitserland een misdaad was die gelijkstond aan hoogverraad). Ik werd door de andere verpleegsters van het Rode Kruis uitgekozen om onze groep bij de parade te vertegenwoordigen.

Werner was reuze trots op me. Ik kan me voorstellen dat hij er tegen zijn collega's van Arado over opschepte. 'Geen wonder dat ze mijn Grete hebben gekozen! Ze is een patriot in hart en nieren!' Hij had een goed gevoel voor humor, mijn Werner, een fijne neus voor de tegenstrijdigheden van het leven.

Ik kleedde me met zorg voor de grote dag. Ik droeg mijn verpleegstersuniform van het Rode Kruis. Mijn steile bruine haar kamde ik op een nette, natuurlijke manier, zonder haarspeldjes, krullen of pommade. Ik gebruikte geen make-up en droeg geen sieraden, afgezien van een smalle gouden ring met een piepklein diamantje, een cadeau van mijn vader voor mijn zestiende verjaardag. Ik was klein van stuk, niet veel groter dan één meter vijftig, en ik had in die tijd een beeldig figuur. Dat verborg ik echter onder witte slobberkousen en een vormeloos schort. Iemand zoals ik kon er bij zo'n gelegenheid beter niet aantrekkelijk uitzien. Leuk, prima; netjes, ja. Maar vooral onopvallend. Niets wat de aandacht kon trekken.

De parade bleek heel anders te verlopen dan we gewend waren. Er was geen schelle marsmuziek, er waren geen roffelende trommels, geen mooie jonge mensen in uniform die met vlaggen zwaaiden. Deze parade had een doel, en dat was het verjagen van de defaitistische stemming die sinds het debacle bij Stalingrad, de vorige winter, over Duitsland was neergedaald. Heinrich Himmler was in augustus tot minister van Binnenlandse Zaken benoemd, met dit mandaat: 'Herstel het Duitse geloof in de overwinning!' De ene spreker na de andere riep ons op om nog harder te werken ter ondersteuning van onze dapper vechtende mannen, want als we de oorlog verloren, zou de schrijnende armoede die de meeste Duitsers zich van voor het nazi-tijdperk herinnerden opnieuw toeslaan en zouden we allemaal ons werk kwijtraken. Als we genoeg hadden van *Eintopf* voor het avondeten, de eenpansmaaltijd die volgens Goebbels het gepaste gerecht vormde voor het opofferingsgezinde volk dat in 'totale oorlog' was, moesten we bedenken dat we na de overwinning als koningen zouden genieten van echte koffie en goudbruin brood, gebakken van witte bloem met eieren. We kregen te horen dat we er alles aan moesten doen om de productiviteit op peil te houden, en dat we iedereen moesten aangeven die we van afvalligheid verdachten, vooral mensen die luisterden naar de vijandelijke radio en het 'sterk overdreven' nieuws over Duitse verliezen in Noord-Afrika en Italië.

Hemeltjelief, dacht ik bij mezelf, ze zitten in hun rats.

De nazi's, 'meesters van de wereld', begonnen te wankelen op hun voetstuk. Ik voelde me duizelig, een beetje ademloos. Opeens speelde er een oud liedje door mijn hoofd.

Ssst, dacht ik. Het is te vroeg om te zingen. Stil.

Die avond stemden Werner en ik af op de BBC, en ik bad dat het nieuws over de Duitse militaire tegenslagen een snel einde aan de oorlog zou betekenen, en voor mij bevrijding uit de gevangenis van mijn huichelarij.

Maar ik durfde mijn hoop met niemand te delen, zelfs niet met Werner. Ik hield mijn blijdschap geheim, dempte mijn stem en zorgde dat ik niet opviel. Onzichtbaarheid. Stilte. Dat was voor mij een tweede natuur in de tijd dat ik me als joodse vluchteling voor de moordmachine van de nazi's in het hart van het Derde Rijk schuilhield. Overlevenden van de Holocaust noemen zo iemand tegenwoordig een U-boot.

In later jaren, toen ik getrouwd was met Fred Beer en veilig in Engeland woonde, heb ik die gewoontes uit de oorlog een tijdlang kunnen negeren. Maar nu Fred er niet meer is en ik oud ben en geen controle heb over het effect van mijn herinneringen, maak ik ze me opnieuw eigen. Ik zit hier zoals vandaag met jou in mijn favoriete café op het plein in de kustplaats Netanya in Israël, en een kennis komt naar me toe om een babbeltje te maken. 'Vertel ons eens, *Giveret* Beer, hoe het was in die tijd, in de oorlog, toen je in Duitsland woonde, samen met een lid van de nazi-partij, en deed alsof je een ariër was, je ware identiteit verborgen hield en voortdurend doodsbang was dat je ontmaskerd zou worden.' Ik antwoord met een klein stemmetje dat verbijsterd is over de eigen onwetendheid. 'O, maar dat weet ik niet. Ik geloof niet dat ik het me nog herinner.' Mijn blik dwaalt af en ik staar in het niets, mijn stem wordt dromerig, aarzelend, zacht. Het is mijn stem uit die tijd in Brandenburg, toen ik als negenentwintigjarige joodse rechtenstudente werd gezocht door de Gestapo, en me uitgaf voor een onschuldige verpleeghulp van eenentwintig.

Vergeef het me als je dat kleine stemmetje van toen hoort wegsterven en haperen. Spoor me aan. 'Edith! Vertel het! Vertel je verhaal!'

Het is meer dan een halve eeuw geleden.

De tijd is rijp.

hoofdstuk 2

De Weense tak van de familie Hahn

Toen ik in Wenen op school zat, had ik het gevoel dat de hele wereld naar mijn stad was gekomen om op de zonovergoten terrassen te zitten en te genieten van koffie met gebak en gezellige gesprekken. Uit school liep ik langs de opera, langs de prachtige Josefsplatz en de Michaelerplatz. Ik speelde in de Volksgarten en de Burggarten. Ik zag deftige dames met vlotte hoedjes en zijden kousen; heren met wandelstokken en gouden horlogekettingen; boerse ambachtslieden uit alle provincies van het vroegere Habsburgse rijk die met hun grove, stompe en bedreven handen onze kunstige façades pleisterden en schilderden. De winkels waren rijk gevuld met exotisch fruit en kristal en zijde. Uitvindingen schoten voor mijn voeten als paddestoelen uit de grond.

Op een dag wurmde ik me door een drom mensen heen totdat ik voor een etalage stond. Een dienstmeisje in uniform demonstreerde iets dat een 'stofzuiger' werd genoemd: ze strooide stof op de grond, zette haar apparaat aan en het vuil verdween als sneeuw voor de zon. Ik slaakte een kreet van verbazing en rende weg om het mijn schoolkameraadjes te vertellen.

Op mijn tiende sloot ik aan bij een lange rij voor het kantoor van een tijdschrift dat Die Bühne heette, 'Het Toneel'. Even later zat ik aan een tafel met een bruin kastje. Een aardige dame zette een koptelefoon op mijn hoofd. Het kastje kwam tot leven. Een stem. Een liedje. Radio.

Ik rende naar mijn vaders restaurant om het mijn familie te vertellen. Mijn zus Mimi, maar een jaar jonger dan ik, had totaal geen belangstelling. De baby – kleine Johanna, die we Hansi noemden – was te jong om het te begrijpen. En mama en papa hadden het te druk om naar me te luisteren. Maar ik wist dat ik iets bijzonders had gehoord, de stem van de toekomst, een toekomstige god. Vergeet niet dat radio in 1924 een splinternieuwe uitvinding was. Stel je eens voor hoeveel macht radio vertegenwoordigde, en hoe gehypnotiseerd mensen ernaar luisterden.

Gelukkig was professor Spitzer van de Technische Universiteit er, mijn favoriet onder de stamgasten. 'De persoon die praat kan heel ver weg zijn, professor!' ratelde ik dolenthousiast. 'Maar zijn stem vliegt als een vogel door de lucht! Straks kunnen we overal vandaan stemmen van mensen horen.'

Gretig las ik de kranten en tijdschriften die papa voor zijn klanten kocht. Wat me het meest interesseerde, waren de rechtbankverslagen van zaken waarin argumenten en problemen werden uiteengezet totdat je hoofd ervan tolde. Ik draafde door onze 'stad van de wals', altijd op zoek naar iemand die ik kon vertellen wat ik had gelezen en gehoord.

Ik was dol op school. Er zaten alleen meisjes in mijn klas; mijn vader geloofde niet in gemengde scholen. In tegenstelling tot mijn zusters genoot ik ervan om te leren en het viel me nooit zwaar.

Ons werd geleerd dat de Fransen onze aartsvijanden waren, dat de Italianen verraders waren, en dat Oostenrijk de Eerste Wereldoorlog alleen door een 'dolkstoot in de rug' had verloren – maar ik moet er wel bij zeggen dat niemand precies kon uitleggen wie die dolkstoot dan had toegebracht. Vaak vroegen de onderwijzers me welke taal we thuis spraken. Dit was een niet al te subtiele manier om erachter te komen of we Jiddisch spraken (dat was niet zo) en dus joods waren (dat was wel zo).

Ze wilden het namelijk weten. Wij vielen niet op met ons typisch Oostenrijkse gezicht, maar ze wilden weten waar ze aan toe waren. Zelfs toen al, in de jaren '20, wilden ze precies weten wie joods was.

Op een dag vroeg professor Spitzer mijn vader wat voor opleiding hij voor mij in gedachten had. Papa zei dat ik de lagere school zou afmaken en dan bij een modiste in de leer zou gaan, net als mijn moeder vroeger.

'Maar u hebt een reuze intelligente dochter, mijn beste Herr

Hahn,' zei de professor. 'U moet haar naar de middelbare school sturen, misschien zelfs naar de universiteit.'

Mijn vader lachte. Als ik een jongen was geweest, zou hij de buikriem hebben aangehaald om mij te laten studeren. Omdat ik een meisje was, had hij er zelfs nog nooit bij stilgestaan. Aangezien een beroemde professor het onderwerp ter sprake had gebracht, besloot papa het met mijn moeder te bespreken.

Mijn vader, Leopold Hahn, had een prachtige zwarte snor en krullend zwart haar. Met zijn gevoel voor humor en beminnelijke persoonlijkheid was hij de ideale restauranthouder. Hij was de jongste van zes broers, dus tegen de tijd dat hij rijp was voor een opleiding was het geld van zijn ouders op. Daarom leerde hij voor kelner. Ik weet dat het raar klinkt, maar in die tijd was het een leerproces van jaren voordat je kelner was. Iedereen was op mijn vader gesteld. De mensen vertrouwden hem, vertelden hem hun verhalen. Hij kon erg goed luisteren. Dat was zijn grote gave.

Hij heeft nooit van ons verwacht dat we even ontwikkeld en mondain waren als hij. Hij had aan de Rivièra gewerkt en in de Tsjechoslowaakse kuuroorden Karlsbad en Marienbad, en heel wat wilde nachten meegemaakt. In de Eerste Wereldoorlog vocht hij in het Oostenrijks-Hongaarse leger. Hij raakte gewond en werd krijgsgevangene gemaakt, maar hij wist te ontsnappen en kwam terug bij ons. Door de schouderwond kon hij zijn arm niet goed meer bewegen. Hij kon zich niet scheren.

Mijn vader leefde voor zijn restaurant, op de Kohlmarkt in het drukke centrum van Wenen. Het had een lange, glimmende bar en een eetzaal aan de achterkant. Zijn klanten kwamen elke dag, jaar in, jaar uit. Papa wist al wat ze wilden eten voordat ze hadden besteld. Hij zorgde voor de kranten die ze graag lazen. Hij omringde hen met goede zorgen en gezelligheid en zorgde voor een wereldje waarin ze zich thuis voelden.

We woonden in een appartement met twee slaapkamers in een oud, verbouwd paleis op de Argentinierstrasse nummer 29 in het Vierde Arrondissement van Wenen. Onze huisbaas, van de firma Habsburg-Lotharingen, was van koninklijken bloede. Omdat mijn moeder zeven dagen per week zij aan zij werkte met mijn vader, aten wij, de kinderen, in het restaurant. Een hulp in de huishouding maakte schoon en paste op ons toen we klein waren.

Mijn moeder, Klothilde, was knap, klein, mollig en aantrekkelijk, maar niet koket. Haar lange haar was diepzwart. Ze was geduldig en een beetje verstrooid, vergaf mensen hun stommiteiten, zuchtte vaak en wist wanneer ze haar mond moest houden.

Ik overstelpte mijn kleine zusje Hansi, zeven jaar jonger dan ik, met liefde. Ik vond dat ze eruitzag als een cherubijntje uit een van de barokke kathedraals, met mollige roze wangetjes, een donzig huidje en dansende krullen. Ik had een hekel aan mijn zus Mimi. Dat gevoel was wederzijds. Ze had slechte ogen, een dikke bril, en een onaangenaam karakter – ze was gemeen en jaloers op iedereen. Mama voelde zich schuldig omdat Mimi zo ongelukkig was en gaf haar alles wat ze maar wilde, en nam aan dat ik, de 'zorgeloze', zelf wel aan mijn trekken kwam. Mimi kon geen vriendinnen maken, en omdat ik populair was, net als mijn vader, moest ik mijn vrienden met haar delen en haar altijd overal mee naartoe nemen.

Papa zorgde voor ons allemaal en beschermde ons tegen alles wat met de zelfkant van het leven te maken had. Hij besliste voor ons, spaarde voor onze bruidsschat. Ging het hem voor de wind en voelde hij zich rijk, dan wipte hij onderweg naar huis aan bij een veilinghuis om mijn moeder te verrassen met een sieraad – een gouden ketting, oorbellen met barnsteen. Geleund op een van onze oude leren stoelen wachtte hij dan terwijl zij het pakje openmaakte, en hij genoot van haar blijdschap, verheugde zich op haar omhelzing. Hij aanbad mijn moeder. Ze hadden nooit ruzie. Dat meen ik: ze hadden nóóit ruzie. 's Avonds deed mijn moeder naaiwerk, las mijn vader zijn krant en maakten wij ons huiswerk. Dan heerste er wat de Israëli's *shalom bait* noemen, vrede in huis.

Ik denk dat mijn vader wel wist hoe je een praktiserend jood moest zijn, maar hij leerde het ons niet. Hij moet hebben gedacht dat we het met de moedermelk indronken.

Op zaterdagmiddag werden we naar de *Judengottesdienst* gestuurd, de godsdienstlessen in de synagoge. De dienstbode moest ons brengen. Zij was katholiek, net als de meeste Oostenrijkers, en bang voor de synagoge, en mijn moeder – een werkende vrouw, afhankelijk van haar hulp – was bang voor de meid. We gingen dus niet zo vaak en leerden bijna niets. Toch heb ik één liedje uit die tijd altijd onthouden.

Op een dag wordt de Tempel herbouwd
En keren de joden terug naar Jeruzalem.
Zo staat het geschreven in de Heilige Schrift.
Zo staat het geschreven. Halleluja!

Afgezien van het geloof zelf – *Shema Yisrael. Adonai eloheynoe. Adonai echod* – was dit kinderliedje over de Tempel het enige wat ik van joodse gebeden en gebruiken afwist.

Jammer dat ik niet meer wist.

Godzijdank wist ik dat tenminste.

Vaders restaurant was op Rosh Hashanah en Yom Kippoer gesloten. (Net als bij ons thuis kwam er nooit varkensvlees of schaaldieren op tafel, maar verder was het helemaal niet koosjer.) Op deze hoogtijdagen gingen we naar de synagoge, vooral om onze familieleden te ontmoeten. Mama en papa waren verre familie van elkaar, ze hadden allebei de achternaam Hahn. Met de twee zusters en de broer van mijn moeder, en de vijf broers en drie zusters van mijn vader, waren er meer dan dertig neefjes en nichtjes Hahn in Wenen. In een op de drie cafés op de Prater was altijd wel een Hahn te vinden. Elke tak van de familie had een andere benadering van het joodse geloof. Mijn tante Gisela Kirschenbaum – een van mijn vaders zussen, die ook een restaurant had – verzorgde met Pesach bijvoorbeeld altijd een gratis seider voor de armen. Mama's broer Richard, een overtuigd atheïst, trouwde met de elegante erfdochter van een meubelfabrikant uit Topolčany, in de buurt van Bratislava. Ze heette Roszi en was orthodox opgevoed. Ze vond de Hahns schandelijk geassimileerd, dus ging ze voor de feestdagen naar huis in Tsjechoslowakije.

Soms maakten mijn ouders me aan het schrikken met een uitbarsting van joods bewustzijn, bijvoorbeeld toen ik een keer een broodje met bloedworst had gegeten bij een vriendin. 'Het was zo lekker!' vertelde ik mijn moeder. Ze kokhalsde, letterlijk. Ik vond haar oprechte afkeer verbijsterend. Een andere keer vroeg ik mijn vader of ik met een christen zou mogen trouwen, gewoon voor de aardigheid. Zijn zwarte ogen fonkelden toen hij antwoord gaf. 'Nee, Edith. Dat zou ik niet verdragen. Het zou mijn dood worden. Het antwoord is nee.'

Papa vond dat joden beter moesten zijn dan alle anderen. Hij verwachtte van ons dat we betere rapportcijfers haalden, dat ons sociaal bewustzijn beter ontwikkeld was. Hij verwachtte betere manieren van ons, schonere kleren, een perfect gevoel voor normen en waarden.

In die tijd stond ik er niet bij stil, maar nu besef ik natuurlijk wel waarom mijn vader per se wilde dat wij joden beter waren; de mensen in het land waar we woonden waren er namelijk van overtuigd dat wij inferieur waren.

De ouders van mijn moeder woonden in een grijs gepleisterde bungalow in Stockerau, een leuk stadje ten noorden van Wenen. In het weekend en met feest- en verjaardagen gingen we er op bezoek. Daar woonde ook mijn nichtje Jultschi, met wie ik goed bevriend was.

Toen Jultschi negen was, zette haar moeder (mama's zus Elvira) haar af bij grootmoeders huis, ging naar huis en pleegde zelfmoord.

Jultschi's vader bleef in Wenen wonen, maar Jultschi leed aan een jeugdtrauma, had veel aandacht nodig en was snel bang, dus ze bleef bij onze grootouders, die haar grootbrachten alsof ze hun eigen kind was.

Ze was een groot, zachtaardig meisje met bruin haar en bruine ogen en volle, gewelfde lippen. Jultschi had een groot hart en, in tegenstelling tot mijn zus Mimi, een enorm gevoel voor humor. Ze speelde piano, erg slecht maar goed genoeg voor onze a-muzikale clan, en we maakten opera's bij haar goedbedoelde gepingel. Terwijl ik, de 'intellectueel', een passie ontdekte voor gotische romans vol mysterie en hartstocht, raakte Jultschi verslaafd aan films en swingmuziek.

Grootmoeder Hahn – klein, dik, sterk en heel streng – droeg ons altijd huishoudelijke klusjes op als ze zelf naar de markt ging, maar natuurlijk deden we nooit wat ze vroeg en speelden we de hele middag naar hartelust buiten. Zodra we haar in de verte aan zagen komen, doken we door de openstaande ramen naar binnen en gingen we aan het werk, zodat ze ons altijd aantrof terwijl we braaf aan het vegen en het afstoffen waren. Ik weet zeker dat ze zich nooit door ons heeft laten bedotten.

Mijn grootmoeder had het altijd druk met van alles en nog wat; ze breide fijne kanten kleedjes of leerde Jultschi hoe je *Stollen* bakte, of ze verzorgde haar kippen en ganzen, haar hond (die Mohrli heette), en haar honderden potplanten. Ze had cactussen in alle soorten en maten. Soms waarschuwde ze mijn moeder van tevoren. 'Klothilde, op zondag bloeit de cactus. Neem de kinderen mee, dan kunnen ze het zien.' En dan stonden we in de tuin van hun huis en bewonderden we de dappere woestijnbloemen die worstelden om te overleven in ons koude klimaat.

Grootvader Hahn was winkelier en verkocht naaimachines en fietsen en hij was vertegenwoordiger voor de motorfietsen van Puch. Op zondag hielp mijn grootmoeder hem in de winkel, want dat was de dag dat de plaatselijke boeren hun inkopen deden. Ze gingen dan naar de kerk, dronken een glas met elkaar in het café en deden dan voor de hele week boodschappen. Ze kenden mijn grootouders allemaal. In carnavalstijd nodigde de burgerij van Stockerau de Hahns altijd uit om bij hen te komen zitten, zodat ze samen naar de demonstraties van de verschillende gildes konden kijken.

Op grootvaders verjaardag moesten we altijd een gedicht uit mama's *Wunschbuch* uit ons hoofd leren en het voor hem opzeggen. Ik weet nog dat hij als een kogelronde kleine koning naar ons zat te luisteren, zijn ogen glinsterend van trots. Zijn omhelzing zal ik nooit vergeten.

Niet ver van het huis van mijn grootouders was een zijrivier van de Donau, en Jultschi en ik vonden het heerlijk om daar te gaan zwemmen. Om bij het water te komen, moest je een hoge houten brug over. Op een dag, toen ik zeven was, stond ik eerder op dan alle anderen, ik rende over de brug, gleed uit en tuimelde van grote hoogte in het water. Ik kwam brullend en hysterisch boven. Een jongeman sprong in het water en redde me.

Daarna heb ik altijd hoogtevrees gehad. Ik ging niet skiën in de Alpen. Ik klom niet naar het dak van hoge gebouwen om socialistische spandoeken op te hangen. Ik probeerde dicht bij de grond te blijven.

In 1928, toen de inflatie in Oostenrijk zo hoog was dat de lunch van een klant in prijs verdubbelde terwijl hij zat te eten, besloot papa het restaurant te verkopen.

Gelukkig vond hij snel werk bij de familie Kokisch, voor wie hij eerder aan de Rivièra had gewerkt. Ze hadden een nieuw hotel geopend in Badgastein, een kuuroord in de Alpen dat beroemd was vanwege de medicinale warme bronnen. Papa was de gerant van het restaurant.

Hotel Bristol lag genesteld tussen groene alpenweiden, onder besneeuwde toppen, waar bronnen met geneeskrachtig water omhoog borrelden in marmeren bassins. Rijke families flaneerden over de tuinpaden, voerden de dikke eekhoorns, en keuvelden op beschaafd gedempte toon. Er was altijd wel een rijk meisje wier ouders meenden dat ze talent had dat 's middags zong of pianospeelde in het prieel. Elke zomer gingen we daar bij papa logeren – het was een hemels leven.

Aangezien het Bristol het enige koosjere hotel in die omgeving was, kwamen er joodse gasten uit alle windstreken naartoe. De familie Ochs, eigenaar van de New York Times, maar ook Sigmund Freud en de schrijver Sholem Asch. Op een dag kwam er een lange blonde man binnen voor de lunch. Hij droeg een lederhose en een Tiroler hoed van gemzenleer. Mijn vader dacht vanzelfsprekend dat de man per abuis binnen was gewandeld. Maar toen zette hij zijn hoed af, deed een keppeltje op en stond op om een brucha te maken.

'Zelfs joden zien niet altijd wie er joods is,' merkte papa lachend op.

De eerste keer dat we in Badgastein kwamen, zag ik rabbijnen uit Polen, religieuze mannen met prachtige lange baarden die langzaam door de gangen van het hotel liepen, hun handen verstrengeld op hun rug. Er ging rust van hen uit en ik vond ze heel mysterieus. Ik geloof dat een van hen mijn leven heeft gered.

Ik was zestien, onverstandig en genotzuchtig. Ik bleef te lang in een van de baden, vatte kou en kreeg koorts. Mijn moeder stopte me in bed, zette thee met honing voor me en legde kompressen op mijn voorhoofd en polsen. Bij het vallen van de avond klopte een van de Poolse rabbijnen op onze deur. Hij kon niet op tijd voor de avondgebeden in de sjoel zijn, vertelde hij, en hij vroeg of hij ze in ons huis mocht zeggen. Mijn moeder heette hem uiteraard welkom. Toen hij zijn gebeden had gezegd, vroeg ze of hij haar zieke dochter zijn zegen wilde geven.

Hij kwam aan mijn bed, boog zich over me heen en klopte op mijn hand. Zijn gezicht straalde warmte en goedheid uit. Hij zei iets in het

Hebreeuws – destijds had ik nooit gedacht dat ik die taal ooit nog eens zou leren. Toen ging hij weg. En ik werd beter.

In later jaren, op momenten dat ik dacht dat ik dood zou gaan, dacht ik terug aan die man en troostte ik mezelf met de gedachte dat zijn zegen me zou beschermen.

Uiteraard waren niet alle aspecten van het leven in dit paradijs even fijn, maar ze hoorden er nu eenmaal bij en we hadden er vrede mee. Koosjer slachten was bijvoorbeeld verboden in de provincie waar het hotel was gevestigd, dus moest de *schoichet* de dieren in de aangrenzende provincie slachten en het vlees dan naar Bristol brengen. Om nog een voorbeeld te noemen, de generatie van mijn grootouders woonde doorgaans niet in Wenen zelf maar in de omliggende dorpen, zoals Floritzdorf en Stockerau. Pas tegen de tijd dat onze ouders volwassen waren, werd het joden toegestaan om zich in Wenen zelf te vestigen.

Zoals je ziet ondervonden we alle nadelen van het joods zijn in een anti-semitisch land, maar geen van de voordelen – de studie van de tora, de gebeden, de hechte gemeenschap. We spraken geen Jiddisch of Hebreeuws. We hadden geen rotsvast vertrouwen in God. We waren geen Poolse chassidiem of Litouwse jeshiva-geleerden. We waren geen vrijgevochten Amerikanen – vergeet dat niet. En er waren toen nog geen Israëli's, geen soldaten in de woestijn, er was geen 'natie als andere naties'. Houd dat in gedachten als ik dit verhaal vertel.

Wat we wel hadden, was intelligentie en stijl. Onze stad was de bruisende 'Koningin van de Donau', het 'Rode Wenen', met sociale zorg en arbeiderswoningen, het was de stad waar genieën als Freud en Herzl en Mahler hun wervelende ideeën konden ontplooien: psychoanalyse, zionisme, socialisme, hervormingen, vernieuwing – ze straalden een licht uit waarbij de hele wereld kon zien.

In dat opzicht – 'licht voor de volkeren' – waren de geassimileerde Weense joden door en door joods.

hoofdstuk 3

Pepi Rosenfelds brave kleine meisje

Mijn vaders beslissing om me naar de middelbare school te laten gaan had een ingrijpend effect op mijn leven, want voor het eerst raakte ik met jongens bevriend. Het had niets met seks te maken, geloof me. Meisjes uit mijn sociale klasse voelden zich verplicht om maagd te blijven tot ze trouwden. Nee, het ging om de intellectuele ontwikkeling.

In die tijd waren jongens gewoon beter opgeleid dan meisjes. Ze lazen meer, reisden meer, dachten meer na. Nu had ik dus voor het eerst vrienden met wie ik op niveau kon praten over de dingen die belangrijk voor me waren: geschiedenis, literatuur, de misstanden in de samenleving en hoe die volledig opgelost zouden kunnen worden, zodat iedereen gelukkig zou worden.

Mijn favoriete vakken waren wiskunde, Frans en filosofie. In de klas maakte ik aantekeningen in steno en die kende ik dan uit mijn hoofd, ik hoefde ze nooit te herlezen. Een vriendin van me die heel erg slecht was in wiskunde – mijn moeder gaf haar de bijnaam 'Fräulein Einstein' – kwam elke ochtend voor school bij me langs, zodat ik haar kon helpen met haar wiskundehuiswerk. Ik probeerde haar alles uit te leggen zonder dat ze zich nog dommer ging voelen dan al het geval was. Ik kreeg stank voor dank voor mijn fijngevoeligheid. 'Hoe komt het dat jullie joden altijd zo slim zijn?' klaagde ze verbitterd.

Als tiener was ik een blauwkous, ik had een passie voor ideeën, droomde van avonturen. Ik zou naar Rusland gaan en bij de boeren wonen en bestsellers schrijven over mijn romantische verhoudingen met volkscommissarissen. Ik zou advocaat worden, misschien zelfs rechter, en opkomen voor de gewone man. Dat idee kwam in september 1928 voor het eerst bij me op, tijdens het proces van de jonge Philippe Halsmann, een spraakmakend voorval dat soms wel de Oostenrijkse 'zaak-Dreyfus' wordt genoemd. Halsmann was in de buurt van Innsbruck met zijn vader gaan wandelen in de Alpen. Hij ging voorop, verloor zijn vader uit het oog, en toen hij terugging, bleek zijn vader van het pad te zijn gevallen en lag hij dood in een lager gelegen beek. De zoon werd van moord op zijn vader beschuldigd. Bij gebrek aan een motief of bewijs baseerde het openbaar ministerie haar zaak op anti-semitische laster, want Halsmann was joods en veel Oostenrijkers geloofden dat joden geboren moordenaars waren. Een predikant verklaarde vanaf zijn kansel dat de jonge Halsmann erger hellevuur verdiende dan Judas omdat hij volhield dat hij onschuldig was en geen berouw wilde tonen. Een politieman zei dat de geest van de vader als koning Hamlet aan hem was verschenen om zijn zoon te beschuldigen.

Philippe werd ten onrechte tot tien jaar dwangarbeid veroordeeld. Hij zat twee jaar uit. Toen werd zijn vonnis door interventie van mensen als Thomas Mann, schrijver en Nobelprijswinnaar, omgezet in de uitgezeten straf en mocht hij het land uit. Uiteindelijk kwam hij in Amerika terecht, waar hij een beroemde fotograaf werd.

Zijn proces inspireerde me. Ik fantaseerde dat ik rechter was en over iedereen rechtvaardig vonniste. In de rechtbank van mijn dromen zouden er nooit onschuldigen worden veroordeeld.

Ik hield me altijd aan alle regels, behalve dat ik de hele tijd spijbelde van gymnastiek. Het kon niemand wat schelen, want niemand kon zich een situatie voorstellen waarin een meisje als ik lichamelijk sterk zou moeten zijn. Ik was een beetje zaftig – dat werd in die tijd aantrekkelijk gevonden – en ik viel in de smaak bij de jongens.

Ik zie ze nog voor me. Anton Rieder, knap, lang, straatarm en streng katholiek. We keken van een afstand naar elkaar. Rudolf Gischa, intelligent, ambitieus; hij noemde mij zijn 'heks' en wilde met me trouwen zodra hij klaar was met zijn studie. Dat beloofde ik hem, maar ik zei erbij dat we het voorlopig geheim moesten houden. Ik wist dat mijn vader me thuis zou opsluiten als hij hoorde dat ik met een niet-jood wilde trouwen en me nooit naar de universiteit zou laten gaan, terwijl dat belangrijker voor me was geworden dan alle jongens bij elkaar en ik onvermoeibaar bad en smeekte om te mogen studeren.

Van de zesendertig leerlingen in mijn klas waren er drie joods – Steffi Kanagur, Erna Marcus en ik. Op een dag schreef iemand op hun lessenaar: 'Joden rot op, ga naar Palestina!' Niemand bekladde mijn lessenaar, want die meisjes kwamen uit Polen en ik was Oostenrijks, en zij waren openlijker (en overtuigder) joods dan ik.

Het was 1930.

Erna Marcus was zioniste. Mijn vader had het restaurant een keer opengesteld voor een bijeenkomst van zionisten, en was tot de conclusie gekomen dat het idee om van het bijbelse land Palestina opnieuw een joodse staat te maken een luchtkasteel was. Het gonsde echter van de anti-semitische propaganda, dus voelden veel Weense joden zich tot het zionistische plan aangetrokken, onder wie mijn kleine zus Hansi. Terwijl ik Kant en Nietzsche en Schopenhauer las, terwijl ik wegdroomde bij Goethe en Schiller, sloot Hansi zich aan bij Hashomer Hatzair, een links-zionistische jeugdbeweging, en maakte ze plannen om de hachshara-cursus te volgen die haar moest voorbereiden op het leven als pionier in Israël.

Steffi Kanagur was een rooie, net als haar broer Siegfried. Op een zekere zaterdag vertelde ik mijn ouders dat ik mee ging doen aan een van zijn communistische demonstraties tegen de christen-democratische regering. In werkelijkheid had ik met Rudolf Gischa afgesproken in het park.

'Hoe was de demonstratie?' vroeg mijn vader toen ik thuiskwam.

'Fantastisch!' riep ik uit. 'Er waren allemaal rode ballonnen. Iedereen droeg een rode vlag! Het koor van de Communistische Jongerenvereniging zong prachtig, en er was een fanfare met veel koper en een grote trommel... en... wat is er?'

Papa fronste zijn wenkbrauwen. Mama had haar gezicht begraven in haar schort om haar lachen te smoren.

'Er was geen demonstratie,' zei papa. 'De regering heeft het verboden.'

Ik werd met het schaamrood op mijn kaken naar mijn kamer verbannen, waar ik ging schaken met Hansi en me afvroeg waarom de regering Siegfried Kanagurs demonstratie in hemelsnaam had verboden.

Ik snapte namelijk niets van politiek, weet je. Politiek was gewoon iets waar ik lol aan beleefde, een ideologische stoeipartij met intelligente kinderen. Mimi en ik werden lid van de socialistische club op onze school, niet vanwege de ideologie maar om een nieuw ontmoetingscentrum te vinden, waar we konden luisteren naar lezingen over de onderdrukking van de arbeiders, socialistische liederen konden leren en nieuwe jongens van andere scholen konden leren kennen – zoals 'Lugubere' Kohn, die medicijnen studeerde, en 'Vrolijke' Zich, die van plan was om de rest van zijn leven te gaan skiën, en Wolfgang Roemer, klein, donker en charmant, en Josef Rosenfeld, die iedereen Pepi noemde.

Pepi was maar een halfjaar ouder dan ik, maar hij zat een klas hoger en was veel volwassener dan ik. Hij was een lenige, slanke jongeman die toen al – op zijn achttiende – kaal begon te worden. Maar hij had helder blauwe ogen en de plagerige glimlach van een kat, en hij rookte sigaretten. En uiteraard was Pepi briljant, absoluut briljant; dat speelde ook mee.

We dansten samen op het schoolbal, en ik praatte hem de oren van het hoofd over de toneelstukken van Arthur Schnitzler.

'Laten we iets afspreken,' zei hij. 'Kom zaterdagavond om acht uur naar de Belvedère in het park.'

'Best,' zei ik. 'Tot dan.' En daar walste ik weg met Zich of Kohn of Anton of Wolfgang of Rudolf.

De bewuste zaterdag brak aan. Ik wilde winkelen en vroeg Wolfgang of hij zin had om mee te gaan. Hij zei ja. Het begon te regenen en ik werd drijfnat, dus nam Wolfgang me mee naar huis. Zijn moeder was thuis, Frau Roemer, een van de liefste vrouwen die ik ooit heb gekend. Ze droogde mijn haar en gaf me aardbeien met slagroom. Haar man kwam thuis, samen met zijn zorgeloze broer oom Felix, even later gevolgd door Wolfgangs jongere zus Ilse, die haar paraplu uitschudde. Ze rolden het tapijt op, de grammofoon kwam te voorschijn en we begonnen allemaal te dansen op de nieuwste swingmuziek. En daar kwam Pepi Rosenfeld binnen, nat tot op zijn huid.

'Dat meisje van de socialistische club – we hadden afgesproken bij de Belvedère. Ik heb een uur gewacht en het toen maar opgegeven. Wat heb ik de pest in! Mijn moeder had gelijk, meisjes zijn onmogelijk.'

'Het spijt me,' zei ik liefjes. 'Ik was het vergeten.'

'Dans met me,' zei hij, 'dan zal ik je vertellen hoe kwaad ik op je ben.'

De volgende dag kwam een jongen die Suri Fellner heette naar ons huis met een brief, getekend door Wolfgang en door Pepi. Kennelijk hadden ze de situatie besproken en besloten dat ik tussen hen moest kiezen. De jongen die ik koos zou mijn vriendje zijn. De ander zou zich met een gebroken hart terugtrekken.

'Wolfgang' schreef ik onder aan de brief, en ik stuurde mijn antwoord terug met de plichtsgetrouwe boodschapper. Een paar weken later ging ons gezin op vakantie in de bergen en vergat ik helemaal dat ik Wolfgang Roemer had 'gekozen'. Hij ook, gelukkig.

In mijn laatste jaar op de middelbare school – het was 1933 – schreef ik een werkstuk over *Also Sprach Zarathustra* van Nietzsche. Voor mijn onderzoek ging ik naar de Nationale Bibliotheek. (Ik beloofde ook dat ik onderweg naar huis mijn zus Mimi op zou pikken bij de twee pilaren van de Karlskirche.) Opeens verscheen Pepi Rosenfeld, zomaar uit het niets. Dat deed hij altijd, op je afkomen als een kat of een elf, op stille voeten, met zijn subtiele glimlach. Zonder een woord te zeggen pakte hij mijn zware boeken aan en liep hij met me op.

'Ben je weleens in de Nationale Bibliotheek geweest?' vroeg hij.

'Nee.'

'Nou, ik kom er vaak nu ik rechten studeer aan de universiteit, en ik kan je wel vertellen dat het net een doolhof is, zo groot is dat gebouw. Je zou best eens de verkeerde ingang kunnen nemen, want je weet niet waar de verschillende afdelingen zitten. Stel je voor, je zou al kunnen verdwalen voordat je binnen bent! Laat mij je maar wegwijs maken.'

Dat deed hij. We liepen en liepen, langs de paleizen en door de parken, we merkten het niet dat duiven verschrikt opvlogen, we hoorden het klokgelui in de stad niet eens.

'Mijn werkstuk moet heel lang en gedegen worden,' zei ik. 'Ik ga alle grote filosofen citeren – Karl Marx, Sigmund Freud.'

'En Adolf Hitler dan?'

'O die. Dat is geen denker. Die kletst maar wat raak.'

'Misschien komt er wel een tijd,' zei Pepi, 'dat de mensen het verschil niet zien.'

'Dat kan niet,' voorspelde ik ernstig. 'Ik heb Hitlers boek *Mein Kampf* gelezen en ook een paar werken van zijn collega Herr Alfred Rosenberg, want ik probeer objectief te zijn. Ik vind dat je altijd naar alle partijen moet luisteren voordat je een oordeel velt, dus ik kan je uit de eerste hand vertellen dat het een stel idioten is. Het zijn volkomen onzinnige ideeën, dat de joden hun zogenaamde arische ras hebben vergiftigd en alle problemen in Duitsland hebben veroorzaakt. Intelligente mensen kunnen daar onmogelijk in geloven. Hitler is lachwekkend. Voor je het weet is hij weer van het toneel verdwenen.'

'Net als jouw vriendjes,' zei Pepi met zijn katachtige glimlach.

We onderbraken onze wandeling voor koffie met gebak; voor veel mensen 's middags vaste prik. Hij vertelde me over zijn studie, zijn hoogleraren, zijn prachtige toekomst als rechtsgeleerde. De torenspitsen glinsterden in de zon. Bij de Belvédère in het park onderbrak hij mijn gebabbel met een kusje. Ik raakte volkomen in de war. Hij legde mijn boeken neer, nam me in zijn armen en kuste me met overgave. Van de Nationale Bibliotheek kwam niets terecht. Ik vergat mijn zus Mimi (die me mijn nalatigheid nog jaren heeft verweten). Aan het eind van de middag waren al mijn vroegere vriendjes inderdaad in rook opgegaan, precies zoals Pepi had gezegd. Poef. Zomaar. Weg waren ze.

Ik kon Pepi's aanwezigheid altijd en overal voelen. Waar ik ook was, in de klas, in een boekwinkel, in een café, opeens voelde ik dan dat mijn hoofdhuid of nek begon te tintelen. Als ik me omdraaide, stond hij naar me te kijken. Hij sloeg nooit wartaal uit, altijd had hij iets zinnigs te zeggen. Ik had het gevoel dat mijn lange zoektocht naar iemand die mijn passie voor ideeën en boeken en kunst deelde eindelijk ten einde was. Binnen de kortste keren was ik stapelverliefd op hem en kon ik aan niemand anders meer denken. Toen mijn vroegere vriendje Rudolf Gischa me schreef van de universiteit in Sudetenland, Tsjechoslowakije, om me te vertellen dat hij lid was geworden van de nazipartij, dat Hitler in alle opzichten gelijk had, ook wat betreft de joden, en vroeg of ik hem zijn belofte van liefde en trouw terug wilde geven, deed ik dat graag.

Tegen de tijd dat ik Pepi leerde kennen, was zijn vader al overleden, in Steinhof, het beruchte gekkenhuis dat de keizer ooit had gebouwd. Pepi's ooms, vooraanstaande figuren in de stad Eisenstadt, zorgden voor een maandelijks pensioen voor Pepi's moeder, Anna. Om te kunnen trouwen had ze zich tot het jodendom bekeerd, maar in werkelijkheid bleef ze katholiek; ze ging naar de mis en stak kaarsjes aan. Na de dood van Herr Rosenfeld bleef Anna doen alsof ze joods was, zodat zijn familie haar financieel zou blijven steunen. In 1934 trouwde ze met Herr Hofer, een verzekeringsman uit Ybbs, en dat hield ze ook geheim, zodat het geld binnen zou blijven komen.

Anna gaf een soort bar mitswa voor Pepi, in feite niet meer dan een gewoon feestje om cadeaus te krijgen. Het was een teleurstelling voor haar dat zijn ooms hem geen geld gaven, maar prachtig gebonden boeken van Schiller en Goethe. Als Pepi zich al ooit verwant heeft gevoeld met het jodendom, dan was het volgens mij, vreemd genoeg, door die schitterende Duitse boeken. Hij wist dat hij ze van zijn moeders familie nooit gekregen zou hebben. Intellectueel was hij verbonden met de joodse kant van zijn familie, dat wist hij. En Pepi's hele persoonlijkheid was zijn intelligentie – vergeet dat niet.

Anna was niet stom, maar ze had geen opleiding. Ze was heel erg bijgelovig en kwam openlijk uit voor haar angsten en hebberigheid. Het was een forse vrouw met een hoogrood gezicht, ze was altijd buiten adem en kleedde zich veel te opzichtig voor iemand van haar leeftijd en postuur. Haar brede glimlach was vals, en de tanden die ze ontblootte waren groot. Ze maakte kleine krulletjes in haar rossige haar, die ze met clipjes vastzette, en gebruikte bier als spoeling. Haar dagen bracht ze door met roddelen en ze las nooit.

Ze sliep in dezelfde kamer als haar zoon, zelfs toen hij volwassen was. Ze sloofde zich voor hem uit alsof hij een koning was, serveerde hem elke dag zijn lunch op haar mooiste servies en maande de buurkinderen tot stilte als hij zijn dagelijkse middagslaapje deed.

Er kon in de wijk waar ze woonden geen misvormd kind geboren worden of zij wist ervan, en ze had er altijd een theorie over: een hazenlip vanwege de ijdelheid van de moeder, een kreupel been omdat de vader een rokkenjager was. Ze vertelde Pepi dat zijn vader tegen het eind van zijn leven dement was geworden, volgens haar het bewijs dat hij syfilis had gehad. Tot op de dag van vandaag weet ik niet of dat waar was. Misschien had ze dat idee geput uit dezelfde giftige Oostenrijkse bron waar Hitler de overtuiging uithaalde dat syfilis een 'joodse ziekte' was.

Anna kocht 'nieuwe wijn', die volgens haar nog niet was 'gerijpt', en dus zat er geen alcohol in en kon je er niet dronken van worden. Toen ik een keer aan het eind van de dag met Pepi meeging naar zijn huis in de Dampfgasse, zat zij in hun huiskamer 'nieuwe wijn' te drinken en luisterde ze met een zorgelijk gezicht naar de nazi-zender op de radio.

'In hemelsnaam, moeder!' protesteerde Pepi. 'Waarom luister je naar die onzinnige propaganda?'

Anna keek ons met grote, bange ogen aan. 'We kunnen ze niet links laten liggen.'

'O alsjeblieft...'

'Ze zijn heel erg gevaarlijk, lieve jongen!' hield ze vol. 'Ze haten de joden. Ze geven de joden overal de schuld van.'

'Niemand luistert naar ze,' zei Pepi.

'Iederéén luistert ernaar!' riep ze uit. 'In de kerk, op de markt, overal hoor ik de mensen praten en ik weet dat iedereen luistert, en iedereen is het ermee eens!'

Ze was volkomen over haar toeren, bijna in tranen. Ik schreef het toe aan de wijn.

Mijn vader gaf zich gewonnen. Hij stuurde me naar de universiteit. Ik koos voor rechten.

In die tijd volgde je dezelfde colleges, of je nou rechter wilde worden of advocaat, en je specialiseerde je pas na de examens. We kregen Romeins recht, Grieks recht en kerkelijk recht; burgerlijk recht, strafrecht, handelsrecht en volkenrecht; politieke wetenschappen en economie, en ook een aantal nieuwe vakken met betrekking tot crimineel gedrag, zoals psychiatrie en forensische fotografie.

Ik kocht een kleine boxcamera en nam kiekjes van mensen.

Pepi's moeder kocht een Leica voor hem. Hij richtte thuis een donkere kamer in en maakte kunstzinnige foto's van stillevens; dominostenen op een tafel waar net een straal zonlicht op scheen; boeken en fruit.

Toen Hitler in Duitsland aan de macht kwam, maakte ik een wandeltocht in de bergen met de meisjes van de socialistische jeugdbeweging. Ik herinner me Heddy Deutsch, de dochter van een joods parlementslid, en Elfi Westermayer, die medicijnen studeerde. We sliepen in de buurt van de meren Saint Gilden en Gmunden in hooischuren bij boerderijen. We droegen blauwe overhemdblouses, hamerden spijkers in de zolen van onze schoenen om meer grip te hebben op de rotsige paden en zongen uit volle borst in de ijle berglucht. Ik herinner me al onze liederen. De 'Internationale', 'Das Wandern Ist des Müllers Lust', 'La Bandiera Rossa' (De Rode Vlag).

Tijdens het collegejaar kwamen mijn vrienden en ik bij elkaar in de socialistische club, waar we ons bezighielden met het redden van de wereld. In die tumultueuze tijd waren er jonge mensen die volkomen opgingen in de politiek; ze waren bereid om te sterven voor hun overtuiging. Onze groep hield het meestal bij verhitte discussies.

Er waren twee jongens, Fritz en Franck, die onophoudelijk pingpong speelden, maar nooit te fanatiek. Het gestage, luie tikken van het balletje leek in niets op het krankzinnige ritme van de buitenwereld. Sommige meisjes namen taart mee die hun moeders hadden gebakken. Een van de jongens kwam aanzetten met platen om op te dansen. Pepi leverde een bijdrage met zijn schaakspel. We speelden eindeloos, hij en Wolfgang en ik. Soms kon ik ze zelfs verslaan.

'Oswald Spengler zegt dat onze grote culturele prestaties tot het verleden behoren,' peinsde Pepi hardop terwijl hij zijn toren verplaatste. 'Hij zegt dat we allemaal wegzakken in materialisme en dat we filosofen worden in plaats van mannen van de daad.'

'Nou, dan vinden de nazi's hem vast geweldig,' zei Wolfgang, die over mijn schouder toekeek en in stilte mijn volgende zet uitdokterde, 'want zij beschouwen zichzelf als mannen van de daad.'

'De nazi's hebben Spengler een spreekverbod opgelegd,' merkte Pepi op. 'Ze houden er niet van dat iemand zegt dat het ergste nog moet komen.'

'Ze zien hun toekomst erg rooskleurig in,' zei ik terwijl ik Pepi's koning in het nauw dreef. 'Ze voorzien een duizendjarig Reich met henzelf als Übermenschen en alle anderen als Untermenschen die het werk voor ze doen.'

'En hoe zie je jouw toekomst, Edith?' riep Fritz van de pingpongtafel.

'Ik denk dat ik zes kinderen krijg die allemaal met een groot servet voor hun borst rond de tafel zitten voor de lunch en zeggen: "Mama, deze strudel is smikkeldesmikkel!"'

'Wie gaat die strudel bakken?' grapte Pepi. 'Stel nou dat grootmoeder Hahn het die dag te druk heeft?'

Ik gaf hem een por. Hij kneep in mijn hand.

'Hebben jullie gehoord dat Hitler kinderen bij hun moeders weghaalt?' zei Wolfgang. 'Als ze niet achter de nationaal-socialistische doctrine staan, raken ze hun kinderen kwijt.'

'Dat laat toch geen enkele rechter gebeuren!' riep ik uit.

'De hele rechterlijke macht wordt door nazi's vervangen,' antwoordde Pepi.

'Hoe is het mogelijk dat een troep opgeblazen kleine mannetjes de democratische instellingen van een groot land zo snel vernietigt?' Wolfgang gaf van pure frustratie een klap op tafel, zodat de schaakstukken omvielen.

'Freud zou je vertellen dat het de triomf van het ego is,' zei Pepi. 'Ze denken dat ze grote mannen zijn, en hun geloof in zichzelf creëert een zo fel licht dat iedereen om hen heen erdoor verblind wordt. Het probleem met die nazi's is dat ze nog nooit van zelfkritiek hebben gehoord. Ze proberen grote geesten te worden, maar in werkelijkheid zijn het karikaturen. Caesar heeft andere landen veroverd, hun leiders gevangengenomen en hun kennis benut, zodat hij het volk verrijkte. Hitler zal andere landen platbranden, hun leiders doodmartelen en de wereld vernietigen.'

We waren allemaal stomverbaasd over Pepi's voorspelling. Onze vrienden hielden op met dansen en kletsen. Het pingpongballetje zweeg.

'Wat kunnen we eraan doen, Pepi?'

'We moeten vechten voor het behoud van onze wetten, en vertrouwen hebben in de onafwendbaarheid van het socialistische paradijs.' Pepi sloeg een arm om mijn schouders. 'Eén klasse. Geen meesters. Geen slaven. Geen zwarten. Geen blanken. Geen joden. Geen christenen. Eén ras – het menselijk ras.'

Hoe kan ik de trots die ik op dat moment voelde beschrijven? Ik was Pepi's vriendin, de uitverkoren partner van onze onbetwiste intellectuele leider – dat was precies de plaats die ik wilde in de maatschappij, en zijn denkbeeld was precies de toekomst die ik wilde voor de mens.

Van 1933 tot 1937 studeerde ik aan de Universiteit van Wenen, een periode van grote politieke onrust in Oostenrijk. Kanselier Dollfuss vond dat ons land katholiek moest blijven en verbood de Socialistische Partij. Ik vond de reacties van de socialisten vaak erg dom, al was ik zelf socialist.

Ik ging naar een verboden socialistische bijeenkomst. Ik meen me te herinneren dat Bruno Kreisky de belangrijkste spreker was. Onze leiders hadden toestemming gekregen om het zaaltje te gebruiken door te zeggen dat we een zangvereniging waren en moesten repeteren. Ze drukten ons op het hart om direct Beethovens 'Ode aan de Vreugde' te gaan zingen als de politie kwam. We moesten dus oefenen.

Het geluid dat we produceerden was met geen pen te beschrijven. Ik beet op mijn lip, ik beet op mijn knokkels, ik at de bladmuziek bijna op, maar ik kon niet voorkomen – net zomin als alle anderen – dat ik in een stuip lag van het lachen.

De socialisten riepen op tot een algemene staking. Maar in 1934 zat meer dan een derde van de beroepsbevolking in Wenen zonder werk. Hoe kon je nou staken als je niet werkte? De regering was al net zo dom en riep het leger te hulp, en de arbeiderswoningen werden onder vuur genomen. De socialisten vochten terug. Er vielen honderden doden en gewonden. Zo kwam het dat de twee machten in Oostenrijk die een verbond hadden moeten sluiten tegen de nazi's door woede, verbittering en verdriet hopeloos verdeeld waren.

Dollfuss zette nazi-leiders het land uit, en Hitler heette hen met open armen welkom. Ze kregen de beschikking over een krachtige radiozender in München, hielden toespraken en bedreigden ons. Ze vertelden gruwelverhalen over Duitse burgers die door bolsjewieken in Tsjechoslowakije werden afgeslacht, tierden dat de joden, 'dieven, leugenaars en moordenaars', de oorzaak waren van de economische depressie waardoor miljoenen mensen hun baan waren kwijtgeraakt. Ik weigerde naar de nazi-radio te luisteren, dus ik heb Hitlers gekrijs niet één keer gehoord.

Nazi-studenten hitsten op tot gevechten en relletjes die het universitaire leven verstoorden. Ze sloegen studenten en docenten die kritiek hadden op Hitler in elkaar. Ze gooiden stinkbommen in de collegezalen, zodat we niet eens naar binnen konden. De politie probeerde studentendemonstraties met traangas uiteen te drijven. Het was wel duidelijk waar het met Oostenrijk naartoe zou gaan als de nazi's aan de macht kwamen, en als we nog twijfelden, waren er Duitse schrijvers die lezingen gaven in de Konzerthalle en ons waarschuwden: Erich Kästner, een held van me, schrijver van *Emil und die Detektive*, en Thomas Mann, de Nobelprijswinnaar en auteur van *Der Zauberberg*, een grote, strenge man die zo grimmig op het podium stond dat mijn hart bevroor toen ik naar hem keek.

'Ik weet niet wat deze avond voor u allen betekent,' zei Mann tegen de anti-nazi's die bijeen waren om te protesteren tegen de escalatie van het geweld, 'maar het betekent meer voor mij.'

Sommige mensen die we kenden droegen witte sokken om te laten zien dat ze met de nazi's sympathiseerden. Rudolf Gischa natuurlijk, en verder het meisje dat ik vroeger met wiskunde had geholpen, 'Fräulein Einstein', en Elfi Westermayer en haar vriend Franz Sehors. Ik dacht dat ze tijdelijk hun verstand hadden verloren.

Want weet je, ik cultiveerde blindheid zoals mijn grootmoeder vroeger cactussen kweekte in Stockerau. Het was de verkeerde plant voor dat klimaat.

De Oostenrijkse nazi's begonnen socialistische leiders te vermoorden. Op 25 juli 1934 vermoordden ze kanselier Dollfuss.

De noodtoestand werd uitgeroepen. Op straat krioelde het van de politiemannen, en voor veel ambassades in onze wijk hielden gewapende bewakers de wacht bij de hekken. Op een dag, toen ik van de universiteit naar huis liep, werden twee jongemannen die voor me liepen opeens aangehouden door een politieman op een motor die hun papieren wilde zien en eiste dat ze hun tassen openmaakten. Ik ging de hoek om naar de Argentinierstrasse, waar een andere jongeman werd gefouilleerd. Zijn vriendin – ongeveer net zo oud als ik – werd ondervraagd.

Eigenlijk zou ik het prachtig hebben gevonden als ik was opgepakt. Het zou een spannende gebeurtenis zijn geweest waar ik mijn vrienden van had kunnen vertellen. Maar niemand zag me! Als iemand me al opmerkte, was dat niet uit achterdocht. Ik straalde onnozelheid uit, onschuld, ik leek onbelangrijk. Daardoor liep ik ongehinderd door de onrustige en gevaarlijke stad, een rechtenstudent van eenentwintig die eruitzag als veertien en voor niemand een bedreiging vormde.

Na Dollfuss' dood kwam er een nieuwe kanselier aan de macht, Kurt von Schuschnigg. Hij was minder geliefd, maar men had wel respect voor hem, en de mensen dachten dat hij Oostenrijk kon beschermen tegen Hitlers agressieve plannen.

Pepi en ik maakten lange wandelingen door de stad, we lazen elkaar voor en droomden van het socialistische paradijs. Ondertussen viel het Duitse leger het gedemilitariseerde Rijnland binnen, en daarna lokten ze in Spanje een burgeroorlog uit. De Italianen, officieel bondgenoten van Oostenrijk, sloten zich bij Hitler aan, zodat ze Ethiopië konden aanvallen.

En toen overleed mijn vader.

Het was juni 1936. Hij stond in Hotel Bristol in de deuropening van het restaurant, keek om zich heen om te controleren of alles wel onberispelijk was – de tafelkleden, de obers die in de houding stonden – en viel dood neer.

Voor ons kwam het nieuws zo onverwacht en het was zo verpletterend dat we nauwelijks konden reageren. Onze steunpilaar, onze rots in de branding was niet meer.

Mama zat in onze huiskamer, haar ogen glazig, haar haren niet gekapt, terwijl stille tranen over haar wangen stroomden. Mimi hield zwijgend en diepbedroefd de hand van haar vriend vast, een medestudent en vriend van mij, Milo Grenzbauer. Onze lieve kleine Hansi kon niet ophouden met huilen.

Ik liep heen en weer naar de keuken, schonk koffie in voor de mensen die ons kwamen condoleren. Onze conciërge, Frau Falat, was er. Mijn nicht Jultschi kwam met haar verloofde, een arrogante, knappe Tsjechische kleermaker die Otto Ondrej heette. Jultschi hing aan hem, zijn hand in de hare geklemd, en veegde met zijn zakdoek haar ogen af.

Pepi kwam met zijn moeder. Ze zat naast mama, zei dat het zo zwaar was om een vrouw alleen te zijn, en ondertussen vroeg ze weinig discreet aan de andere bezoekers hoeveel geld mijn vader had nagelaten.

In de keuken streelde Pepi mijn haar en hij zei dat alles goed zou komen.

Ik geloofde hem niet. Opeens voelde ik me veel kwetsbaarder voor de politiek dan daarvoor. Hoe konden we ons in deze tumultueuze tijden staande houden zonder onze vader om ons te beschermen? Bij de Olympische Spelen die in de zomer in Berlijn werden gehouden, groetten de Duitse atleten naar hun lelijke kleine Führer, en elke overwinning die ze behaalden, voelde voor mij als een persoonlijke aanval op de Hahns in Wenen.

Mijn moeder besloot als modiste te gaan werken om het gezin te onderhouden. Ze knipte plaatjes van elegante mantelpakken uit en maakte die op bestelling, in de stof die de klanten kozen, afgezet naar keuze. Volgens het gebruik van die tijd moest ze alle andere naaisters in de buurt vragen of die er geen bezwaar tegen hadden dat ze haar eigen winkel opende. Ze zeiden zonder uitzondering: 'Nee, geen enkel.' Het was een blijk van vertrouwen, en mijn moeder maakte daar vanzelfsprekend uit op dat al onze buren respect voor haar hadden.

Zelf droeg ik mijn steentje bij door zoveel mogelijk bijlessen te geven en keihard te studeren voor mijn laatste staatsexamen. Als ik eenmaal meester in de rechten was, zou ik een goed inkomen hebben, dacht ik, en de politieke problemen losten misschien vanzelf wel op.

Maar ik vond het moeilijk om me te concentreren. Ik ging in een mist van wanhoop en verdriet naar de colleges. In de bibliotheek zat ik boven een ongelezen boek voor me uit te staren, niet tot nadenken in staat. Op een dag kwam Anton Rieder naast me zitten, mijn oude vlam van de middelbare school. Hij was al van kleins af aan vaderloos. Hij kende het gevoel – de stuurloosheid, de onzekerheid, de vroegrijpheid.

'Je bent nog steeds mooi,' zei hij.

'En jij bent nog altijd even hoffelijk.'

'Ik heb me opgegeven voor de Consulaire Academie. Ik ga er niet heen omdat ik zo graag diplomaat wil worden, maar omdat ze me een beurs geven.'

'Wat fijn voor je, Anton. Straks kun je reizen, misschien wel naar Engeland of Amerika.'

'Ga met me mee.'

'Wat?'

'Ik weet dat je verkering hebt met Pepi Rosenfeld, maar geloof me, hij is slimmer dan goed voor hem is – zijn intelligentie zal zijn geweten altijd in de weg zitten. Hij is niet goed genoeg voor jou. Ik ben altijd verliefd op je geweest, dat weet je. Maak het uit en ga met me mee. Ik heb niets. Nu is je vader dood, en jij hebt ook niets meer. We passen perfect bij elkaar.'

Hij schoof zijn arm over de tafel en pakte mijn hand. Hij was zo knap, zo ernstig. Even kwam ik in de verleiding om ja te zeggen. Waarom niet? En het volgende moment lagen alle redenen waarom het niet kon op die lange eikenhouten tafel, en Anton kon zijn ogen er niet voor sluiten. Als een wijze jonge diplomaat stond hij op, hij kuste mijn hand en vertrok.

We kregen bezoek van een nieuwe buurman – een ingenieur die Denner heette, een aardige, hartelijke man. Zijn vrouw was nog niet zo lang geleden aan tuberculose overleden, na een lang en slopend ziekbed. Hij had twee dochters, Elsa van elf en Christl van veertien. Omdat hij vaak voor zaken op reis moest en de meisjes dan voor zichzelf moesten zorgen, was hij op zoek naar iemand die hen met hun schoolwerk kon helpen. De conciërge had me warm aanbevolen, en ik nam het baantje met beide handen aan. Daarna ging ik van de universiteit altijd meteen naar huis en bracht ik de middag met die twee schatten van meiden door.

De Denners woonden in ons huis, op de verdieping met de balzaal, een ruimte die veel te groot was om opgesplitst te worden, waar mensen met 'von' in hun naam eens op barokmuziek hadden gedanst. De ramen waren enorm hoog, van vloer tot plafond. De vloer was van hout en er leek geen eind aan te komen. Het brak mijn hart als ik die twee kinderen het parket zag boenen.

'Wie komt er op het bal?' riep ik toen ik ze zag poetsen en wrijven. 'De Habsburgers zijn afgezet. De Bourbons zijn de stad uit.'

'Vader vindt dat we iets moeten doen om de vroegere luister van ons land in ere te houden,' kreunde Christl.

Elk meisje had een jong hondje met een Russische naam, ter nagedachtenis aan hun moeder, die in Wit-Rusland was geboren. Elsa's puppy gedroeg zich voorbeeldig en sliep op haar schoot. Christls hondje wilde op duiven jagen en sprong bezoekers in de armen om hun gezicht te likken. Het was al net zo met de meisjes zelf. Elsa had alles onder controle. Christls leven was een avontuur.

Christl deed de handelsschool, maar ze kon niet boekhouden, ze kon niet netjes schrijven en ze kon zich niet concentreren. Ik zat naast haar als ze met haar huiswerk worstelde, ik ging met haar en haar hond wandelen in de tuin van ons huis. Het duurde niet lang of ze vertrouwde me al haar tienerproblemen toe. Ze was lang en levendig, met lichtbruin haar en bijna paarsblauwe ogen, en jongens waren weg van haar. Ze stonden op straat en brachten haar serenades, ze volgden haar naar huis, stuurden haar bloemen, gaven haar lekkere hapjes voor haar hond – ze hadden er alles voor over om haar aandacht te trekken. Toen zij vijftien was en ik drieëntwintig werd Christl verliefd. Hij heette Hans Beran maar iedereen noemde hem Bertschi. 'Het is een malle knaap,' zei Herr Denner, 'maar in elk geval smijt hij niet met geld zoals al die andere jonge mensen.'

Bertschi maakte het Christl niet makkelijk. Eerst was hij wanhopig verliefd op haar, maar te verlegen om haar liefde te aanvaarden. Toen kwam hij tot de conclusie dat ze te mooi voor hem was en dat hij niet tegen de jaloezie van de andere jongens kon. Vervolgens belde hij haar 's avonds laat op en zei hij dat hij niet zonder haar kon, dat ze naar Café Mozart moest komen zodat hij haar kon vertellen hoeveel hij van haar hield.

Als ik bij hen thuis kwam, deed Christl steevast ademloos open. 'Ik moet je spreken,' fluisterde ze dan heftig, 'alleen wij tweeën!' En dan trok ze me mee naar een donker hoekje van de gang en vertelde ze me wat voor aandoenlijke domme dingen Bertschi nu weer had gedaan, dat ze hem een brief moest schrijven, en dat het zonder mijn hulp nooit zou lukken.

'O alsjeblieft, Edith, alsjeblieft. Schrijf jij die brief voor me, ik maak er toch een potje van. Alsjeblieft, alsjeblieft!'

Hoe kon ik nee zeggen? Ik heb nooit nee kunnen zeggen tegen een jonger zusje.

Toen ze slaagde voor het examen van de handelsschool gaf haar vader een feest. Hij huurde een boot en nodigde iedereen uit voor een tocht bij maanlicht over de Donau. Tegen het eind van de avond kwam een ober me een boeket rode rozen brengen. Er zat geen kaartje bij, en ik vroeg me af wie me die bloemen kon hebben gestuurd.

Mijn moeder zat in de huiskamer, borduurde vogeltjes op mijn nieuwe gele blouse, en zij wist het meteen. 'De bloemen zijn van Herr Denner,' zei ze. 'Want toen zijn dochters een plaatsvervangende moeder nodig hadden, iemand die liefdevol naar hen luisterde, was jij er.' Mama grijnsde. 'Zie je nou wel, je moet zelf kinderen krijgen, Edith. Je bent duidelijk een geboren moeder.'

De nazi-trawanten brulden dat kanselier von Schuschnigg de Habsburgse monarchie in ere wilde herstellen, en als dat gebeurde, zou Duitsland zich gedwongen zien om Oostenrijk binnen te vallen en dit idee met militair geweld de kop in te drukken. Het was een regelrecht dreigement, een voorbode.

De kanselier wist zich nog een tijdje staande te houden, maar hij zag al snel in dat niemand hem zou helpen en dat verzet zinloos was. Op 11 maart 1938, toen Pepi en ik een wandeling maakten door een arbeidersbuurt – hand in hand, dicht tegen elkaar aan, een warme zuil van liefde op een koude, donkere avond – stak iemand zijn hoofd uit het raam. 'Von Schuschnigg is afgetreden,' klonk het.

Het was doodstil in de straat.

Pepi hield me tegen zich aan. 'We moeten hier weg,' fluisterde ik in zijn hals.

'Laten we nou maar rustig afwachten,' zei hij.

'Nee nee, we moeten nu meteen weg.' Ik klampte me aan hem vast.

'Word nou niet hysterisch. Over een week is het misschien allemaal weer voorbij.'

'Ik ben bang...'

'Dat hoeft niet. Ik ben bij je. Ik hou van je. Je bent de mijne. Ik zal altijd voor je zorgen.'

Hij kuste me zo hartstochtelijk dat mijn hele lichaam warm en licht werd. Wat kon het mij schelen dat politici verdwenen en landen zich op een oorlog voorbereidden? Ik had Pepi, Pepi, die alles voor mij was, mijn genie, mijn troost, de rots die mijn vader had vervangen.

De volgende dag waren de ouders van mijn moeder vijftig jaar getrouwd. We zouden met de hele familie naar Stockerau gaan om het te vieren. We hadden cadeaus, taarten en wijn, en er waren toespraken ingestudeerd.

Dit blije feest werd nooit gevierd, want uitgerekend op die dag marcheerde het Duitse leger Oostenrijk binnen. Vlaggen wapperden. Er werd marsmuziek gespeeld. Het radiostation van de nazi's – tegen die tijd het enige radiostation – kraaide victorie, en duizenden van onze vrienden en buren en landgenoten verzamelden zich op de boulevards om de Wehrmacht uitzinnig van vreugde te begroeten en toe te juichen.

Op 10 april 1938 stemde meer dan negentig procent van de Oostenrijkers voor de eenwording met Duitsland.

Een socialistische vriend, wiens vader door nazi-moordenaars was geëxecuteerd, wilde protesten tegen de Anschluss organiseren en probeerde mij te werven voor de ondergrondse. Hij zei dat ik een andere naam zou krijgen, bij een cel zou horen en koerierster kon worden. Voor het eerst zag ik het praktische nut van politieke activiteiten in. 'Ja,' zei ik, en gaf hem een hand om mijn belofte te bezegelen, 'je kunt op me rekenen.'

Maar Pepi zei nee. Hij vond het onverantwoordelijk van me dat ik het zelfs maar overwoog, want mijn moeder was weduwe en zij en mijn zusters waren van mij afhankelijk. Wat zou er van hen worden als ik werd gearresteerd?

Ik ging mijn vriend vertellen dat hij zonder mij zou moeten werken. Als een braaf klein meisje deed ik wat Pepi Rosenfeld zei.

hoofdstuk 4

De liefde zet een val

Een van de eerste dingen die de nazi's deden, was 100.000 gratis radio's verdelen onder Oostenrijkse christenen. Hoe kwamen ze aan die radio's? Van ons natuurlijk. Direct na de Anschluss werd de joden opgedragen hun schrijfmachines en radio's in te leveren want, zo werd er geredeneerd, als we niet met elkaar of de buitenwereld konden communiceren, zouden we geïsoleerd raken en waren we makkelijker te terroriseren en te manipuleren. Het was een goed idee. Het werkte uitstekend.

De man die door de Duitsers werd benoemd om de joden uit Wenen te verdrijven was Adolf Eichmann. Zijn beleid werd een model om het hele Reich *Judenrein* te maken, gezuiverd van joden. Hoofdzakelijk liet hij ons zoveel mogelijk betalen om te ontsnappen. De rijken moesten afstand doen van alles wat ze bezaten; de minder rijken moesten zulke exorbitante bedragen voor tickets neertellen dat gezinnen vaak gedwongen waren om te kiezen wie van hun kinderen konden vertrekken en wie moesten blijven.

Bendes schurken in bruine hemden waren heer en meester op straat. Ze reden rond in vrachtwagens, pronkten met hun geweren en mouwbanden met een swastika, floten naar de knappe meisjes. Ze konden je straffeloos oppikken of in elkaar slaan. Iedereen die zich verzette, werd geslagen of vermoord of afgevoerd naar Dachau, Buchenwald of een ander concentratiekamp. (Bedenk dat concentratiekampen in die tijd gevangenissen waren voor tegenstanders van het nazi-regime. Von Schuschnigg zat in een concentratiekamp, net als Bruno Bettelheim een tijdlang. De gevangenen moesten dwangarbeid verrichten en leefden onder erbarmelijke omstandigheden, maar ze kwamen vaak wel terug. Pas na 1940 werd het woord 'concentratiekamp' synoniem met monsterachtige wreedheden en een vrijwel zekere dood. Niemand kon zich voorstellen dat er ooit een dodenkamp als Auschwitz zou bestaan.)

Hoe kan ik onze verwarring en angst beschrijven toen de nazi's de macht overnamen? Tot de dag ervoor hadden we in een rationele wereld geleefd. Nu waren alle mensen in onze omgeving – schoolkameraadjes en leraren, buren, winkeliers, politiemannen en ambtenaren – opeens gek geworden. Ze hadden een haat tegen ons gekoesterd die wij altijd 'vooroordeel' hadden genoemd. Wat een goedaardig woord! Welk een eufemisme! In feite haatten ze ons met een haat die zo oud was als hun geloof; ze werden geboren met haat tegen ons, grootgebracht met haat tegen ons, en met de Anschluss verdween het dunne laagje vernis van het fatsoen dat ons tegen hun haat had beschermd.

Op de trottoirs hadden mensen uit protest leuzen tegen de nazi's geschreven. De SS pakte joden op en dwong hen onder bedreiging met geweren de tegels schoon te schrobben, omringd door drommen Oostenrijkers die hen uitjouwden en uitlachten.

De nazi-radio gaf ons de schuld van alle kwaad in deze wereld. De nazi's noemden ons minderwaardig en het volgende moment bovenmenselijk; ze beschuldigden ons van samenzweringen om hen te vermoorden en te bestelen; ze verklaarden dat zíj de wereld moesten veroveren om te voorkomen dat wíj de wereld zouden veroveren. Op de radio was te horen dat alles wat we bezaten onteigend moest worden, dat mijn vader, die onder het werk dood was neergevallen, niet echt had gewerkt voor onze prettige woning – de leren stoelen in de eetkamer, de oorbellen van mijn moeder – maar alles op de een of andere manier van de christelijke Oostenrijkers had gestolen, en dat die nu het volste recht hadden om alles terug te eisen.

Geloofden onze buren en vrienden dit werkelijk? Natuurlijk geloofden ze het niet. Ze waren niet stom. Maar ze hadden te lijden gehad onder de depressie, de inflatie, werkloosheid. Ze wilden weer welvarend worden, en stelen was de snelste manier om dat te bereiken. Door het geloof in de hebzucht van de joden te cultiveren, hadden ze een excuus om alles wat de joden bezaten te roven.

We zaten thuis en wachtten verlamd van angst op het einde van de waanzin. Het rationele, elegante, geestige, dansende en edelmoedige Wenen moest toch zeker in opstand komen tegen deze krankzinnigheid. We wachtten en wachtten en er kwam geen einde aan, het ging maar door, en toch bleven we wachten en wachten.

De beperkingen die de joden kregen opgelegd, drongen tot in elk hoekje van ons leven door. We mochten niet naar de film of concerten. We mochten in bepaalde straten niet lopen. De nazi's hingen bordjes op de etalages van joodse winkels om de bevolking te waarschuwen dat ze daar niet moesten kopen. Mimi werd ontslagen bij de stomerij waar ze werkte omdat christenen geen joden meer in dienst mochten hebben. Hansi mocht niet langer naar school.

Oom Richard ging naar een café waar hij al twintig jaar kwam. Nu had het een joodse kant en een arische kant, en hij ging in het joodse deel zitten. Omdat hij blond was en er niet joods uitzag, zei een ober die hem niet kende dat hij aan de arische kant moest gaan zitten. Maar aan de arische kant zei een ober die hem wel kende dat hij terug moest naar de joodse kant. Uiteindelijk gaf hij het op en ging naar huis.

Baron Louis de Rothschild, een van de rijkste joodse mannen in Wenen, probeerde de stad te verlaten. De nazi's hielden hem aan op het vliegveld en sloten hem op in de gevangenis, en wat ze daar met hem deden, wat het ook was, overtuigde hem ervan dat hij alles aan het nazi-regime moest afstaan. Toen lieten ze hem vertrekken. De SS nam bezit van het Rothschild Paleis in de Prinz Eugenstrasse en gaf het een nieuwe naam: Centrum voor Joodse Emigratie.

Iedereen had het over weggaan.

'Misschien kunnen we naar een kibboets in Palestina gaan,' zei ik tegen Pepi.

'Jij? Op het land werken? Mijn schattige kleine muis?' Hij lachte en kietelde me. 'Dan krijg je misschien wel blaren op je mooie vingertjes.'

Dagenlang stond ik in de rij voor het Britse consulaat, want ik hoopte toestemming te krijgen om als dienstmeisje in Engeland te gaan werken. Elk joods meisje in Wenen leek zich aan te melden.

Een Aziatische heer benaderde mij en mijn nicht Elli met een buiging en een glimlach. 'Indien u de pracht van het Oosten graag wilt zien... de Chinese muur... het Keizerlijk Paleis... ik ben gemachtigd om u leuk werk in een van de Chinese steden aan te bieden,' zei hij.

'Wij zorgen voor paspoorten, vervoer en accommodatie. Mijn auto staat hier vlakbij. U kunt morgen al uit Oostenrijk weg zijn.' Ik weet zeker dat er meisjes waren die met hem mee zijn gegaan.

Mijn nicht Elli kreeg een baantje in Engeland. Ik kreeg wel de werkvergunning, maar geen baantje.

Op een middag kwam Hansi niet thuis. Mimi en ik gingen haar zoeken. Toen we zonder haar terugkwamen, begon mijn moeder te huilen. Een knap joods meisje van zeventien was verdwenen in een stad waar het krioelde van de anti-semitische ploerten. We waren ziek van angst.

Tegen middernacht kwam Hansi thuis. Ze trilde, was bleek, grimmig, ouder.

Ze vertelde dat de nazi's haar hadden opgepakt en naar een SS-kantoor hadden gebracht, waar ze een pistool tegen haar hoofd hadden gedrukt en haar hadden bevolen om knopen op tientallen uniformen te naaien. In de aangrenzende kamer zag ze orthodoxe joden, vrome mannen met lange baarden, die gedwongen werden om bespottelijke gymnastiekoefeningen te doen, onder grote hilariteit van hun kwelduivels. Hansi had luidkeels geprotesteerd. Een of andere kerel had gedreigd dat hij haar zou slaan als ze haar mond niet hield en door moest gaan met naaien. Aan het eind van de dag lieten ze haar gaan. Vanaf dat moment had ze door de stad gezwalkt.

'We moeten hier weg,' zei ik.

Het was makkelijker om een kaartje te krijgen als je getrouwd was, dus besloten Milo en Mimi te gaan trouwen.

'Laten we trouwen, Pepi,' zei ik.

Hij grijnsde en liet zijn wenkbrauwen op en neer gaan. 'Maar je hebt je vader beloofd dat je nooit met een christen zou trouwen,' grapte hij. Officieel was hij tegenwoordig een christen. In een poging om hem te beschermen tegen de Neurenberger Wetten – die de joden van het staatsburgerschap in het Reich beroofden – had Anna, Pepi's moeder, haar zoon van zesentwintig in de kerk laten dopen. Vervolgens had ze haar contacten gebruikt om de familienaam te laten schrappen van de lijst van joodse inwoners. Dus toen de Weense joden werden geteld – en die werden door de nauwkeurige kolonel Eichmann voortdurend geteld – zou Josef Rosenfeld niet langer op de lijst staan.

'Je hebt er toch niets aan,' zei ik tegen hem. 'De Neurenberger Wetten gelden met terugwerkende kracht. Alles wat erin staat, geldt voor mensen die joden waren voordat de wet in 1936 in werking trad. Dus mensen die in 1937 christen zijn geworden tellen niet.'

'Doe me een lol, schat,' zei hij, 'en vertel het niet aan mijn moeder. Zij denkt dat ze me van al deze idiotie heeft gered. Ik zou het jammer vinden om haar die illusie te ontnemen.'

Hij kuste me totdat mijn hoofd ervan tolde. Op de een of andere manier was mijn huwelijksaanzoek vergeten.

Ik weigerde me door de politieke situatie van mijn studie te laten weerhouden. Ik had de beide staatsexamens gedaan en was met hoge cijfers geslaagd. Nog één examen en ik zou meester in de rechten zijn, bevoegd om te gaan werken als advocaat of rechter. Ik had het gevoel dat ik met mijn diploma op zak veel makkelijker zou kunnen emigreren.

In april 1938 ging ik naar de universiteit om mijn laatste examenopgaven te halen en een datum te prikken voor mijn doctoraalexamen. Het meisje van de administratie kende ik. 'Je doet geen examen, Edith,' liet ze me weten. 'Je bent niet langer welkom op onze universiteit.' Ze gaf me mijn papieren en een afschrift van mijn cijfers. 'Goedemiddag.'

Bijna vijf jaar lang had ik rechten gestudeerd, me verdiept in de grondwet, strafbare feiten, psychologie, economie, politicologie, geschiedenis en filosofie. Ik had werkstukken geschreven, colleges gelopen, strafzaken geanalyseerd, drie keer per week stage gelopen bij een rechter als voorbereiding op mijn doctoraalexamen. En nu mocht ik het niet doen.

Mijn knieën knikten en ik moest op haar bureau leunen.

'Maar... maar... dit laatste examen is alles wat ik nodig heb voor mijn titel!'

Ze keerde me de rug toe. Ik voelde haar triomf, haar onverholen voldoening dat ze mijn leven kapotmaakte. Het had een bepaalde geur, ik zweer het je – net als zweet of lust.

Mijn grootmoeder hielp het dienstmeisje met het naar buiten brengen van zware matrassen die gelucht moesten worden en kreeg een hernia. Ze moest geopereerd worden en overleed tijdens de operatie.

Mijn grootvader kon het niet geloven. Hij leek zich voortdurend om te draaien in de verwachting haar te zien, moest zichzelf er altijd met een diepe zucht aan herinneren dat ze er niet meer was.

Vlak na de dood van mijn grootmoeder werd er een internationale conferentie gehouden in Evian-les-Bains, een luxueus kuuroord in de Franse Alpen, niet ver van het meer van Genève. Hier werd het lot van de Oostenrijkse joden besproken. Eichmann stuurde er vertegenwoordigers van onze gemeenschap naartoe om andere landen dringend te verzoeken losgeld te betalen aan de nazi's en ons op te nemen. 'Willen jullie de wellevende, goed opgeleide, vrolijke, beschaafde Oostenrijkse joden niet redden?' vroegen ze. 'Wat vinden jullie ervan om het nazi-regime $ 400 per persoon te betalen? Is dat te veel? Als we er nou eens $ 200 van maken?'

Ze kregen geen cent los.

Geen enkel land wilde betalen om ons te redden, ook de Verenigde Staten niet. De dictator van de Dominicaanse Republiek, Trujillo, nam een paar joden omdat hij dacht dat ze zijn kleine, straatarme land een beetje welvaart konden brengen. Ik heb gehoord dat hij waar kreeg voor zijn geld.

Op 9 november 1938 ging ik niet naar de meisjes Denner, want mijn zus Hansi had toestemming gekregen om naar Palestina te emigreren. Met een mengeling van vreugde en verdriet brachten we haar naar het station. In haar knapzak en de enige koffer die ze van de Duitsers mocht meenemen, zaten brood en hardgekookte eieren, cake, melkpoeder, ondergoed, sokken, schoenen, stevige broeken, dikke hemden, slechts één jurk en slechts één rok. Vrouwelijkheid en de opsmuk die erbij hoorde was niet zo belangrijk meer. Net als fruit en bloemen bedierf vrouwelijkheid snel en het kostte te veel in verhouding tot de betrekkelijke waarde ervan in oorlogstijd.

Mama, Mimi en ik huilden, maar Hansi niet. 'Kom snel,' drukte ze ons op het hart. 'Ga weg uit dit vervloekte land, ga zo snel mogelijk weg.'

De trein kwam en voerde haar weg. Samen met de andere vluchtende jonge mensen hing ze uit het raam. Ze zwaaide. Ze glimlachte niet.

Mama had onze bankrekening geplunderd om de nazi's het kolossale bedrag te betalen dat ze voor Hansi's treinkaartje eisten. Mimi en ik wisten dat er vrijwel niets over was om ons vrij te kopen. 'Maar jullie hebben allebei een man die van je houdt,' zei mama terwijl ze ons omhelsde. 'Zij zullen jullie redden. Hansi was te jong voor een man.'

Toen we van het station naar huis liepen, hoorden we een merkwaardig rommelen in de donker wordende straten. Aan de horizon zagen we de oranje gloed van een vuur. Een gebouw aan de andere kant van de stad stond in brand. De trottoirs waren merkwaardig uitgestorven. Nazi-voertuigen kwamen ronkend langs, vol met opgewonden jonge kerels, maar er waren geen voetgangers.

Mimi en ik hadden in de maanden daarvoor een sterk instinct voor gevaar ontwikkeld, en we begonnen te rennen, sleepten onze moeder mee. Thuis werden we begroet door de conciërge, Frau Falat. Haar gezicht stond zorgelijk. 'Ze vallen alle joodse winkels aan,' vertelde ze ons. 'Een van de synagogen staat in brand. Ga vanavond niet meer naar buiten.'

Milo Grenzbauer kwam bij ons, buiten adem van een lange sprint door de straten. 'Mag ik u om een gunst vragen, Frau Hahn?' vroeg hij beleefd. 'Ik wil graag hier blijven. Een vriend van mijn broer die bij de SA is zegt dat de nazi's alle jonge joodse mannen oppakken en afvoeren, ik weet niet waarheen – Dachau, Buchenwald. Hij zegt dat mijn broer en ik vannacht beter niet thuis kunnen zijn.'

Hij liet zich op een van de leren stoelen zakken. Mimi zat trillend aan zijn voeten, haar armen om zijn knieën geslagen.

Buiten op straat was het een hels kabaal; schreeuwende mannen, gillende remmen, ruiten die braken. Om een uur of tien kwam onze neef Erwin, een student medicijnen. Hij zweette. Zijn gezicht was lijkbleek. Hij was laat weggegaan uit het laboratorium, had een woedende meute aangetroffen voor de synagoge en rechtsomkeert gemaakt naar onze wijk, net toen de synagoge vlam vatte. Hij had gezien dat joden werden geslagen en weggevoerd.

Kort na hem kwam Pepi. Van de drie jongemannen in ons huis was hij de enige die kalm bleef – keurig verzorgd, onverstoorbaar.

'Plunderaars worden moe en gaan na een tijdje naar huis,' zei hij. 'Wacht maar af. Morgenochtend hebben ze allemaal een vreselijke kater en zitten wij met een hele hoop gebroken ruiten. Zij komen tot bezinning, wij repareren de gebroken ruiten en dan wordt het hele leven weer normaal.'

Verbijsterd staarden we hem aan. Was hij gek geworden?

'Wat ben je er toch goed in om de schijn op te houden, Pepi,' zei mijn moeder geamuseerd. 'Je zult een geweldige advocaat worden.'

'Ik vind het niet fijn als mijn lieve kleine meisje van streek is.' Hij streek de rimpels in mijn voorhoofd glad. 'Die frons is zonde van haar mooie wenkbrauwen.'

Hij sloeg een arm om me heen en trok me naast zich op de bank. Op dat moment aanbad ik Pepi Rosenfeld. Ik had het gevoel dat zijn optimisme en rotsvaste vertrouwen in de toekomst ons uiteindelijk allemaal uit dit inferno zou redden.

En toen kwam zijn moeder Anna, krijsend en wel. 'Wat ben je nou voor een idioot?' tierde ze tegen hem. 'Ik heb de helft van alle ambtenaren in de stad omgekocht om een christen van je te maken en je naam van de lijst met joodse inwoners te laten schrappen. En nu, uitgerekend op een avond als deze, als de joden worden weggevoerd en hun winkels in brand worden gestoken, wat doe jij? Je gaat naar hun schuilplaats en je zit in hun huiskamer! Ga weg bij deze mensen! Het zijn niet jouw mensen. Je bent een christen, een katholiek, een Oostenrijker. Deze mensen horen hier niet. Iedereen haat hen. Ik sta niet toe dat je hier nog een minuut langer blijft!'

Buiten zichzelf keek ze naar mij. 'Laat hem gaan, Edith! Als je van hem houdt, laat hem dan gaan. Als jij hem niet loslaat, zullen ze hem wegvoeren en gevangen zetten, mijn enige zoon, mijn lieve schat...' Ze begon te snikken.

Mijn moeder, altijd even hartelijk, bood haar een glas cognac aan.

'Kom, moeder,' zei Pepi, 'hou nou op met die scène, alsjeblieft. Edith en ik blijven hier niet lang meer. We zijn van plan om naar Engeland te gaan, misschien naar Palestina.'

'Wat! Is dat wat je achter mijn rug om beraamt? Om mij in de steek te laten? Om mij, een arme weduwe, aan de vooravond van een oorlog alleen achter te laten?'

'Hou nou op met die onzin dat je een arme weduwe bent,' berispte Pepi haar. 'Dat ben je niet. Je bent getrouwd met Herr Hofer en hij zal voor je zorgen.'

Het maakte Anna razend dat haar geheim zomaar werd onthuld. 'Als je me in de steek laat, als je wegloopt met die smerige joodse teef, maak ik een eind aan mijn leven!' gilde ze. Ze rende naar het raam en klom op de vensterbank alsof ze eruit wilde springen.

Pepi sprong overeind, pakte haar beet, nam de dikke vrouw in zijn armen en klopte op haar hijgende rug. 'Rustig nou maar, rustig mama...'

'Kom met me mee naar huis,' jammerde ze. 'Ga weg bij deze mensen. Laat dat meisje met rust, ze wordt je dood! Kom met me mee naar huis!'

Hij keek me aan over haar brede schouders, en toen pas las ik in zijn ogen wat hij al die weken na de Anschluss had moeten doorstaan, waarom hij er nooit van harte mee had ingestemd om weg te gaan. Ik begreep dat Anna elke dag aanvallen van hysterie moest hebben gehad, dat ze tegen hem krijste en tierde, hem onder druk zette, met zelfmoord dreigde, dat ze hem gevangen hield met een ijzeren ketting die ze 'liefde' noemde.

'Ga maar,' zei ik zacht. 'Ga met haar naar huis. Ga.'

Dat deed hij. En wij bleven de rest van de Kristallnacht op en luisterden naar het kabaal waarmee ons leven werd verbrijzeld.

Mijn zus Mimi trouwde in december 1938 met Milo Grenzbauer. In februari 1939 gingen ze met een illegaal transport naar Israël. Mijn moeder verkocht de leren stoelen om hun tickets te betalen. Het was misschien mogelijk geweest om genoeg geld bij elkaar te schrapen voor een derde ticket voor mij, maar eerlijk gezegd was het voor mij een onverdraaglijke gedachte om bij Pepi weg te gaan.

Gebeurtenissen stapelden zich op, in zo'n hoog tempo en met zoveel geweld dat het voelde alsof we mee werden gesleurd door een lawine en geen tijd hadden om op adem te komen voordat de volgende berg instortte. In maart 1939, een jaar na de Anschluss, viel Hitler – gesteund door het verzoenende ingrijpen van Chamberlain – Tsjechoslowakije binnen. 'Als de gojim elkaar al niet verdedigen,' zei mijn moeder, 'hoe kunnen we dan verwachten dat ze ons verdedigen?' Toen kreeg mijn grootvader een beroerte. Oom Richard nam een verpleegster aan om voor hem te zorgen, en we gingen allemaal zo vaak mogelijk bij hem op bezoek in Stockerau. Maar toen werden oom Richard en tante Roszi ook door de nazi's gearresteerd.

Ze hebben zes weken in de gevangenis gezeten. Om vrij te komen hebben ze de nazi's alles gegeven wat ze bezaten: onroerend goed, het geld op hun bankrekeningen, aandelen, servies, zilver. Onmiddellijk

54

daarna vertrokken ze, in oostelijke richting. Rusland slokte hen op. Mijn moeder wachtte en bad om bericht van hen, maar dat kwam niet.

Op een dag klopte een jongeman in uniform op onze deur. Laat me je vertellen dat ze een bepaalde manier van kloppen hadden, die nazi's, alsof ze de deur verfoeiden, alsof ze verwachtten dat het hout onder hun dreunende vuisten zou verdwijnen. Ik voelde het altijd feilloos aan als zij klopten. De haartjes op mijn armen kwamen overeind. Mijn maag kromp samen. Deze nazi vertelde mijn moeder dat het huis en de winkel van mijn grootvader werden overgenomen door 'goede' Oostenrijkers en dat hij bij familieleden moest intrekken.

Dat was het. Geen Stockerau meer.

Mijn grootvader had vijfenveertig jaar in dat huis gewoond. Het servies, de stoelen, de schilderijen, de kussens, de kleden, de telefoon, de potten en pannen en lepels, de piano, de prachtige kanten kleedjes, de Puch-motorfietsen, de naaimachines, de brieven die we hem hadden geschreven en die hij in zijn grote houten bureau bewaarde, het bureau zelf – alles, zijn hele hebben en houden, elke herinnering, werd geroofd. En de dieven verkochten het voor een zeer goede prijs aan de mensen die zijn leven lang naast hem hadden gewoond.

Mama stuurde mij eropuit om voor hem te zorgen. De dood van mijn grootmoeder en de beroerte erna, waren een klap voor hem geweest, maar het verlies van zijn huis, zijn thuis, was de genadeslag. Ik moest hem naar het toilet brengen, ik masseerde zijn voeten. Hij was op een streng dieet en bedankte me altijd voor het eten dat ik voor hem klaarmaakte, waar hij dan heel lief, haast verontschuldigend aan toevoegde: 'Je grootmoeder maakte het lekkerder.'

'Ja, dat weet ik.'

'Waar is ze?'

'Ze is er niet meer.'

'Ach ja, natuurlijk. Ik wist het wel, ik wist het wel.' Hij keek naar zijn oude handen, knokig, hard van het eelt, getekend door het harde werken. 'Wanneer mag ik naar huis?'

Op een ochtend ging hij dood.

In later jaren heb ik zijn huis teruggezien. Ik geloof dat het nog steeds bewoond was. Donaustrasse nummer 12 in Stockerau.

Vergeleken met de uitzetting van mijn grootvader was de onze een bagatel. Onze conciërge stond huilend in de deuropening met het bevel tot uitzetting van onze adellijke huisbaas in haar handen. 'Wat kon hij doen?' zei ze. 'Het regime eist dit.'

Mama en ik gingen naar de Untere Donaustrasse nummer 13, in Leopoldstadt, het getto van Wenen, waar we introkken bij Frau Maimon, Milo's tante, een weduwe. Twee andere dames woonden al bij haar in – een oude vrijster en haar zuster, wier man in Dachau zat. We woonden met vijf vrouwen in een woning die voor één persoon bedoeld was, en we hadden nooit ruzie, we lieten nooit na ons te verontschuldigen als we noodgedwongen elkaars privacy schonden.

Mijn moeder en ik verdienden de kost met naaiwerk. Geen kleermakerswerk op maat uiteraard, we repareerden en vermaakten alleen oude kleren. We moesten heel wat jurken 'innemen', want onze joodse buren in het getto werden steeds magerder.

Mijn nicht Jultschi werd daarentegen steeds dikker.

We zaten op een bankje in het park en ze huilde tranen met tuiten, haar huid vlekkerig en onder de uitslag.

'Ik weet dat ik in deze vreselijke tijd niet zwanger had moeten raken,' huilde ze. 'Maar Otto was opgeroepen voor het leger en we waren bang dat we elkaar nooit meer zouden zien en we waren zo van streek. Het gebeurde gewoon en nu weet ik me geen raad. Misschien laten ze ons kind met rust. Wat denk jij, Edith? Ik bedoel, het moet toch helpen dat de vader in elk geval niet joods is, dat hij een soldaat is voor het Reich.'

'Misschien,' zei ik, hoewel ik er niet echt in geloofde.

'Ik heb geprobeerd een baantje te krijgen als dienstmeisje in Engeland. Ik hoopte dat ze zouden denken dat ik gewoon dik was, maar ze wisten direct dat ik zwanger was.' Met haar betraande bruine ogen keek ze me aan. 'Ik kan niet zwanger zijn, Edith, niet met Otto die ver weg moet vechten in de oorlog en al die wetten tegen de joden. Ik moet naar een dokter.'

Ik nam contact op met onze oude vriend Kohn. Hij was net afgestudeerd en had zijn eigen praktijk geopend – en nu hadden de nazi's zijn vergunning ingetrokken. Hij zag er vreselijk slecht uit.

'Heb je het gehoord van Elfi Westermayer?' zei hij verbitterd. 'Ze heeft haar studie medicijnen niet eens afgemaakt en ze heeft patiënten. Om in dit land als arts te mogen werken, hoef je kennelijk alleen maar lid te zijn van de nazi-partij.'

Hij stemde erin toe om Jultschi te onderzoeken, maar uiteindelijk weigerde hij een abortus te doen. 'Ik kan die operatie niet veilig uitvoeren,' legde hij uit. 'Ik heb geen operatiekamer, ik kan in geen enkel ziekenhuis terecht, ik heb geen medicijnen. Stel nou dat je een infectie krijgt... De consequenties kunnen vreselijk zijn.' Hij hield haar hand vast. 'Ga naar huis. Krijg je kind. Het zal een troost voor je zijn in deze moeilijke tijden.'

Zodoende ging Jultschi naar huis. Haar man was bezig met het pakken van zijn spullen, bereidde zich voor op zijn vertrek naar het Poolse front. Hij kuste haar, beloofde terug te komen en liet haar in haar eentje op de baby wachten.

Mama en ik vervielen in een adembenemend tempo tot armoede. Het werd ons verboden om de kost te verdienen, we mochten niet werken voor klanten die ons betaalden in groschen (pfennigs volgens de nieuwe Duitse telling), dus moesten we onze bezittingen ruilen tegen de zaken die we dringend nodig hadden.

Mijn moeder had een rotte kies waar ze erg veel pijn van had. Onze joodse tandarts mocht niet langer patiënten behandelen, maar met Pepi's hulp vond mijn moeder een arische tandarts die de kies wilde trekken. Hij wilde goud. Mama gaf hem een gouden ketting. Hij wilde meer. Ze gaf hem er nog een. Hij wilde meer. Ze gaf hem haar laatste. Drie gouden kettingen voor het trekken van één enkele kies.

Ik probeerde de openstaande termijnen te incasseren voor de naaimachines en motorfietsen die door mijn grootvader op afbetaling waren verkocht. Maar niemand die een jood geld schuldig was voelde zich nog verplicht om te betalen. De meesten lachten me recht in mijn gezicht uit.

Mama's jongere zus, tante Marianne, was getrouwd met een man die Adolf Robichek heette, en ze woonden in Belgrado, waar hij werkte voor een scheepvaartmaatschappij. De Robicheks gaven pakketten met eten mee aan de kapiteins van de schepen die de Donau afvoeren, en we deelden deze gulle gaven met Frau Maimon en de twee zusters. Deze pakketten waren onze redding.

Wist de rest van de Oostenrijkers wat er met de joden gebeurde?

Wisten ze dat wij onteigend werden, dat we honger begonnen te krijgen? Laat me je bij wijze van antwoord een anekdote vertellen.

Op een dag, na de Anschluss, werd ik aangehouden door een politieman omdat ik door een rood voetgangerslicht was overgestoken. Hij beval me een fikse boete te betalen. 'Maar ik ben joods,' zei ik. Meer hoefde hij niet te horen om te weten dat ik geen cent bezat en onmogelijk kon betalen, en hij liet me gaan.

Je ziet dus wel dat je ze nooit moet geloven als ze je vertellen dat ze niet wisten hoe de joden werden kaalgeplukt. Ze wisten het allemaal.

Christl Denners liefdesleven was altijd erg heftig geweest, maar vanwege de nazi-politiek raakte het in een stroomversnelling.

We gingen naar de badkamer om te praten, want in de andere kamers was het ijskoud door de hoge ramen.

'Luister Edith, alleen de SS is stom genoeg om deze bespottelijke situatie te verzinnen. Volgens de Neurenberger Wetten ben je pas een legitieme ariër als zowel je grootouders van moederskant als van vaderskant arisch zijn, ja toch? Dus als je zelfs maar één joodse grootouder hebt, word je als joods beschouwd en worden al je burgerrechten je ontnomen, zo is het toch? Nou, raad eens. Bertschi's vader is een Tsjechoslowaakse jood.'

'O mijn god,' zei ik ontzet.

'Nu komt het,' vervolgde ze. 'Mijn vader helpt Bertschi's vader bij het kopen van illegale papieren die "bewijzen" dat hij al drie generaties lang arisch is. Een goed idee, vind je niet?'

'Uitstekend,' beaamde ik.

'Het gevolg was dat Bertschi's vader direct werd opgeroepen voor het leger.'

'O nee!'

'In het leger ontdekten ze Herr Berans ware identiteit en ze smeten hem in de gevangenis. Maar ondertussen hadden ze Bertschi ook opgeroepen, want die was vanwege de valse papieren van zijn vader inmiddels keurig arisch. Nou, om kort te gaan, het leger ontdekte dat Bertschi's vader in de gevangenis zat, maar niet waarom, dus ze verlenen Bertschi oneervol ontslag en ze sturen hem terug naar Wenen. En luister, Edith, je zult je oren niet geloven –'

'Wat? Wat?'

'Toen Bertschi op de terugreis was naar Wenen, werd zijn hele eenheid opgeblazen door een bom van het Franse verzet.'

Ik had medelijden met zijn eenheid en was dolblij voor Bertschi. Verder was het een opluchting om te horen dat er zoiets als het Franse verzet bestond.

'Inmiddels zijn ze erachter dat Bertschi half joods is, dus zit de Gestapo achter hem aan.'

'O nee...'

'Maar ik heb een plan. Mijn vader heeft een winkel voor me gekocht die vroeger van joden was. Ik moet souvenirs gaan verkopen: koffiekoppen met een plaatje van de Stephansdom erop, replica's van de Nymphenberg-beelden, muziekdoosjes die Wagner spelen. Als winkelier heb ik natuurlijk een boekhouder nodig. Dus heb ik Bertschi in dienst genomen.'

Ze glimlachte. Haar hond legde zijn kop in haar schoot en keek haar smachtend aan.

'O Christl, dat is zo gevaarlijk. Straks hebben ze het ook op jou gemunt.'

'Dat is al zo,' zei ze. 'Ik moet me morgen melden in de Prinz Eugenstrasse.'

'Ga er niet heen!' riep ik uit. 'Je bent een ariër, je kunt het land uit, je hebt papieren. Ga weg uit deze stad, ga weg uit het Reich!'

'Mijn vader is ingedeeld bij een eenheid van het luchtafweergeschut in Münster, Westfalen,' vertelde ze. 'Ik peins er niet over om weg te gaan.'

Ik dacht aan Hansi, de SS, hun wreedheden jegens vrouwen.

Christl glimlachte. 'Leen me je gele blouse met de geborduurde vogels, dan komt het allemaal goed.'

De volgende dag trok Christl Denner de blouse aan die mijn moeder voor me had gemaakt. Hij paste haar perfect. Ze deed haar roodste lippenstift op en maakte haar wimpers zwart. Toen ze wegliep door de straat, haar rok golvend, haar haar glanzend, zag ze eruit alsof ze ging dansen.

Ze wandelde het hoofdkwartier van de Gestapo binnen. Elke man in dat gebouw kwam achter zijn bureau vandaan om haar beter te kunnen bekijken. De nazi-kapitein probeerde streng te zijn.

'U hebt een man in dienst, Fräulein Denner, ene Hans Beran –'

'Jazeker. Mijn boekhouder. Hij reist rond door het Reich. Ik kreeg laatst nog een ansicht van hem.'

'We willen hem spreken als hij terug is.'

'Maar natuurlijk, kapitein. Ik zal hem meteen naar u toe sturen.'

Ze glimlachte stralend naar hem. Hij kuste haar hand en vroeg of hij haar een kop koffie mocht aanbieden. Dat mocht.

'Wat! Ben je uit geweest met een SS'er?'

'Hoe kan een vrouw een onschuldige uitnodiging om koffie te drinken nou afslaan?' legde ze uit. 'Dat zou onbeleefd zijn. Het zou argwaan kunnen wekken. Toen de kapitein een volgende ontmoeting voorstelde, heb ik hem gewoon verteld dat ik verloofd was met een dappere matroos die ver weg op zee zat en dat ik zijn vertrouwen onmogelijk kon beschamen.'

Grijnzend gaf ze me mijn blouse terug. Ze had de flair van een Hollywood-ster, mijn vriendin Christl.

In de kelder van haar winkel zat Bertschi Beran, de geluksvogel.

Pepi zocht me elke dag op. Hij werkte als stenograaf op de rechtbank, ging na zijn werk altijd ergens een hapje eten en dan liep hij naar ons, een wandeling van drie kwartier. Om zeven uur kwam hij binnen, legde zijn horloge op tafel om de tijd niet te vergeten en ging altijd stipt om kwart over negen weer weg, zodat hij om tien uur thuis zou zijn, want dan werd hij door zijn dolgedraaide moeder verwacht.

We hadden nu al zo lang verkering en het was frustrerend dat onze liefde door gebrek aan privacy platonisch moest blijven. We hunkerden naar elkaar. Zelfs in het koudste weer liepen we buiten, op zoek naar een bankje of een portiek waar we elkaar konden omhelzen en kussen.

Op een middag slopen we zijn woning binnen, doodsbang dat de buren ons zouden zien. Hij had condooms gekocht en die verstopt voor Anna (die altijd in zijn spullen neusde) door ze in een doosje te doen waar met grote letters op stond: NIET ONTWIKKELDE FILM! NIET AAN LICHT BLOOTSTELLEN! We waren door het dolle heen van opwinding, zo hevig verlangden we naar elkaar. Maar we waren nog niet begonnen met het uittrekken van onze kleren of we hoorden mannen schreeuwen op de gang, gevolgd door dat vreselijke bonzen van de nazi's op de deur van een onfortuinlijke Oostenrijker. 'Nee, nee, hij heeft niets gedaan!' hoorden we de huisbazin roepen. 'Neem hem niet mee!' De zware voetstappen van die ploerten stierven weg toen ze hun gevangene wegsleurden.

Onze passie gaf de geest van angst. Het gevoel kwam die dag niet meer terug. 's Avonds bracht Pepi me terug naar het getto.

Hij werd niet door de rechtbank ontslagen. Op een dag kwam hij gewoon niet meer op zijn werk, en zijn collega's gingen ervan uit dat hij, net als alle andere joden, half-joden en kwart-joden, was gearresteerd en zijn best deed om vrij te komen. Hij kon geen joodse rantsoenen krijgen omdat hij door het ingrijpen van zijn moeder niet meer als jood geregistreerd stond. Als hij de rantsoenen voor ariërs had geprobeerd te krijgen, zou hij opgeroepen zijn.

Pepi zat dus gevangen in het huis van zijn moeder. Hij leefde van wat zijn moeder voor hem meenam. Ze vertelde de autoriteiten dat ze een zware rookster was en kreeg sigaretten, die ze aan hem gaf. Overdag zat hij in het park, waar niemand hem opmerkte. Hij was ervan overtuigd dat de nazi's op een dag verdreven zouden worden en doodde de tijd door wetten te schrijven voor het nieuwe democratische Oostenrijk. Is het niet onvoorstelbaar? Mijn briljante Pepi, die officieel niet meer bestond en het Oostenrijkse wetboek van strafrecht herschreef. Voor de lol.

In 1939, toen de Duitsers Polen binnenvielen, raakten Frankrijk en Engeland bij de oorlog betrokken en koesterden wij een moment van hoop dat Hitler snel verslagen zou worden, dat onze beslissing om in Wenen te blijven misschien toch de beste was geweest. Maar al snel zagen we in dat de oorlog zich als een olievlek uitbreidde, en alle vluchtwegen waren afgesneden.

Oude en zieke mensen zagen geen uitweg meer. De bejaarde weduwe van de grote Duits-joodse schilder Max Liebermann pleegde zelfmoord op het moment dat de Duitsers haar kwamen halen. Een oom van mijn moeder, Ignatz Hoffman, een vooraanstaand arts, was met een jonge vrouw getrouwd en had een paar gelukkige jaren met haar gekend. Voordat de Gestapo hem kwam halen nam hij vergif. 'Je moet vluchten, mijn liefste,' zei hij. 'Ren voor je leven. Een oude man zou je maar tot last zijn.' Hij stierf in haar armen.

We hoorden dat een mysterieuze nazi-vrouw de echtgenote van oom Ignatz hielp haar spullen over de grens te smokkelen voordat ze zelf ontsnapte.

Alle joden van Poolse origine werden teruggestuurd naar het land van hun voorouders, en de twee lieve zusters moesten eraan geloven. Ze kusten ons vaarwel, pakten hun spullen en vertrokken. We stuurden ze pakjes, geadresseerd aan de joodse gemeenschap in Warschau, maar die werden uiteraard teruggestuurd omdat het verboden was iets aan joden te sturen. Op advies van een listige buurvrouw schreven we het adres in het Pools, en als bij toverslag kwamen de pakjes aan. Ik werd ook listig. Ik verstuurde nooit twee pakketjes uit hetzelfde postkantoor.

We begonnen het contact met onze familieleden en vrienden te verliezen. Ze zweefden weg gelijk sterren zonder zwaartekracht als er ergens in de muur van de nazi-bezetting een gaatje te vinden was.

Mijn tante Marianne Robichek schreef dat zij en haar gezin naar Italië gingen. Oom Richard en tante Roszi stuurden een kaartje uit China. Hansi, Milo en Mimi lieten via andere familieleden weten dat ze Palestina hadden weten te bereiken. Mijn neef Max Sternbach, een getalenteerd kunstenaar, afgestudeerd aan de kunstacademie die Hitler weigerde te erkennen, verdween over de Alpen, op weg – hoopten we – naar Zwitserland.

Ik leende Christls lila blouse en liet voor Pepi's verjaardag een formeel portret van mezelf maken. Op de een of andere manier had ik het gevoel dat we foto's van elkaar nodig hadden, voor het geval we van elkaar gescheiden zouden raken. Hij zei dat dat nooit zou gebeuren, maar het overkwam zoveel mensen. Kijk maar naar Otto Ondrej, die vastzat aan het oostfront. Hij had het zoontje dat Jultschi naar hem had genoemd zelfs nooit gezien.

Al mijn hoop was erop gericht dat Duitsland verslagen zou worden. Als Frankrijk nou maar standhield... als Italië nou maar een verbond sloot met Engeland... als Amerika Duitsland nou maar de oorlog verklaarde, dacht ik, dan zouden de nazi's vernietigd worden.

In juni 1940 wandelden Pepi en ik langs het Donaukanaal toen iemand op de andere oever vrolijk uitriep: 'Frankrijk is gevallen!' In de hele stad barstte gejuich los... en ik ging letterlijk over mijn nek, midden op straat. Ik kreeg geen lucht, ik kon niet meer lopen. Pepi moest me half naar huis dragen. Zijn moeder slikte kalmeringspillen. Nu ik even hysterisch was als zij, stal Pepi er een paar, hij stopte ze in mijn mond en wachtte tot ik ze had doorgeslikt.

Toen Italië Frankrijk en Engeland de oorlog verklaarde, een duidelijke aanwijzing dat Mussolini verwachtte dat Hitler de oorlog zou winnen, slikte ik de pillen uit eigen beweging, want ik had het gevoel dat alles verloren was. We zaten in de val, midden in het fascistische rijk.

Pepi weigerde de hoop op te geven. Zijn punctualiteit vormde een rustgevend baken in ons leven. Zijn kleine geschenken van de arische kant – koffie, kaas, boeken – herinnerden ons aan de betere tijden van weleer. Op een gegeven moment deed hij iets wat ik nooit zal vergeten, gedreven door romantisch enthousiasme: hij zette zijn moeder onder druk om hem wat geld te geven en nam me mee naar de Wachau. Het waren drie wondermooie dagen in een sprookjesland. We dobberden op het kristalheldere blauwe water van de rivier. We klauterden omhoog naar de ruïne van het Durenstein-kasteel, waar Richard Leeuwenhart gevangen werd gehouden en Blondl de troubadour zijn ontsnapping bezong. We deden de deur van onze hotelkamer op slot, lieten ons op het bed vallen en rolden in elkaars armen. Sommige mensen vroegen me waarom ik met een man was getrouwd die zoveel ouder was dan ik, want Pepi zag er oud uit voor zijn leeftijd en ik jong voor de mijne. 'Omdat hij de beste minnaar van de wereld is!' zei ik.

Het was net alsof er een toverformule over de nazi's was uitgesproken, want ze verdwenen als slechte dwergen. We zwierven over de paden waar Bertrand Russell ooit had gelopen, bestempelden die als de betoverde tuin van Oostenrijk, en er bestond niets meer voor ons behalve onze liefde voor elkaar. Politiek, armoede, doodsangst en hysterie, alles loste op in de frisse, ijle berglucht.

'Je bent mijn engel,' fluisterde hij. 'Je bent mijn mooie kleine muis, mijn allerliefste...'

Dat was de enige reden dat ik in Oostenrijk bleef, weet je. Ik was verliefd en kon me een leven zonder Pepi niet voorstellen.

Toen ongeveer 100.000 van de 185.000 Weense joden op de een of andere manier waren gevlucht, besloten de nazi's dat alle joden die er in Wenen nog over waren geregistreerd moesten worden, en we werden onder bedreiging met geweren gedwongen om op het plein in de rij te gaan staan. Alle F's moesten de ene dag verschijnen, alle G's op een andere, en alle H's op 24 april 1941. Mama en ik stonden vanaf de vroege ochtend in de rij. Als mensen flauwvielen, hielpen we ze overeind en probeerden we ze uit de zon te dragen. Een eenheid van de Gestapo reed langs in een vrachtwagen. Een van de mannen sprong eruit en sleurde mijn moeder en mij uit de rij.

'Stap in de auto,' beval hij.

'Wat? Waarom?'

'Stel geen stomme vragen, joodse teef, stap in!'

We werden in de vrachtwagen geduwd. Ik hield mama's hand stevig vast. Ze brachten ons naar een kantoor van de SS en duwden ons een papier onder de neus.

'Jullie moeten op het land gaan werken in het Reich. Hier. Teken dit. Het is een contract.'

Onmiddellijk kwam de advocaat in me boven. Ik hield een pleidooi. Ik pleitte alsof ik de kunst van het pleiten ter plekke uitvond.

'Maar deze vrouw hoort hier helemaal niet te zijn,' zei ik terwijl ik mijn moeder achter me trok. 'Ze is niet Weens, ze is niet joods, ze is een oude dienstmeid die vroeger voor ons werkte. Ze is hier op bezoek en wilde me gewoon gezelschap houden.'

'Teken dat papier.'

'Bovendien, moet je haar zien! Ze is echt niet geschikt om te werken. Ze heeft likdoorns op haar tenen en artritis in haar heupen. Nog even en ze zit in een rolstoel, geloof me. Als jullie mensen nodig hebben om te werken, ga mijn zusters dan zoeken. Mijn zus Gretchen is mooi, pas tweeëntwintig, en ze is atlete. Ja meneer, de beste! Als ze niet joods was geweest, zou ze in de Olympische zwemploeg hebben gezeten. En mijn zus Erika is zo sterk als twee paarden. Jullie kunnen haar voor een ploeg spannen, echt waar. Ze staan allebei nog in die rij, jullie hebben ze kennelijk over het hoofd gezien. Hoe kunnen jullie twee van die sterke en robuuste jonge vrouwen nou over het hoofd zien en dit oude besje eruit pikken? Mankeert er soms wat aan jullie ogen? Misschien moeten jullie naar een oogarts...'

'Al goed, al goed, hou je waffel!' brulde de nazi. 'Laat dat oude mens gaan. Ga, ga, oma, donder op!' Ze duwden mama naar buiten, de zonnige straat op.

Ik tekende het papier. Het was een contract dat me verplichtte om zes weken in Noord-Duitsland op het land te werken. Als ik de volgende ochtend niet op het station was, stond er in het contract, zou ik worden beschouwd als een crimineel en zou er meedogenloos jacht op me worden gemaakt.

Die nacht sliepen mijn moeder en ik in elkaars armen.

'Zes weken,' zei ik. 'Meer niet. Over zes weken ben ik weer thuis. Tegen die tijd neemt Amerika deel aan de oorlog, en ze zullen Duitsland verslaan. Dan is het allemaal voorbij.'

Ik nam een knapzak mee en een koffer, net als mijn zus Hansi. Mama pakte bijna al het eten dat er in huis was voor me in. Pepi kwam naar het station met zijn moeder. Hij zag er zo lief uit, zo verdrietig. Van zijn innemende opgewekte praatjes was niets meer over. Hij pakte mijn handen en stopte ze samen met de zijne in de zakken van zijn jas. Mijn moeder had donkere kringen onder haar ogen. We zwegen, alle drie. Maar Anna Hofer kon haar mond niet houden. Ze ratelde over rantsoenen en de laatste mode, dolblij dat ik wegging.

Opeens sloeg mama een arm om Anna heen en voordat ze kon protesteren had ze haar omgedraaid, zodat Pepi en ik nog een laatste moment samen hadden. De zoute tranen in zijn kus bleven me bij. Ik proefde ze in mijn dromen.

Toen de trein floot, fluisterde ik tegen mama dat ze niet verdrietig moest zijn, dat ik haar over zes weken terug zou zien.

hoofdstuk 5

De aspergekwekerij in Osterburg

Eerst voelde het net als een gewone reis. Ik zat met verschillende andere vrouwen in een coupé, en tegen de tijd dat we in Melk aankwamen, wist ik hoe lang de bevalling van elk van hun kinderen had geduurd. Een huilerig, angstig meisje klampte zich aan me vast. Uiteindelijk wist ik haar af te schudden. Er was een bewaakster, een energieke Duitse. Ze zag er in haar nazi-uniform efficiënt uit, maar tijdens de lange, slapeloze nacht zwierf ze in haar ochtendjas door de trein omdat ze kennelijk niet wist wat ze moest doen.

Op het station van Leipzig werden we een ruimte binnengedreven waar we door twee politiemannen werden bewaakt en opdracht kregen om lippenstift of andere make-up te verwijderen. We moesten toestemming vragen om naar het toilet te gaan. De reis werd voortgezet met een plaatselijke trein. Tegen die tijd was ons vrouwelijke gebabbel verstomd. Nadat we een paar uur als gevangenen waren behandeld, waren we daadwerkelijk gevangenen geworden, alert, zwijgend. Ik bleef de hele tijd staan en keek naar het Duitse landschap, naar de pijnlijk schone dorpen en keurige grijze huisjes die er allemaal hetzelfde uitzagen. De velden waren modderig, met hier en daar nog wat sneeuw.

Die modderpoel is mijn bestemming, zei ik tegen mezelf.

In Magdeburg moesten we onze bagage een steile trap op zeulen. Een heel langzaam boemeltje bracht ons naar Stendahl. Bibberend van de kou stonden we op het perron.

De boeren kwamen – grove, ruwe mensen die hun best deden om zich superieur te gedragen, hoewel hun nieuwe machtspositie nog een beetje onwennig was. We werden kritisch bekeken, alsof we paarden waren, en in groepjes verdeeld. De kleinste boer nam twee meisjes. Een paar anderen namen er acht of tien. Ik ging met de grootste groep mee – we waren ongeveer met zijn achttien – naar Plantage Mertens in Osterburg. Het was een grote boerderij met zeshonderd morgens land. (Een morgen is een middeleeuwse landmaat van ongeveer 8000 vierkante meter, zoveel land als men op één morgen kan ploegen.) De boerderij beschikte over vijf stevige karrenpaarden. Er was een groot huis, waar ik nooit binnen ben geweest, er waren een paar schuren en barakken voor ons, de landarbeiders. Frau Mertens, een vrouw van in de twintig wier man vocht in de oorlog, verwachtte dat joden zouden zijn zoals Goebbels hen op de radio had beschreven: lelijke, onbehouwen, ratachtige misbaksels die alles wat ze bezat zouden proberen te stelen. Zo te zien was ze opgelucht dat we 'Bitte' en 'Danke' zeiden en gedwee en uitgeput waren.

De volgende dag begonnen we met het werk op haar velden.

Nog nooit van mijn leven had ik dat soort werk gedaan. Als ik nou maar niet had gespijbeld van gym zou ik misschien wat sterker zijn geweest, maar voor spijt was het te laat.

We werkten van 's ochtends zes uur tot twaalf uur 's middags, en dan van één uur tot zes uur 's avonds, en een halve dag op zondag. Eerst moesten we bonen planten, toen bieten en daarna aardappels, en daarna moesten we asperges steken. Voor het steken van de asperges moesten we onze handen diep in de grond steken, voelen waar de tere stengel zat, die afsnijden met een mes en eruit trekken, en dan het gat opvullen – duizenden keren per dag. Al snel begon elk gewricht en elke spier te kloppen en te branden. Mijn botten deden pijn. Ik had hoofdpijn. Herr Fleschner – we noemden hem Herr Verwalter, opzichter – was een magere man met doffe ogen en een nerveuze uitdrukking. Hij droeg een pet en een schoon wit overhemd onder een vest en een jasje. Op de velden keek hij letterlijk op ons neer.

In de Prinz Eugenstrasse had ik te horen gekregen dat ik zes weken op Plantage Mertens zou moeten blijven. In de trein hoorde ik twee maanden. Maar toen ik op de boerderij 'twee maanden' zei tegen Herr Verwalter, barstte hij in lachen uit. Ik herinner me dat hoge kakelen van hem, als een van de kleinere duivels in de hel.

'Sommige rassen moeten nu eenmaal werken voor andere rassen,' verklaarde hij als hij ons aan het werk zag. 'Zo heeft de natuur het bepaald. Daarom werken de Polen voor de Duitsers, en de Fransen werken voor ons en jullie werken voor ons, en morgen zullen ook de Engelsen voor ons werken.'

Ik moest een greppel graven. De losse aarde aan de kanten bleef steeds omlaag komen. 'Sneller! Sneller!' brulde de opzichter. 'Idioot!' gilde hij. 'Waardeloze stomme jodin! Waar ben jij nou goed voor?' Ik barstte in tranen uit. Ik had die greppel kunnen vullen met mijn tranen en erin kunnen verdrinken, dan nog zou ik geen medelijden hebben gewekt.

's Avonds in bed berispte ik mezelf omdat ik me zo onwaardig had gedragen tegenover een zo verachtelijk mens. Ik nam me plechtig voor om het nooit meer te laten gebeuren, en het is ook geen tweede keer gebeurd. In de weken erna kon de opzichter tevreden over me zijn; ik was een van de betere werkers, snel en handig. Nu keerde zijn toorn zich tegen een beklagenswaardige Roemeense. 'Lelijk wijf!' krijste hij. 'Uitgedroogde stomme jodin! Je bent geen klap waard!' Herhaaldelijk drukte hij haar gezicht in de aarde.

Af en toe kwam Frau Mertens, schoon en fris, naar de velden om te zien hoe het allemaal ging. Ze gedroeg zich als een hooghartige koloniale dame. Bij wijze van begroeting zei ze 'Heil Hitler' tegen ons, met een glimlach. Wij stonden dan op uit de modderige aarde en staarden haar aan. Niemand zei een woord. Ze maakte een teleurgestelde indruk.

Er waren vijf kamers en een keuken in onze barakken van steen en hout. Ik deelde mijn kamer met vier andere vrouwen: Frau Telscher, afstandelijk en stil, en Trude en Lucy, allebei achttien. Niemand wilde geloven dat ik zevenentwintig was en – bijna – meester in de rechten. Aan de andere kant van de gang woonde een groepje dat wij 'het Deftige Zestal' noemden, Weense vrouwen uit de betere kringen. Naast hen woonden zes andere vrouwen, onder wie de arme Roemeense; een knap, nerveus meisje met donker haar dat Frieda heette; een ander meisje dat twee maanden zwanger was, en een vrouw die vroeger als dienstmeisje had gewerkt voor vrouwen als 'het Deftige Zestal'. Het vroegere dienstmeisje zag die verwende vrouwen met leedvermaak door de velden strompelen. Haar voldoening duurde niet lang. Niemand kan lang van uitputtend werk genieten, zelfs niet met de voldoening over het winnen van een klassenstrijd.

We hadden elk een ijzeren bed met een strozak, blauw met wit geruite lakens en één enkele deken. Ik droeg alle kleren die ik had in bed omdat het zo koud was – twee broeken, twee hemden, mijn nachthemd, mijn badjas en twee paar sokken. Ik schreef mama en Pepi en smeekte hen om me een donzen dekbed te sturen.

Het werd al snel duidelijk dat de Duitsers wel onze kracht wilden gebruiken maar er niets aan wilden doen om die te behouden. We kregen een rantsoen 'bloemenkoffie', niet gemaakt van koffiebonen maar van bloemen, of misschien van eikels. We kregen elk een half brood, waar we van zondag tot woensdag mee moesten doen. Als lunch kregen we koude soep van gebroken asperges die toch niet verkocht konden worden, of mosterdsoep met aardappel en misschien een hardgekookt ei. 's Avonds kregen we melksoep, en als we geluk hadden zat er een beetje havermout in. We rammelden van de honger, altijd. Net als de *Ancient Mariner*, die sterft van de dorst terwijl hij door water is omringd, waren wij omringd door voedsel en zagen we scheel van de honger. Ik begon te leven voor de pakjes van huis, waar misschien brood in zat of een stukje koek of de grootste traktatie, een beetje jam.

Frau Fleschner, de vrouw van de opzichter, hield toezicht op ons. Ze had een dochtertje van vier, Ulrike, dat op het erf van de boerderij speelde, een vleugje zoete onschuld in een hardvochtige omgeving. Frau Fleschner was kettingrookster. Ze genoot van haar macht. Ze liet ons buiten in het gelid staan en las ons hardop voor. 'Regels voor Jodinnen die op de Aspergekwekerij Werken.'

'Alle vrouwen moeten zich aan de regels houden en zijn verantwoording schuldig een Frau Fleschner – dat ben ik,' begon ze.

'Elke vrouw moet 's ochtends na het opstaan haar bed opmaken, haar wastafel schoonmaken en ervoor zorgen dat haar hoek van de kamer aan kant is.

De oudste vrouw op elke kamer is er verantwoordelijk voor dat alles schoon en netjes is.' Ze wees op mij. 'Dat ben jij.' Ze ging verder met voorlezen.

'De maaltijden worden in de eetzalen en gemeenschappelijke ruimtes gebruikt. Eten mag niet meegenomen worden naar de slaapkamers. Er zijn speciale ruimtes om te wassen en te strijken.

Roken is verboden.

Het is niet toegestaan om het kamp en de omgeving te verlaten. Het is dientengevolge verboden om dorpen en steden in de buurt te bezoeken, of naar de film of het theater te gaan.

Alle persoonlijke aankopen moeten van tevoren goedgekeurd worden door de beheerster van het kamp – bij mij dus – en ook aan haar worden getoond.'

De moed zonk me in de schoenen toen ik besefte dat ik haar om alles zou moeten vragen – een tandenborstel, maandverband, zout.

'Op zaterdag mag er van 19.00 tot 20.00 gewandeld worden, en op zondag van 14.00 tot 18.00 uur. Deze wandelingen moeten worden gemaakt in groepjes van ten minste drie personen.

Uiteraard is het niet toegestaan om bepaalde straten te gebruiken of deel te nemen aan activiteiten in de stad Osterburg. Jullie lopen. Jullie lopen terug. Daar blijft het bij.'

De plaatselijke politie kwam vaak langs. Ze dreigden ons met gevangenisstraf als we ons misdroegen. We luisterden zwijgend en zodra ze weg waren, barstten we in lachen uit. We konden 's avonds nauwelijks in bed kruipen, laat staan dat we ons konden misdragen!

Regelmatig hing de politie aanplakbiljetten op om ons te waarschuwen dat een of andere activiteit die vroeger normaal werd gevonden nu een misdrijf was geworden. Naar een dansgelegenheid of de film gaan, een biertje drinken in een café – voor ons joden waren het allemaal misdrijven geworden. En de ergste misdaad, zei Frau Fleschner, wijzend op een aanplakbiljet, was *Rassenschande*, in het bijzonder seksuele relaties tussen Duitsers en joden. Daar ging je voor naar de gevangenis, zei ze.

Ziek zijn vormde op de aspergekwekerij nooit een excuus. Het zwangere meisje wilde bijvoorbeeld naar huis. Ze bad en smeekte. De dokter verklaarde dat ze best kon werken. Elke ochtend gaf ze expres over in het veld. Uiteindelijk gaf een in een nazi-uniform geperste rijksambtenaar haar toestemming om te vertrekken, maar niet naar huis – naar Polen.

De nerveuze Frieda beging de vergissing om Frau Fleschner te vertellen dat ze kiespijn had. Ze werd meegenomen naar een tandarts. Hij trok tíen tanden en kiezen! Na een dag moest ze al weer aan het werk, terwijl ze nog bloed spuugde. Ze was eenentwintig jaar oud.

De hele vroege lente lang staken we asperges. We kropen door de bedden, groeven, schoffelden, sneden. Mijn vingers deden pijn alsof ze gebroken waren. Ik kreeg mijn rug niet meer recht. In het begin werkten we zesenvijftig uur per week, maar nu tachtig. De plaatselijke boeren spraken met elkaar af op welke dag het steken van de asperges beëindigd moest worden, zodat we uit alle macht moesten werken om er voor die dag zoveel mogelijk te steken. We stonden om vier uur 's ochtends op en werkten tot zes uur 's avonds. Ik saboteerde op mijn eigen manier. Als ik mijn mes in de grond stak, sneed ik zoveel mogelijk jonge scheuten voor volgend jaar kapot.

Op een dag, nadat ik twaalf uur achter elkaar in de stromende regen had gewerkt, met reumatisch opgezette knieën en kleren die naar rotting stonken, gaf ik toe aan zelfmedelijden. 'Zou het niet beter zijn geweest om in Wenen een snelle dood te sterven dan hier langzaam te creperen in de modder?' schreef ik aan Pepi.

Ik schaamde me direct voor mijn geklaag en haalde een socialistisch dogma van stal om mijn eigen situatie te bagatelliseren. 'Moet negentig procent van de wereldbevolking zo niet leven? Gaan zij 's avonds niet hongerig en rillend naar bed?'

Zoals je ziet was schaamte een nuttig psychologisch middel voor me. Ik had nog steeds mijn trots.

Na de oogst, toen er minder werk was, werden sommige meisjes naar huis gestuurd. Zes vrouwen – de beste werkers – bleven achter.

Het werd warm. De velden golfden in het briesje als een zoete groene zee. Lichamelijk was ik sterker geworden, enigszins aangepast aan het harde werken. Ik had heimwee naar de liefde.

'Ik wil me tegen je lippen drukken,' schreef ik mijn liefste. 'Maar je bent zo ver weg! Wanneer zal ik je weer kunnen voelen?'

Ik plukte klaprozen en margrieten en vlocht die in het haar van de anderen. Ik werd de steun en toeverlaat van de anderen, deed alsof ik vrolijk was, walste met Trude en Lucy tussen de suikerbieten. Als het licht uit moest, las ik mijn jonge kamergenoten mijn favoriete regels uit Goethes *Faust* voor, die ik op mijn kastje had geplakt:

Laffe gedachten, zorgelijke aarzeling,
Vrouwelijke bedeesdheid, bange klachten
Houden misère niet bij je vandaan

En zullen je niet bevrijden.
Blijf je ondanks alles sterk,
Buig je nooit en toon je je kracht,
Dan zal de macht van de goden je te hulp komen.

In de lunchpauze viel ik vaak in de zon in slaap, met mijn hoofd op een schoof gerst, uitgeput omdat ik de anderen, maar vooral mezelf, voortdurend hoop probeerde te geven.

De post was onze grootste troost. We leefden voor onze pakjes. In die tijd zorgden de nazi's er nog voor dat de post regelmatig bleef komen. Ze wisten dat elk aan ons gestuurd pakje onze familieleden in Wenen armer maakte en het onze bazen tegelijkertijd geld bespaarde, want dan konden ze ons weer minder te eten geven. De *Ostarbeiter* – de Polen, Serven en Russen – mochten helemaal niet naar huis schrijven omdat het regime bang was dat ze zouden vertellen hoe slecht ze werden behandeld en toekomstige tewerkgestelden zich zouden gaan verzetten.

Ik schreef zo vaak mogelijk aan mama, Pepi, Jultschi, de zusjes Denner, de Roemers en de Grenzbauers, soms wel drie keer per dag. Vaak was het niet meer dan onsamenhangend geklets of een hoogdravend betoog. Soms hield ik nauwkeurig de gegevens van ons werk bij: hoeveel rijen asperges ik had gestoken, dat elke rij tweehonderd meter lang was, dat deze soort luis de tere blaadjes opvrat en dat die larve de wortels vernielde, dat dit het gereedschap was om onkruid te wieden en dat voor het steken. Ik beschreef dat de Servische gevangenen als landbouwwerktuig werden verhandeld, dat Herr Verwalter de tabak had gejat die Pepi me had gestuurd (die ik aan een Franse gevangene had willen geven omdat hij ons allemaal zo fantastisch hielp), dat ik had geleerd om op de aspergebedden te gaan zitten en op mijn achterste verder te schuiven om mijn knieën te sparen.

Aan Pepi schreef ik de waarheid. Tegen mijn moeder loog ik, vastberaden en consequent.

Ik vertelde Pepi dat ik griep had; ik vertelde mama dat ik sterk en gezond was. Ik vertelde hem dat Frau Hachek, een oude kennis, in het kamp zat. Mijn moeder vertelde ik niets, want ze zou Frau Hachek kunnen schrijven en dan kwam ze er misschien achter dat ik chronische bronchitis en onverklaarbare uitslag had, dat mijn tanden bruin werden, dat ik meer eten nodig had. Als Frieda, Trude, Lucy en ik naar ons werk liepen, jouwden Duitse kinderen ons uit. 'Joodse zwijnen!' De winkeliers in de stad mochten ons zelfs geen bier verkopen. Ik schreef mama dat Osterburg een vriendelijk stadje was.

Ik las Nordau en Kästner en *Faust* en *Het idee van de barok*. Ik probeerde een beetje Frans te leren van de andere gevangenen en een beetje Engels uit een boek dat we 'McCallum' noemden, omdat het duidelijk was dat ik mijn lichaam, nu mager en hard, opofferde voor deze beproeving en alleen mijn geest misschien behouden kon blijven.

We waren volkomen van de buitenwereld afgesloten. We zagen nooit een krant, hoorden nooit een radio. Ik schreef onze oude vriend Zich, inmiddels soldaat bij de Wehrmacht, in de hoop iets aan de weet te komen. Ik schreef zelfs een brief aan Rudolf Gischa, mijn genazificeerde voormalige vlam in Tsjechoslowakije.

Ik smeekte Pepi om nieuws. 'Is het waar dat Kreta is gevallen?' vroeg ik hem eind mei 1941. Ik kon het niet geloven. Voor mij was Kreta een naam in de Griekse mythologie. In gedachten zag ik de Duitsers met bazooka's schieten op eendimensionale krijgers op sandalen, met krullende baarden en versierde speren.

Het lukte me niet om de oorlog voor mezelf als realiteit te zien. Ik had wel gehoord dat de nazi's steden in Spanje bombardeerden, maar ik kon me een luchtaanval op ongewapende burgers niet voorstellen. Vergeet niet dat er in die tijd nog paarden liepen op de Duitse landwegen. Er waren maar heel weinig mensen die begrepen wat een moderne oorlog zou inhouden.

Op een dag, toen we om zes uur 's ochtends naar de aspergebedden gingen, zagen we dat er zich zwarte wolken samenpakten aan de horizon. We wisten dat het zou gaan regenen, en de opzichter ook. 'Sneller, sneller,' mompelde hij, een man die bang was dat hij het quota niet zou halen. Het begon te stortregenen. De aarde werd zacht. De messen gleden uit onze vingers. We dachten dat hij zou zeggen: 'Vooruit. Genoeg.' Maar dat deed hij niet.

Hij stond onder een paraplu terwijl wij met ons gezicht naar de aarde doorgingen met het steken van asperges. Het regende zo hard dat de stengels op een gegeven moment dreven als rijstkorrels in Birma, en toen liet hij ons eindelijk naar de schuur gaan.

We namen aan dat hij een wagen zou laten komen om ons terug te brengen naar de barak, maar nee.

'We wachten tot de ergste regen voorbij is,' zei hij. 'Dan gaan jullie weer aan het werk.'

Frieda, het meisje dat tien tanden kwijt was, slaakte een jammerklacht. 'Waarom zijn de asperges zoveel belangrijker dan mensen? Waarom leven we eigenlijk als we alleen maar ellende meemaken?'

Wonder boven wonder voelde de opzichter zich aangesproken door haar uitbarsting en hij liet ons teruggaan naar de barak.

Zelfs de onmenselijke figuren waren niet altijd onmenselijk, weet je. Deze les zou ik keer op keer leren – hoe volkomen onvoorspelbaar individuen konden zijn als het op persoonlijke moraal aankwam.

De Fransman die met ons werkte, Pierre, werd door de Duitsers Franz genoemd (afkorting van Franzose, Fransman) omdat ze zijn naam niet konden uitspreken. Hij was een wijnboer uit de Pyreneeën en droeg een wit lapje op zijn kleren met 'KG' (van *Kriegsgefangene*) erop gestempeld. Hij bracht het paard met de ploeg naar de velden en wij volgden hem, meestal op onze knieën, om te zaaien en te wieden. Ik riep vaak Franse woordjes zodat hij mijn uitspraak kon verbeteren.

'Eglies!' riep ik dan.

'*Non, non, église!*'

'Poms de ters.' Ik weer.

'*Pommes de terre!*' verbeterde hij me.

Ik maakte een foto van hem met mijn kleine camera en stuurde het filmpje naar Wenen zodat Pepi het kon ontwikkelen en Franz zijn vrouw en kinderen de foto zou kunnen sturen.

Pepi was jaloers! Net als heel veel Duitsers geloofde hij dat de Fransen erotisch gezien een streepje voor hadden op andere mannen en ze ons beslist zouden versieren.

'Het wordt tijd dat je dit soort domme clichés laat varen,' zei ik tegen mijn briljante vriendje. 'Franz is veel te moe, te uitgemergeld en te eenzaam zonder zijn gezin om voor wie dan ook erotische gevoelens te koesteren.'

Nee, het waren juist de Duitsers die ons probeerden te versieren. De opzichter maakte grove grappen tegen Frieda, probeerde haar te verleiden met zijn macht. Werner, een jongen uit de streek die van plan was om voor twaalf jaar te tekenen bij het leger, greep elke kans

aan om de jonge Eva te betasten, de dochter van de rancuneuze dienstbode. Otto, de SA-man van een naburige boerderij, bestookte ons met
smerige insinuaties en vulgaire grappen.

De boeren waren trots en arrogant geworden. Ze hadden beter te
eten dan alle andere Duitsers. En net als Volkswagen en Siemens hadden ze slaven. Het enige wat ze hoefden te doen was de plaatselijke na-
zi-elite paaien, en ze kregen zoveel slaven als ze maar wilden.

'De stadsmensen noemen ons mestboeren,' snoof Otto, 'en dat zal
ze berouwen, let maar op!' Hij vroeg woekerprijzen en genoot ervan
als de stadsmensen tegen elkaar opboden om de kip of het varken te
bemachtigen.

In de brieven van onze dierbaren konden we tussen de regels door
lezen dat de ontberingen in Wenen steeds erger werden. Ik wist wat
mama niet had omdat ze me juist dat altijd stuurde. Toen ze het koud
had, stuurde ze wanten die ze had gebreid van gele wol die ze ergens
had opgeduikeld. Als ze honger had, stuurde ze me cakejes.

Ik had een paar reichsmark gespaard van mijn loon en stuurde het
geld naar Pepi, met het verzoek om zeep te kopen voor mijn moeder,
briefpapier voor mij en zelfs een cadeautje voor zijn moeder, want ik
probeerde nog steeds een wit voetje bij haar te halen. In de oogsttijd
kocht ik appels en aardappels van de boeren, asperges en kilo's bonen
om in te maken, en die stuurde ik naar Pepi en mama en de Roemers
en Jultschi, wetend dat deze overdaad gedeeld zou worden.

De joden van Poolse origine waren al naar hun vaderland teruggestuurd. Nu, in de zomer van 1941, hoorden we dat er sprake van was
dat de Duitse en Oostenrijkse joden ook naar Polen zouden worden
gestuurd. Deze deportaties – of *Aktions*, zoals wij ze noemden – joegen
ons de stuipen op het lijf. Toen wisten we niet wat Polen betekende,
alleen dat het niet goed was. We zagen het als een soort ongeciviliseer-
de wildernis, waar de Duitsers naartoe gingen om het land te koloni-
seren en de plaatselijke boeren te onderwerpen. Als mama naar Polen
ging, dacht ik, zou ze als dienstmeid moeten werken voor de Duitse
kolonisten – ze zou hun afwas moeten doen, hun vloeren moeten
schrobben, hun kleren moeten strijken. Ik vond het onverdraaglijk
om me haar in dat soort omstandigheden voor te stellen. Mijn moeder, een werkster? Onmogelijk!

Frau Fleschner en de opzichter verzekerden ons dat onze familieleden niet gedeporteerd zouden worden zo lang wij daar werkten. Ik had het gevoel dat ze met het verstrijken van de tijd steeds voorzichtiger met ons werden. Op een zondag gingen we met zijn zessen een wandeling maken. Toen we weg waren, kwam de politie rondneuzen. De opzichter zei dat we ver weg op de velden aan het werk waren en niet gehaald konden worden. Toen we thuiskwamen grijnsde hij naar ons. 'Jullie mogen me wel bedanken, dames. Ik heb jullie weer eens uit de drek gered.'

In de buurt van de boerderijen was een kamp voor Poolse dwangarbeiders. Deze mannen verplaatsten stenen voor de boeren, ze bouwden hun huizen, mestten de varkensstallen uit. De Polen riepen altijd naar ons als we met onze schoffels en scheppen langskwamen onderweg naar ons werk.

'Let toch niet op ze,' zei ik tegen mijn jonge kameraden.

Een levendig meisje met donker haar dat Liesel Brust heette, was echter nieuwsgierig naar de plek waar zoveel joden naartoe gingen, en ze liep behoedzaam naar een van de mannen toe. 'Hoe is het in Polen?' vroeg ze.

'Het is er heel mooi,' antwoordde hij. Hij was jong. Hij glimlachte. Zijn voortanden ontbraken.

'En Warschau?'

'Schitterende paleizen, musea, bibliotheken, universiteiten vol professoren – allemaal dingen waar een knap joods meisje zoals jij van houdt. Kom eens binnen, schatje, dan zal ik je wat meer over Warschau vertellen.'

Ik trok Liesel bij hem vandaan.

'Er was een Chinese man in Wenen die net zo tegen me praatte,' waarschuwde ik haar. 'Als ik met hem mee was gegaan, zat ik nu in een bordeel in Kowloon. Als jij dat Poolse kamp binnengaat, kom je er nooit meer uit, geloof me.'

Ik dacht dat ik het had over een groep op seks beluste gevangenen in een Duits kamp. Hoe had ik kunnen weten dat ik het net zo goed over Polen zelf had kunnen hebben?

Hoe harder ik werkte, des te magerder ik werd, hoe meer ik wanhoopte en aan de dood dacht, des te groter werd mijn tederheid voor alles wat leefde. Ik maakte niet langer onderscheid tussen mensen; ik koesterde jegens niemand wrok en waardeerde iedereen. We vonden muizen in onze hut. In plaats van ze dood te maken, voerden we ze kruimeltjes. In de kippenren kwam een ziek kuiken uit het ei. Ik nam het mee naar onze kamer en voerde het vogeltje drie dagen lang, totdat het doodging. Ik schreef Pepi dat er in mijn borst een heftige tweestrijd woedde. Aan de ene kant had ik het gevoel dat er nooit een einde zou komen aan dit lijden, dat we allemaal dood in de modder zouden omkomen. Aan de andere kant geloofde ik in een wonder: de RAF zou een bom laten vallen op Hitler en Goebbels, de nazi's zouden verdwijnen, ik zou weer vrij zijn, en we zouden trouwen en kinderen krijgen.

Ik raakte in Osterburg hecht bevriend met Mina Katz. Ze was een allerliefst, levendig meisje van achttien, blond en gracieus. Op de een of andere manier was ze immuun voor depressies en ze zag altijd aan alles een vrolijke kant. Ze kwam uit een groot en arm gezin, en bracht niets mee naar het werkkamp behalve een minderwaardigheidscomplex. Als het lot haar een opleiding had gegund, zou ze het ver hebben kunnen schoppen.

Mina had samen met een oudere collega, Frau Grünwald, voor een vervoerbedrijf van een joodse eigenaar gewerkt. Het bedrijf was overgenomen door een nazi-vrouw, Maria Niederall, die de twee joodse medewerkers nodig had om het vak van te leren. Op den duur raakte deze vrouw erg op hen gesteld, en ze wilde dat ze voor haar zouden blijven werken. De Gestapo had echter andere plannen. Mina en Frau Grünwald ontvingen regelmatig pakjes van hun voormalige werkgeefster – royale hoeveelheden eten, zeep, en kleren waar alleen een ariër met de juiste connecties aan kon komen.

Mina straalde opgewektheid uit als een kaars op de velden. Ze giechelde. Ze zong grappige liefdesliedjes. Ze verzon verhalen. Ze gaf iedereen kleine cadeautjes. We hielden allemaal van haar. Bij alles wat we deden, werkten zij en ik naast elkaar; we staken de asperges, we bonden de dikke schoven hooi bij elkaar, trokken de nieuwe aardappels uit de vochtige zwarte aarde. We gooiden de aardappels in grote manden die vijfentwintig kilo wogen als ze vol waren, en die zeulden we samen naar de wachtende kar, elk met een handvat in de hand. We droegen klompen. We vertelden elkaar over onze zussen en onze scholen. We werkten zonder over het werk na te denken, zo snel dat een van de meisjes ons de bijnaam 'renpaarden' van de bonenvelden gaf. Terwijl we bieten uit de grond trokken en de scheuten van bonen afdekten, begon ik Mina te leren wat ik wist – economie, rechten, politiek, literatuur. Ze zoog het op als een spons. Deze lessen in de openlucht waren voor ons allebei voedsel en ze hielden ons op de been.

In juli maakten we balen hooi. Het zweet stroomde over ons gezicht. Onze huid verbrandde in de zon. Ik smeerde modder op mijn eigen armen en die van Mina. Ik schreef naar huis en vroeg om huidcrème, wat dan ook, maar natuurlijk was die niet te krijgen, niet omdat er in Wenen geen crème meer was, maar omdat joden helemaal niets meer mochten kopen, alleen wat hun magere rantsoen toestond. Zie je die zwarte vlekjes op mijn gezicht? Die kwamen jaren later opzetten en zullen me altijd blijven herinneren aan de verzengend hete zon in Osterburg.

Soms ging mijn fantasie met me aan de haal, had ik visioenen van vrede, van een volmaakte plattelandssamenleving, net als die in de socialistische literatuur, waar de liefde voor het leven oorlog en haat zou uitbannen.

Op een dag liep ik naar de bonenvelden en zag ik een groep mensen uitrusten in de schaduw van een kastanje aan de rand van een naburige boerderij. Er waren oude vrouwen bij, Duitsers met verweerde gezichten en handen als ijzer. Er waren ook een paar jonge joodse meisjes – 'H's' uit Wenen, net als ik – en een paar Duitse jongens, te jong voor de Wehrmacht, met breedgerande hoeden, en enkele Fransen. Niemand zag eruit als iemands baas, niemand zag eruit als iemands slaaf. Ze zaten gewoon met zijn allen in de schaduw en dronken water uit een kan.

'Kom even bij ons zitten, Edith,' riep een van de meisjes. Dat deed ik. Een jonge Fransman legde een verkreukelde foto van een klein meisje voor ons neer in het gras.

'Elle est très belle,' zei ik.

Tranen trokken een spoor door het vuil op zijn gezicht.

Mijn visioen ging in rook op.

In augustus begon het te regenen, opnieuw op het verkeerde moment. De oogst was zo goed begonnen, maar was nu verpest en er was niet genoeg eten. We hoopten dat we na de maïsoogst wat extra eten zouden kunnen kopen van Frau Mertens met onze paar marken 'loon'. Als het slecht ging bij ons, besefte ik, moest de toestand in Wenen helemaal deplorabel zijn. Ik kreeg toestemming om met een zak aardappelen naar het postkantoor te gaan.

'Er mogen niet langer aardappelen naar Wenen worden gestuurd,' zei de vrouw op het postkantoor heel luid, zodat haar baas in de achterkamer het zou kunnen horen.

'Waarom niet?'

'Er zijn niet genoeg aardappelen voor de Duitsers. De joden moeten maar regen eten.'

Ik draaide me om, en ze pakte mijn arm beet. 'Zet op het pakket dat er kleren in zitten,' fluisterde ze in mijn oor. 'Dan kun je het wel versturen.'

We konden nu zien dat onze brieven open werden gemaakt om ze te lezen. Ik dacht met angst en beven aan wat ik had geschreven, aan wat mijn moeder of Pepi of Christl zouden kunnen schrijven. We hoorden over beschuldigingen en deportaties. Opeens viel er zoveel te verbergen. 'Je weet, lieve schat, dat ik mijn bontjas voor je bewaar,' schreef mijn moeder bijvoorbeeld, en ik was bang dat iemand die brief zou lezen en de bontjas van mijn moeder zou stelen. Als Pepi me schreef dat hij de hele dag in het parkje bij het café de krant zat te lezen, werd ik bang dat de Gestapo die brief zou lezen en hem zou oppakken.

'Verbrand mijn brieven,' schreef ik hem. 'Lees ze en sluit ze in je hart en verbrand ze dan! Ik zal hetzelfde doen met de jouwe. En als je schrijft, gebruik dan afkortingen. Noem nooit plaatsen of namen.'

Vanaf dat moment noemden we de Gestapo 'PE', voor Prinz Eugenstrasse, waar ze hun hoofdkwartier hadden. We zeiden 'naar school gaan' als we het over deportaties hadden, aangezien mensen die werden gedeporteerd vaak in schoolgebouwen moesten verzamelen.

Zo langzamerhand smeekte ik Pepi om met me te trouwen, in de hoop dat we als getrouwd stel zouden kunnen emigreren, net als Milo en Mimi, of in elk geval samen gelukkig zouden kunnen zijn. Een getrouwde vrouw met een ring aan mijn vinger, dacht ik. Dan kan ik kinderen krijgen! Ik kan me niets fijners voorstellen! Misschien zouden we het land niet kunnen verlaten, maar ik koesterde het idee dat ik getrouwd met Pepi veiliger zou zijn omdat ik dan zijn onzichtbaarheid zou delen. Hij zei dat hij van me hield. Hij verwoordde zijn hartstocht. Maar hij reageerde niet op mijn aanzoeken, zei niets, gaf me geen hoop en ontnam me die evenmin.

We overwogen allemaal een bekering tot het christendom. Wat eens ondenkbaar had geleken, een beschamend verraad van onze voorouders en onze cultuur, was nu een volmaakt acceptabele truc. Ik dacht aan de maranen in Spanje, voor het oog van de buitenwereld bekeerde christenen, terwijl ze wachtten op het einde van de terreur van de inquisitie om weer volgens hun eigen geloof te kunnen leven. Misschien kon ik ook wel doen alsof ik een christen was. God zou het beslist begrijpen. En misschien hielp het. Waarom zou ik het niet proberen?

Ik ging naar het stadje Osterburg, staarde naar een beeld van Jezus voor de plaatselijke kerk en probeerde mezelf te dwingen hem lief te hebben. Het was oorlog. De mannen waren aan het front. En toch zag ik geen kaarsjes in de kerk, geen knielende vrouwen die baden voor de veilige terugkeer van hun zonen en mannen en vaders. Het was de nazi's gelukt om elk geloof de kop in te drukken, behalve dat in de Führer.

Ik vroeg Pepi om instructies voor mijn bekering. Wat voor papieren had ik nodig? Wat voor verklaringen? Welke handtekeningen? Ik las de parabels. Ik vond afbeeldingen van de Heilige Familie. Ik raakte helemaal in vervoering en schreef mijn geliefde: 'Kijk eens hoe mooi de moeder is. Wat is ze tevreden en lief! Kijk eens hoe trots de vader is, hoe blij hij is met het kind, de gift die hij heeft ontvangen. Wat zou ik graag een gezin hebben, net zo gelukkig en hecht als dit!'

Wat was begonnen als bewondering voor de Heilige Familie, was op de een of andere manier omgeslagen in verlangen naar het gezin dat Pepi en ik zouden kunnen hebben, als hij maar met me wilde trouwen... als hij maar zei dat hij me wilde... als hij maar bij zijn moeder wegging – en als ik maar weer ongesteld werd.

Ik menstrueerde namelijk niet meer. Het was opgehouden, verdwenen. Wees toch blij, zei ik tegen mezelf. Denk eens aan het ongemak. Maar in feite was ik wanhopig. 's Nachts lag ik op mijn strozak en probeerde ik niet te denken aan de pijn in mijn rug, probeerde ik mijn stijve vingers tot een vuist te ballen en bad ik: 'Kom terug! Kom terug!' maar dat gebeurde niet.

Ik zat op een voedertrog brieven te schrijven, terwijl het wasgoed klapperde rond mijn hoofd. Trude kwam naast me zitten.

'Hou toch op met schrijven, Edith. Je zit altijd te schrijven. Luister naar me. Hoe lang is het geleden?'

'Sinds juni.'

'Ik ook. Liesel en Frieda en Lucy ook. Ik heb mijn moeder geschreven en ze heeft het aan de dokter gevraagd, en die zei dat het door te hard werken komt. Wat zegt jouw dokter?'

'Dokter Kohn heeft tegen mijn moeder gezegd dat ik zwanger moet zijn,' antwoordde ik.

We lachten tot de tranen over onze wangen liepen.

Pepi schreef me uit Wenen in zijn nieuwe code dat het mal van me was om nu nog aan bekeren te denken, dat de tijd dat zo'n gebaar nuttig had kunnen zijn allang voorbij was.

Frau Mertens leende ons uit aan haar buren, de Grebes, die een tekort aan mensen hadden. Inmiddels werden we net zo behandeld als de krijgsgevangenen, de Serven, de Polen, de uitgemergelde Fransen, maar we voelden ons anders dan zij, omdat wij geen vaderland hadden.

Ik klampte me vast aan de overtuiging dat ik in oktober naar huis mocht. Wat was er in de wintermaanden nou op de boerderij te doen? We waren toch seizoenarbeiders? Ik kreeg het benauwd bij de gedachte aan de terugkeer van het koude weer – de reumatische vochtigheid, de ijskoude ochtenden. Hoe konden we hier overleven?

Ik dacht aan mijn moeder met haar donkere haar en haar kokette manier van lopen, aan de verrukkelijke zoete cakejes die als manna uit haar handen rolden, aan haar wrange ironische opmerkingen over de racistische idioten die de wereld kapotmaakten. Ik was zevenentwintig en droomde nog steeds van haar zoete omhelzing, haar lieve stem. Ik dacht aan thuis, de straten met de kinderhoofdjes, de muziek. Mijn handen braken de asperges en gooiden aardappels in manden, terwijl ik in gedachten walsen zong en met mijn geliefde danste.

'Kom terug, Edith,' zei de opzichter. 'Je bent in Wenen.'

Hij had gelijk. Ik had mezelf geleerd om helemaal op te gaan in herinneringen en me af te sluiten voor Osterburg, een soort denkbeeldige muur die mijn geestelijke behoud betekende. Toen de plaatselijke politie kwam vertellen dat we overal en altijd een gele *ster van David* moesten dragen, dacht ik dat zoiets bespottelijks in Wenen nooit zou kunnen gebeuren, een stad die ik nog steeds op een voetstuk plaatste als het toonbeeld van verfijning. Kort daarna kreeg Trude een brief waar in stond dat ook alle joden in Wenen de zespuntige ster moesten dragen.

Ik kon het niet geloven. Was het mogelijk? Was Wenen afgegleden naar het niveau van een achterlijk gat op het platteland? Het was een stuitend idee. Zo zie je maar hoe lang het duurt voordat we gekoesterde veronderstellingen laten varen.

De politie beval ons om naar Wenen te schrijven voor de gele sterren, en zei dat we ze altijd moesten dragen zodra we ze hadden ontvangen. Maar als we dat hadden gedaan, zou geen enkele winkelier in de stad ons hebben geholpen, dus droegen we ze niet. De opzichters op de boerderij leken het helemaal niet erg te vinden. Ik geloof dat ze ons op hun eigen manier tevreden wilden houden, in elk geval tevreden genoeg om gehoorzaam voor hen te blijven werken. Dat was belangrijker dan de politie ter wille te zijn.

Pepi schreef dat Jultschi's man, Otto Ondrej, was gesneuveld aan het oostfront.

Arme Jultschi, de kwetsbaarste onder ons, achtervolgd door tragedies, was weer alleen. Ik durfde nauwelijks aan haar te denken en toch beheerste ze mijn gedachten volkomen. 'Mijn rouwkleren zijn nog in Wenen,' schreef ik Pepi. 'Geef ze aan haar.'

Voor het geval ik me nog vastklampte aan de zekerheden uit mijn jeugd, schreef Rudolf Gischa me uit het Sudetenland.

'Ik was verbaasd toen ik hoorde dat je nog leeft,' zei hij openhartig. (Hoezo? Was er een nieuw beleid? Hadden ze er genoeg van om ons voor hen te laten werken? Veronderstelde men dat alle joden zo langzamerhand dood waren?) 'Ik heb medelijden met iedereen die geen Duitser is,' schreef hij. 'Het is mijn grootste vreugde om te weten dat ik bevoorrecht ben en volgens de principes die door onze Führer zijn bepaald mee kan werken aan de opbouw van het grote Reich voor het Duitse volk. Heil Hitler!'

Een van de meisjes die toestemming had gekregen om te vertrekken, Liesel Brust, was moediger dan de meeste anderen en had altijd geprobeerd in contact te komen met buitenlandse dwangarbeiders.

Nu stuurde ze me uit Wenen een gecodeerde brief met een pakket herenondergoed. Ze vroeg me om het op een nacht achter te laten bij een bepaalde steen in een bepaald veld en de Franse gevangenen, die in lompen gekleed waren, te vertellen waar ze het konden vinden.

Ik had nog nooit zoiets gedaan – politieke sabotage! Als ik werd gesnapt, zou ik verbannen worden naar een van de concentratiekampen die nu als paddestoelen uit de grond schoten, maar weigeren was zo beschamend dat ik het niet eens overwoog. Ik wachtte tot de anderen sliepen. Zachtjes, heel zachtjes, schoof ik het raam open en glipte ik naar buiten. Het was een warme nacht, bewolkt en benauwd omdat er regen op komst was. Het pakje verschoof en kraakte onder mijn hemd. In mijn oren was het een oorverdovend geluid. Ik haalde diep adem, rende over het open veld en dook weg tussen de maïs. Ik haalde mijn huid open aan de scherpe stengels. Mijn hart bonsde. Ik durfde niet om te kijken, uit angst dat ik iemand achter me zou zien. De zwerfkei doemde in de verte op, aan het eind van het bonenveld. Ik maakte me zo klein mogelijk, rende erheen, liet het pak achter en keek één keer om me heen. Ik zag niemand, geen licht in de boerderij, geen stukje heldere hemel waar een ster doorheen kon schijnen. Ik hoorde het rommelen van de donder in de verte. Mijn handen waren klam van het zweet. Ik boog mijn hoofd en sprintte terug naar onze hut.

Trude zat rechtop in bed, haar ogen groot van angst omdat ik verdwenen was. Ik legde een hand over haar mond, de andere over de mijne.

De volgende dag trok Franz me achter het paard en de ploeg.

'Waar is het ondergoed?'

'Ik heb het neergelegd.'

'Het was er niet.'

'Ik heb precies gedaan wat Liesel had gezegd.'

'*Merde!* Iemand anders heeft het gevonden.'

Ik snakte naar adem. Misschien had iemand me gezien! Misschien hadden de autoriteiten Liesels brief geopend en gelezen. Ze zouden me arresteren! Ik stelde me de barakken in Dachau voor. Die hele dag en de volgende wachtte ik met angst en beven op de komst van de Gestapo.

Ze kwamen niet, en wij zijn er nooit achter gekomen wie het ondergoed heeft meegenomen.

Ik moest naar een andere kamer. Ik sliep onder het raam. 's Nachts werd ik wakker en ik merkte dat mijn gezicht nat was. Het waren geen tranen. Het was regen. Ik schoof bij het kapotte raam vandaan en sliep verder. Het bed werd nat – nou en?

Het moment van mijn terugkeer naar Wenen naderde, en ik probeerde mijn hart te luchten bij Pepi. Ik schreef hem hoe erg ik het vond dat we niet weg waren gegaan toen het nog kon, wat een vreselijke vergissing dat was geweest, dat we het alleen aan onszelf te wijten hadden. 'Wij hebben deze soep gekookt,' zei ik, 'en die moeten we nu eten, jij en ik. Ik beloof je dat ik altijd een goede kameraad zal zijn, wat er ook gebeurt. Tel de dagen die ons nog scheiden. Nog veertien. Dan ben ik weer bij je.'

Mina draaide zich naar me om in haar bed en steunde op een elleboog. De maan verlichtte haar gezicht. 'Vertel het me,' zei ze. 'Vertel me hoe het zal zijn.'

'Ik kom aan op het station,' mijmerde ik. 'Ik stap uit de trein en ik zie hem niet meteen. Maar dan ziet hij mij, en hij komt naar me toe zonder me te roepen, zodat hij opeens voor me staat, als bij toverslag – zo duikt hij altijd op. Hij heeft bloemen voor me meegenomen, en zijn ondeugende glimlach. We lopen samen naar huis langs de Belvedère en over de Schwartzenbergerplatz. We gaan naar zijn kamer en we blijven drie dagen in bed om elkaar te beminnen, en hij voert me sinaasappelen.'

Kreunend liet ze zich op haar matras vallen. Ze had nooit een minnaar gehad.

We pakten onze koffers. Negen van onze vriendinnen, onder wie Frau Grünwald en Frau Hachek, kregen kaartjes naar huis. Ze waren haast onherkenbaar, niet alleen omdat ze hun nette kleren aantrokken voor de reis, maar vooral door hun blijdschap en enthousiasme. We popelden om in hun schoenen te staan.

Toen we terugkwamen uit de bietenvelden verzamelde Frau Fleschner de achterblijvers voor onze hut. Vol verlangen wachtten we op haar aankondiging, ervan overtuigd dat ze ons de dag en het tijdstip van de reis zou vertellen.

'Jullie gaan niet naar Wenen,' zei ze. 'Jullie gaan naar Aschersleben om in de papierfabriek te gaan werken. Jullie mogen van geluk spreken. Zo lang jullie voor het Reich werken, zijn jullie familieleden beschermd, vergeet dat niet.'

Mina begon te huilen. Ik sloeg een arm om haar heen.

'Vertel jij het alsjeblieft aan mama,' schreef ik Pepi op 12 oktober 1941. 'Ik breng het niet op om haar te schrijven. Wanneer zien we elkaar weer? Het leven is zo hard. Ik heb geen idee wat er in Wenen gebeurt. Vandaag kan ik verder niets meer schrijven. Ik kus je. Je wanhopige Edith.'

hoofdstuk 6

De slavenmeisjes van Aschersleben

We stonden in het midden van het *Arbeitslager* – het werkkamp – in Aschersleben, gekleed in onze schoonste werkkleren, met onze minst modderige schoenen, en de gele ster met 'Jude' die we voor de treinreis hadden moeten dragen en nooit meer af mochten doen. We waren zo bruin als herfstbladeren.

De meisjes staarden ons verbijsterd aan, precies zoals wij naar hen staarden. Ze waren namelijk mooi. Ze hadden gemanicuurde handen, beeldige kapsels. Ze droegen kousen! Ook het werkhuis zelf was in onze ogen mooi; het was een licht gebouw van drie verdiepingen, met een keuken, een doucheruimte, recreatieruimtes, ramen met gordijnen en prenten aan de muren. Wat zal het hier geweldig zijn vergeleken met Osterburg! dacht ik bij mezelf.

Een groot meisje dat Lily Kramer heette bracht ons een kop eikelkoffie. Ze was afgestudeerd aan de universiteit. Haar bril hing op het puntje van haar lange neus.

'Mochten jullie je in Osterburg zo kleden?'

'Het was een boerderij.'

'Nou, hier moet je eruitzien om door een ringetje te halen.' Ze leunde naar voren en sprak heel zacht. 'Ze vinden het fijn als we er als echte werknemers uitzien, mensen die een echt loon verdienen, zodat ze niet hoeven te denken aan wie we werkelijk zijn, en als bezoekers ons mochten zien, hoeven ze zich niet te schamen of te ergeren.'

'Komen er vaak bezoekers?' vroeg Mina gretig. Dat meisje zag altijd wel ergens een lichtpuntje.

'Nee,' antwoordde Lily. 'Er komen hier geen bezoekers. Zijn jullie toevallig geïnteresseerd in kamermuziek?' We staarden haar glazig aan. 'Toneel? Schiller?' Was ze gek? 'Hè, wat jammer.' Ze zuchtte en liep weg, net als Jelena in *Oom Wanja* doodmoe van de idioten in haar omgeving.

We wenden snel aan ons nieuwe leven. Voortdurend was het een komen en gaan van meisjes in leuke jurken, allemaal met de verplichte gele ster. Om zes uur 's ochtends werden de krulijzers verhit om de kapsels te doen. Aanvankelijk dacht ik dat de meisjes gewoon de schijn probeerden op te houden, maar al snel besefte ik dat het meer was. Ze probeerden de aandacht te trekken van iemand die hen zou kunnen beschermen. Niet noodzakelijkerwijs een minnaar, want in die tijd – oktober 1941 – kon een ariër de gevangenis ingaan als hij met een jood omging. Nee, de slavenmeisjes van Aschersleben probeerden gewoon iemand te vinden die hen in de buurt en aan het werk wilde houden, zodat hun familieleden in het Reich mochten blijven.

Jaren later heb ik foto's gezien van de papierfabriek van H.C. Beste-horn in Aschersleben. De fabriek had een imposante ingang, een binnenplaats en ramen met bloembakken. Die kant van Bestehorn heb ik nooit gezien. Wij verlieten elke dag onze barakken, bewaakt door onze knappe, jonge en gemene kampcommandant, Frau Dreberstadt, en kwamen via de achterdeur rechtstreeks in de fabriek. Ik telde tweeëntachtig meisjes, maar misschien waren het er meer.

Trude, Mina en ik moesten werken achter de snijmachines, oude, groene Victoriaanse monsters die kartonnen dozen sneden voor producten als macaroni, tapioca, graan en koffie – zonder dat we er ooit een hap van te eten kregen.

Ik stond achter een machine. Met mijn linkerhand schoof ik vier vellen karton onder de messen. De messen kwamen omlaag. Ik keerde het karton. De messen kwamen omlaag. Ik trok het karton eruit met mijn rechterhand uit en schoof met mijn linkerhand vier nieuwe vellen in de machine. De messen kwamen omlaag. Ik stond de hele dag op dezelfde plek, schoof het karton erin, keerde het, trok het eruit, schoof het erin, van halfzeven 's ochtends tot kwart voor twaalf en dan weer van kwart over één tot kwart voor zes. De messen kwamen als raketten omlaag. Pang! Pang! Pang! Het dreunen van de motoren, het neerkomen van de messen, het ritselen van karton – het hield nooit op.

Ons afdelingshoofd, Herr Felgentreu, een overtuigde nazi die trots was op zijn werk, wachtte op de ingenieur, Herr Lehmann, om de tijd-schakelaar van de machine in te stellen en zette de klok gelijk met zijn stopwatch. 'Jij!' blafte hij. 'Begin nu!' Ik werkte als een bezetene. Du-wen, keren, duwen, keren, duwen, keren, duwen, keren, pang! pang! zo snel als ik kon, en telkens trok ik haastig mijn vingers weg voor de vlijmscherpe messen. Tien minuten vlogen om. 'Jij!' schreeuwde hij opeens. 'Stoppen!'

Ik zweette. Mijn hart bonsde. Mijn vingertoppen brandden van het duwen en keren van het karton. Felgentreu telde hoeveel dozen ik had gemaakt en vermenigvuldigde het aantal met zes. Dat was mijn quota per uur. Dat vermenigvuldigde hij met acht, en zo kreeg hij mijn quo-ta voor de dag: 20.000 doosjes.

'Maar dat is onmogelijk, meneer,' protesteerde ik. 'Je kunt niet acht uur in hetzelfde tempo werken als in tien minuten.'

Hij luisterde niet eens en liep weg. Ik wilde achter hem aan rennen. Herr Gebhardt, onze opzichter, hield me tegen. De ploegbaas die on-der hem werkte, een vrouw, legde een vinger tegen haar mond en ge-baarde dat ik mijn mond moest houden. Ik zag dat het de enige vinger was die ze nog aan haar rechterhand had, afgezien van de duim.

De eerste dag produceerde ik 12.500 doosjes. Dit was geen slopende lichamelijke arbeid zoals in de velden, maar toen de fluit klonk was ik zo moe dat ik nauwelijks kon lopen.

Als avondmaal kregen we twee stukjes brood en een kop koffie.

De tweede dag kreeg ik te horen dat ik langer zou moeten blijven als ik mijn quota weer niet haalde, net zo lang tot ik het ontbrekende aantal af had. Bij de laatste fluit had ik 17.000 dozen geproduceerd. Ik moest doorwerken. Tegen die tijd was ik zo moe en hongerig dat ik er uren voor nodig had om de quota af te krijgen. Toen ik eindelijk weg mocht uit de fabriek, drukte een arische arbeider me een bezem in handen en beval me de vloer te vegen. 'Nee Edith,' zei Herr Gebhardt. 'Je mag gaan eten.'

De grootste portie eten kregen we voor de lunch in een kom van bruin aardewerk, een geïmproviseerde mengelmoes van aardappels, kool en selderij, 'rekenkundig equidistant tussen groente en vloei-stof', zei Lily, onze intellectueel. Het was een goede omschrijving.

Naast het werk in de fabriek had ik elke maand een week corvee in de keuken. Ik maakte tafels schoon, schilde aardappelen, waste de pannen af. Toen ik voor de ketel met kokende aardappels stond en er in elke kom één schepte, dacht ik bij mezelf: Ik kan er eentje in mijn zak laten glijden. Dat doet wel pijn, maar wat kan mij dat schelen? De nazi-kok hield me in de gaten. Ze wist precies wat ik dacht. Allicht; welk meisje had in deze keuken nooit overwogen om een aardappel te stelen? Ik was bang en deed de aardappel in de volgende kom, terwijl ik in stilte dróómde dat hij in mijn zak zat.

'Proberen ze ons dood te hongeren, Edith?' fluisterde Mina een keer tijdens het avondmaal van brood en koffie.

'Van de lunch moeten we het hebben,' antwoordde ik. 'En we schrijven naar huis en vragen om eten.'

'De joden hebben thuis niet eens genoeg eten voor zichzelf.' fluisterde Trude. 'Toen mijn zuster getrouwd was met een ariër, hadden zij en haar kinderen meer dan genoeg te eten. Ze moest mijn ouders eten geven omdat ze voor hun joodse voedselbonnen maar zo weinig kregen.'

'Waar woont je zus?'

'Ik weet niet eens of ze nog leeft. Haar man heeft haar eruit gezet. Hij heeft tegen de Gestapo gezegd dat ze dood was en de kinderen gehouden.'

'Hoe heeft ze het over haar hart kunnen verkrijgen om de kinderen bij hem te laten?' riep Mina uit.

Onze normaal gesproken kalme en beleefde Trude pakte Mina boos beet. 'Begrijp je dan niet dat ze van geluk mag spreken dat hij alleen heeft gezégd dat ze dood was en haar niet zelf bij de Gestapo heeft afgeleverd? Word toch eens wakker, Mina, open je ogen!'

Op het eerste gezicht leken de regels in Aschersleben dezelfde als die in Osterburg. Toch was er een verschil. Een onvermurwbare hardvochtigheid had toegeslagen.

'Men mag alleen op de verdieping waar men is ingedeeld naar het toilet,' luidde een van de regels. 'Op overtreding staat een boete van vijftig pfennig. Er mag alleen op bepaalde dagen gewassen worden. Er mag na acht uur geen douche meer worden genomen. De bedden dienen te worden opgemaakt volgens de voorschriften: de hoeken ingestopt, de bovenkant teruggeslagen, de deken zonder kreukels. Er mag niets op het kastje staan. Men mag het huis niet verlaten, behalve op zaterdag van 2 tot 6 en zondag van 9 tot 11 en van 2 tot 6, en men mag niet naar buiten zonder de gele ster. Jodinnen mogen niet in winkels komen. Ze mogen niets kopen.'

Mina liet me de broodbonnen zien die haar voormalige bazin, Maria Niederall, haar had gestuurd. 'Wat zullen we ermee doen?' vroeg ze me. 'Frau Niederall denkt dat we er brood mee kunnen kopen.'

'Ik stuur ze wel naar Pepi,' antwoordde ik. 'Dan koopt hij het brood en stuurt het naar ons.'

Maar zou het brood, vraag je je misschien af, dan niet oudbakken zijn? Oudbakken, hard, misschien zelfs beschimmeld? Het antwoord is ja, uiteraard. Probeer je nu eens voor te stellen hoe weinig dat voor ons betekende. Dankbaar aten we brood van twee weken oud. We wikkelden het in een vochtige doek om het iets zachter te maken en knaagden erop als muizen.

Op zaterdag werd ik 'uitbetaald'. Twaalf reichsmark en 72 pfennig. Er werd meer dan 6 mark afgetrokken voor kost en inwoning. Ook werd er nog een bedrag afgetrokken ter compensatie voor de extra elektriciteit die ik had gebruikt om mijn quota te halen. Ik hield 4 reichsmark en 19 pfennig over. Omdat ik het nergens aan kon uitgeven, wilde ik naar het postkantoor om dat kleine beetje geld naar mijn moeder te sturen. De bewaker bij de deur weigerde me door te laten.

'Je hebt toestemming nodig van Frau Drebenstadt.'

'Maar ze heeft vandaag vrij.'

'Dan had je verleden week om toestemming moeten vragen.'

'Maar als mijn moeder niets van me hoort, denkt ze dat me iets vreselijks is overkomen!'

'En als ik jou weg laat gaan met die brief, denkt de fabrieksdirecteur dat ik je iets heb laten stelen.'

'Wat kan ik nou stelen? Er is alleen maar karton in de fabriek.'

'Ga weer naar binnen,' zei hij. Het was een oude man, maar hij had een stok en zijn angst maakte hem wreed. 'Ik waarschuw je.'

Op een avond had Trude buikloop. Alle toiletten waren bezet, dus ging ze een verdieping hoger naar de wc. Toen ze naar beneden kwam, wachtte Frau Drebenstadt haar op, en ze sloeg haar zonder een woord te zeggen een paar keer in haar gezicht. Trude was te geschrokken om te huilen.

'Er wordt vijftig pfennig ingehouden op je loon,' zei Frau Dreben-stadt. 'En je mag een week lang geen post ontvangen.'

Dát maakte Trude wel aan het huilen. De post betekende alles voor ons. Als we afgesneden waren van de post – een straf die Postsperre werd genoemd en te pas en te onpas werd opgelegd – wisten we ons geen raad.

Onze ploegbazin had haar hele leven in de Bestehorn-fabriek gewerkt. Ze was een onaantrekkelijke vrouw, gebogen, met opgezette rode elle-bogen, maar in haar ogen glinsterde een glimlach voor ons. Op een dag wachtte ze tot Herr Felgentreu achter een machine was verdwe-nen en kwam naar ons toe.

'Luister naar me, Edith. Als je het karton heel precies opstapelt, kun je er vijf vellen in doen in plaats van vier.' Ze liet ons zien hoe het moest. 'Laat het me weten als het mes breekt, dan laat ik het door de monteur vervangen. Zorg dat niemand het ziet.' Ze snelde weg.

Ik probeerde het. In een paar seconden tijd steeg de productie met tien procent. Een wonder! We werkten met zijn achten aan die ma-chines en begonnen er meteen vijf vellen karton in te schuiven. Na een kwartier kwam de ploegbazin langs en met haar ogen liet ze ons weten dat Felgentreu eraan kwam. We gingen terug naar stapels van vier.

Om een uur of vier, toen onze bazen thee dronken, stootte de ploegbazin me met haar benige heup aan. Dit was een teken dat ze het voor een kwartier van me overnam, zodat ik een kwartiertje pauze kon houden. Elke dag gaf ze een van ons op die manier een kleine pauze.

Er was net zomin een 'reden' voor haar vriendelijkheid als voor de wreedheid van de kampcommandante die Trude had geslagen. In de-ze situatie waren het de individuen die hun eigen regels maakten. Niemand dwong hen om onvriendelijk te zijn. Het was altijd moge-lijk om ons fatsoenlijk te behandelen. Er waren er maar heel weinig die dat daadwerkelijk deden.

Ondanks mijn uitgekiende tactiek gaven ze me in november een nieuwe dagelijkse quota van 35.000 dozen. De moed zonk me in de schoenen. Ik was ervan overtuigd dat het me niet zou lukken, en als ik faalde, zou mama naar Polen worden gestuurd. Mina keek er anders tegenaan.

'Ter ere van je nieuwe quota!' zei ze opgewekt, en ze gaf me een rood lint. 'Je bent de ster van Bestehorn! Mazzel tov!'

Onze oude vriendin Liesel Brust schreef dat ze in het Joodse Voedseldistributie Centrum in Wenen werkte, dat ze onze familieleden had gezien en dat alles in orde was. Die brief gaf me kracht. Ik droeg het rode lint in mijn haar en stortte me met nieuwe energie op de machine.

Vervolgens verhoogden ze de quota naar 3800 dozen per uur. Ik haalde het omdat ik altijd vijf vellen karton gebruikte in plaats van vier en bliksemsnel werkte. Uiteraard brak het mes. Felgentreu trok een bedrag van mijn loon af en ging tegen me tekeer. Ik liet berouwvol mijn hoofd hangen, een vertoning waar ik inmiddels in uitblonk. Toch gebruikte ik al een paar dagen later weer vijf vellen. Gebhardt zag het me doen, ik weet het zeker. Toch zei hij niets.

De huid van mijn vingertoppen werd dun en ging tot bloedens toe kapot van het schuren langs het karton. Ik had graag handschoenen willen gebruiken, maar dan kon je de machine niet bedienen; ze maakten je trager en verhoogden het risico dat je vingers werden afgehakt. Dus bloedde ik, er zat niets anders op.

'We moeten blijven werken,' zei ik tegen mijn vriendinnen. 'Zo lang wíj blijven werken, kan hún niets overkomen.'

Eind november zagen we twee meisjes van de tweede verdieping in hun nette kleren bij de deur van de barakken staan, met een koffer in de hand. Ze gingen naar huis.

'Bofkonten!' riep Mina. 'Gaan jullie trouwen? Scheiden? We hoorden dat een meisje van het *Arbeitslager* Nordhausen naar huis mocht omdat ze zwanger was. Zijn jullie zwanger?'

De meisjes lachen. Zwangerschap was een wrange grap geworden, want de meeste meisjes menstrueerden niet eens meer.

'Onze ouders worden naar school gestuurd,' legde een van de meisjes uit. 'We gaan terug omdat we bij ze willen zijn.'

Er werden nog een stuk of drie meisjes geselecteerd die teruggingen naar Wenen om hun ouders naar Polen te vergezellen. Bestehorn zat echter te springen om arbeiders en weigerde hen te laten gaan, zodat hun moeders en vaders zonder hen naar het oosten moesten reizen. Aan de ene kant was het een troost om te weten dat de fabriek er alles aan deed om de meisjes te behouden. Aan de andere kant was ik als de dood dat ik door dit soort omstandigheden op een dag gescheiden zou raken van mijn moeder en dat ze zonder mij naar Polen zou worden gestuurd.

'Je moet het me vertellen zodra je iets hoort!' schreef ik haar. 'Ik moet de Gestapo om toestemming vragen om te reizen, en dat duurt een paar dagen,' schreef ik Pepi. 'Dus zeg alsjeblieft tegen mama dat ze het me onmiddellijk moet laten weten als ze naar school gaat.'

Ik ging in het donker aan het werk en kwam ook in het donker terug, zodat ik niet wist wanneer de dag afgelopen was en ik de draad kwijtraakte. Ik zette vaak de verkeerde datum boven brieven. Ik schreef mama twee keer per dag, soms nog vaker, en stuurde wanhopige vragen het duister in.

'Wie voert er oorlog met wie?' schreef ik Pepi tijdens een van de vele periodes dat we geen post ontvingen. 'Ik kan het niet uit elkaar houden. We krijgen nooit een krant te zien. Er staat een radio in de eetzaal, maar we hebben geen tijd en geen puf om ernaar te luisteren. We horen alleen geruchten, verder niets. Wanneer is deze oorlog nou eindelijk voorbij? Wanneer komen onze bevrijders? Hoe gaat het in Wenen? Hebben jullie genoeg te eten? Zeg tegen mama dat ze me geen eten meer moet sturen, want ze heeft zelf vast niet genoeg. Kun je de deur uit? Kun je op straat lopen? Kun je ergens aan werken? Is je moeder in staat om je te steunen? Verbrand mijn brieven! Lees ze en verbrand ze dan!'

Tussen de regels kon hij ook nog iets anders lezen. Ben je me niet vergeten? Hou je nog van me?

Door de geruchten werden we gek van de zorgen. We hoorden dat de nazi's er in hun ijver om hun ras te 'zuiveren' daadwerkelijk toe waren overgegaan om achterlijke, geestelijk gestoorde en seniele mensen met gifgas om te brengen. 'Dat kan niet waar zijn,' zeiden Lily en ik tegen elkaar. 'Het is vast propaganda.' We hoorden dat de mensen in de concentratiekampen letterlijk stierven van te hard werken, dat sadistische bewakers onmenselijke martelingen bedachten voor degenen die het tempo niet bij konden houden; ze moesten zware stenen sjouwen zonder dat het ergens voor diende, of de hele nacht in de regen staan, of hun rantsoen werd gehalveerd.

En we hoorden de vreselijkste dingen over de omstandigheden in de Poolse getto's. Een meisje ontving een brief van haar vriend, die bij de Wehrmacht zat. 'Blijf in Aschersleben!' waarschuwde hij haar. In de Poolse stad waar hij was gelegerd, schreef hij, waren de getto's overvol; er was geen eten, geen werk, geen ruimte om adem te halen. Mensen werden ziek en stierven door een gebrek aan verzorging. En elke dag brachten transporten nieuwe joodse mensen uit alle landen die de Duitsers veroverden.

De Gestapo kreeg lucht van deze brief, ze stormden de barakken binnen en sleurden het gillende meisje weg. Ze haalden haar kastje overhoop en trokken de matras van haar bed, op zoek naar meer brieven. Uit deze reactie maakten we op dat de soldaat de waarheid moest hebben geschreven. Het moest in Polen erger zijn dan in Aschersleben.

'Zeg tegen Z dat hij me niet moet schrijven!' schreef ik hysterisch aan Pepi. 'We mogen niet met militairen corresponderen. Het is verboden.'

In december 1941 vierde ik de grimmigste Kerstmis die ik tot dan toe had meegemaakt. Toch was het voor ons allemaal een obsessie om cadeautjes te geven. Ik vroeg Pepi of hij een paraplu wilde kopen voor mijn moeder – 'de modernste en de meest elegante', drukte ik hem op het hart – of misschien oorbellen of een mooi doosje voor haar poeder. Ik wilde geloven dat ze nog steeds mijn mooie mama was, met oorbellen en een gepoederd gezicht, en dat er gelegenheden waren om met een elegante paraplu gezien te worden. Fantasieën; die hadden we allemaal.

Een meisje wier vader naar Buchenwald was gestuurd, vroeg haar vriendje thuis om scheergerei voor hem te kopen, en dat pakte ze prachtig in, met een kaartje erbij. 'Aan mijn lieve vader voor Kerstmis,' stond erop. 'Van je liefhebbende dochter.' Ze legde het pakje in haar kast en stelde zich voor dat ze het hem zou geven als hij uit het concentratiekamp kwam.

Een van de meisjes had het wel heel erg slecht getroffen. Ze was in 1933 uit Polen naar Wenen gekomen om medicijnen te studeren. Kun je je een slechtere timing voorstellen? Ze had het contact met haar familie allang verloren en kreeg van niemand iets, dus gaf ik haar een brood dat mijn moeder had gestuurd. Het was zo hard als steen.

'Wat heerlijk,' snikte ze. 'Mijn moeder bakt precies zulk brood. Op een dag vraag ik mijn moeder om voor jou ook een brood te bakken, Edith!'

We geloofden in de toekomst. Allemaal, ondanks alles.

Mijn vriendin Mina bedacht cadeautjes alsof ze de kerstman zelf was en Pepi Rosenfeld alle rendieren van de noordpool.

'Luister, Edith, ik heb acht reichsmark gespaard. Dus als we dit geld naar jouw Pepi sturen, moet hij er een klein pakje kruidenthee voor mijn mama van kunnen kopen, een mooie nieuwe pen voor mijn papa, en een doos snoepjes voor mijn broertjes en zusjes. Ze zijn dol op snoep! Ze hebben al hun tanden nog, alleen maar omdat ze van de nazi's geen snoep mogen kopen, dus in dat opzicht heeft dit regime de familie Katz een groot plezier gedaan.'

Ze maakte me zowaar aan het lachen.

'Frau Niederall stuurt vast en zeker iets heel leuks voor Chanoeka. Wij kregen vroeger voor Chanoeka altijd een doosje met waardeloze munten van mijn vader, en we dachten dat het een echte schat was. We speelden er *dreidel*-spelletjes mee en sloten weddenschappen af, en we aten altijd *latkes*. O, het was zo leuk, Edith, het was zo fijn om joods te zijn. Op een dag als Pepi en jij getrouwd zijn en ik de petemoei van jullie kinderen ben, leer ik ze *dreidel*-spelletjes, en dan zingen we alle Jiddische liedjes die mijn vader kent.'

'Ik durf niet op zoveel geluk te hopen, Mina.'

'Doe niet zo mal. Hoop is Gods gift aan de wereld. Denk je eens in hoeveel geluk ik persoonlijk heb gehad, alleen maar omdat ik ben blijven hopen. Frau Niederall heeft het Achter Vervoerbedrijf gekocht. Ze hield mij en Frau Grünwald in dienst terwijl ze ons op straat had kunnen zetten. Ze heeft me geleerd hoe ik me leuk kan kleden, waar je parfum gebruikt, hoe ik zakelijke brieven moet schrijven en klanten moet begroeten. Ik noem haar tante, zoveel houd ik van haar! Als je haar ontmoet, moet je haar Frau Doktor noemen.'

Met glinsterende ogen stak ze een hand onder haar bed. 'Kijk, ik heb een Chanoeka-cadeau voor je, om je hoop te geven.' Ze gaf me een plankje; ze had er het Franse gezegde in gebrand waar Franz ons in Osterburg mee opvrolijkte:

La vie est belle, et elle commence demain.

Het leven is mooi, en het begint morgen.

In de late herfst van 1941 woonden er nog steeds een paar joodse ge-zinnen in Aschersleben, onder wie Frau Crohn en haar dochter Käthe, een lieve, intelligente vrouw van mijn leeftijd. Als wij, de meisjes uit het *Arbeitslager*, op zaterdag of zondag gingen wandelen, nodigden de Crohns ons op de 'koffie'. Je hebt geen idee hoeveel die bezoekjes voor me betekenden. Ze riepen herinneringen op aan thuis, aan een leven van beschaving, een joodse gemeenschap in een wereld vol haat.

Op een zondag liepen we met zijn allen terug na een bezoek aan de Crohns. Ik herinner me dat er een meisje bij was dat Ditha heette, een zekere Irma en ene Clair. We liepen door de Breite Strasse, een straat die verboden was voor joden. Een paar jongens riep ons flirtend na. 'Hé, daar gaan de gelukssterren!' Om de een of andere reden begrepen ze niet dat die verfoeide lapjes vernedering en vervolging symboliseer-den. We beschouwden hun vriendelijkheid als een goed voorteken.

De feestdagen naderden, en Mina en ik zochten overal naar iets dat we de Crohns cadeau konden doen, en uiteindelijk wisten we door ruilen en beloftes een klein flesje cognac op de kop te tikken. Frau Crohn schonk iedereen meteen in, in kleine glaasjes die ze op de een of andere manier voor de plaatselijke plunderaars verborgen had we-ten te houden. Al het andere hadden ze meegenomen. We klonken op de Amerikanen, die net bij de oorlog betrokken waren geraakt na de Japanse aanval op Pearl Harbor.

Toen alle joden in dit gebied van Noord-Duitsland het bevel kre-gen dat ze zich gereed moesten maken voor deportatie naar Polen, ging ik naar Käthes huis om haar te helpen pakken. Ik weet nog dat ze geen mes of schaar mocht meenemen. Käthe gaf me een van haar boe-ken – *De eerstgeborene* van Frischaner – en schreef erin: 'Ter herinnering aan al die zonnige uurtjes.'

Samen met meer dan duizend anderen werd ze vanuit Magdeburg naar het getto in Warschau gebracht. Ik schreef haar daar. Ik snapte er niets van dat mijn goede vriendin me niet terugschreef.

Eind november, in de ijzige kou voor het ochtendgloren, mar-cheerde Herr Wittmann, een van de fabrieksdirecteuren, de barakken binnen. Frau Drebenstadt schrok flink en liet ons allemaal in de hou-ding staan.

'Jullie gaan vandaag niet aan het werk,' zei hij. 'Blijf hier. Doe de gordijnen dicht en laat het licht uit. Richard Bestehorn, een vooraanstaand zakenman en burger van de stad Aschersleben, is overleden, en de rouwstoet gaat over de binnenplaats. Jullie mogen onder geen beding kijken. Als jullie op de binnenplaats komen, worden jullie gearresteerd.'

Hij vertrok. We verdrongen ons bij het raam en gluurden naar buiten. Twee Franse gevangenen veegden de binnenplaats voor onze barakken. Ze hingen dennentakken op het gebouw en zwarte rouwkleden.

'Waarom mogen wij niet naar buiten?' vroeg Mina. 'We zouden die Fransen kunnen helpen, want ze maken er een potje van.'

'Wij worden te zeer veracht om aanwezig te zijn bij een plechtige bijeenkomst van "het superieure ras",' zei Lily met haar gebruikelijke scherpzinnige cynisme. 'Bovendien, als ze ons niet zien, kunnen ze doen alsof ze niet wisten dat we er waren.'

In die tijd dacht ik dat Lily domweg cynisch was, maar ze bleek uiteraard een profetes te zijn. Nu begrijp ik dat er alles aan werd gedaan om ervoor te zorgen dat de Duitsers ons nooit hoefden te zien; of als ze ons wel zagen, hoefden ze het niet toe te geven; of als ze het toch moesten toegeven, zouden ze kunnen zeggen dat we er prima uitzagen, en nooit knaagden er lastige schuldgevoelens aan hen, nooit lieten ze zich tot een moment van medelijden verleiden. Ik heb eens iets gelezen dat Hermann Göring tegen Hitler heeft gezegd: Zo'n moment van medelijden zou een groot probleem kunnen vormen. Waarschijnlijk heeft elke Duitser wel een zwakke plek voor een bepaalde jood die hij graag zou willen sparen, een oude dokter, een mooi meisje, een schoolvriend. Hoe kan Duitsland ooit *Judenrein* worden als we rekening houden met al die uitzonderingen? Het beleid was er dan ook op gericht om niemand tot fatsoenlijk gedrag te verleiden, en ons te allen tijde weg te stoppen in een steeds zwartere duisternis.

Onder dergelijke omstandigheden bleef geen enkele vriendelijkheid onopgemerkt. Herr Gebhardt heeft nooit een woord tegen me gezegd, maar ik weet dat hij me met kleine dingen heeft geholpen, en daar zal ik hem altijd dankbaar voor blijven. Zelfs de gladde, palingachtige Wittmann had een zwak voor een van de meisjes. Ze heette Elisa, en was mooi, statig, goed opgeleid, een echte dame. Voordat ze werd teruggestuurd naar Wenen, riep hij haar bij zich op zijn kantoor. 'Als je iets nodig hebt, wat dan ook, vraag het me dan,' zei hij tegen haar. 'Ik zal je helpen.'

Ik stond achter mijn machine. Het karton verschoof, mijn vingers bloedden, en ik probeerde Mina de theorieën te leren die ons werk misschien zinvol zouden maken. Het gedachtegoed van Taylor in Amerika, Keynes in Engeland, Marx, Lenin, Trotsky. Soms kon ik me er niets van herinneren. 'Als je hier niet stom komt,' schreef ik Pepi, 'maakt het werk je wel stom.'

Ik vertelde Mina de verhalen van boeken die ik las. Een biografie van Marie Antoinette – te trots en te mooi, een verhaal dat een waarschuwing was. Een biografie van Isadora Duncan, zo wild en vrij, een inspiratie. Ik vertelde Mina het verhaal van *Chaim Lederers Terugkeer* van Sholem Asch, *De Ganzenman* van Jacob Wasserman, en *De Legendes van Christus* van Selma Lagerlöf.

'Stel je onze ploegbazin voor als Veronica,' fluisterde ik. 'Veronica veegde het zweet van Jezus' voorhoofd toen hij het kruis naar Golgotha droeg, en de afdruk van zijn gezicht bleef achter op haar kleed. De afdruk van onze gezichten zal achterblijven in de harten van degenen die vriendelijk voor ons zijn, als een zegen.'

Omdat Amerika bij de oorlog betrokken was geraakt – en we zagen dit als een teken dat we spoedig bevrijd zouden worden – besloten we in december 1941 Chanoeka te vieren, het festival van de vrijheid. Een van de nieuwe meisjes, een coloratuurzangeres, zong voor ons. Ze kende aria's, *Lieder*, en een paar Jiddische liedjes die maar een paar meisjes verstonden, onder wie Mina. Het geluid van die oude taal, alleen het geluid al, schonk ons een gevoel van innerlijk geluk.

We vonden een paar kaarsen en maakten een soort menora. Toen ontdekten we tot onze ontzetting dat niemand van ons het gebed kende – niet één. Kun je je dat voorstellen? We hadden geen idee van onze eigen cultuur, geen enkel benul van onze eigen liturgie, we hadden niets! Dat was het gevolg van ons geassimileerde leven in Wenen. We vestigden onze hoop op Mina. Ze sloeg haar handen voor haar gezicht. 'Ik weet het niet meer,' kreunde ze. 'Papa zei altijd het gebed. Papa...'

We staarden naar de flakkerende vlammetjes, zonder te weten hoe we er betekenis aan moesten geven. Lily stelde voor om elkaars handen vast te houden, onze ogen te sluiten en 'God help ons' te zeggen. Dus dat deden we.

God help ons, God help ons. God help ons. *Lieber Gott hilf uns.*

Na Chanoeka kregen we een nieuwe kampcommandante, Frau Reineke, en de quota werd verhoogd tot 44.000 dozen per dag.

Een van de meisjes kondigde dolblij aan dat ze naar huis ging om te trouwen. Voor mij was dat reden genoeg om Pepi nogmaals een aanzoek te doen.

'Natuurlijk wil ik met je trouwen, maar nu kan het niet,' antwoordde hij.

'Waarom kan zij wel trouwen en ik niet? Als we elkaar niet kunnen redden, kunnen we elkaar toch tenminste warm houden! Ik droom van de dag dat we samen zullen wonen. Waar zal dat zijn, denk je? In een kleine villa of in een klein kasteel? In een appartement in het centrum van de stad of in een boerderij zoals die van mijn grootouders in Stockerau? Ik zal koken en schoonmaken en de kinderen in bad doen, en ik ga op de rechtbank werken.'

'Luister naar me, Edith, dit is mallepraat. We kunnen niet trouwen. Je snapt toch wel wat er allemaal tegen is.' Bedoelde hij Hitler? De geschiedenis? Zijn liefhebbende moeder? 'Ik zal altijd van je blijven houden. Nu moet je me vergeten.'

Een van de meisjes, Berta, had een vriend in een werkkamp in Wendefurt, in de buurt van Blankenburg. Hij kreeg toestemming om haar te bezoeken, maar als jood mocht hij niet langer van de trein gebruik maken. Dus sjokte hij door de sneeuw, in de ijzige kou helemaal naar Aschersleben. Berta's blijdschap toen ze hem zag brak mijn hart, want ik wist dat Pepi nooit zo'n gebaar voor mij gemaakt zou hebben.

Op een zondag ging ik wandelen met Trude en Mina. De sneeuw was oogverblindend. Duitsland ging schuil onder een hagelwitte kerstmantel. Je kon niet zien wat eronder lag. Ik werd me pijnlijk bewust van mijn eigen nietigheid, ik voelde me net een piepklein zwart stipje in dit oneindige landschap. 'Ik kan niet meer,' zei ik tegen mijn vriendinnen en wanhopig liep ik terug.

Als ik in de fabriek achter mijn machine stond, kon ik me geen enkel verhaal meer herinneren. Isadora Duncan, Marie Antoinette,

Marx, Keynes, Asch, Wasserman, Lagerlöf – weg. Ik kon alleen nog maar denken aan de rauwe werkelijkheid van onze situatie. Ik was een slaaf en Pepi wilde me niet. Pang. Pang. Pang.

Ik hield op met werken. De messen kwamen omlaag en braken. Mijn benen begaven het. Ik zakte op de grond. De andere meisjes durfden niet eens naar me te kijken. Herr Gebhardt hielp me overeind en bracht me naar een stoel. En toen kwam onze ploegbazin naar me toe. Ze sloeg haar armen om me heen en praatte zo bezorgd tegen me, zo teder, dat mijn misère geen greep meer op me had en ik weer aan het werk kon.

Meer is er niet nodig, weet je – een moment van vriendelijkheid. Iemand die lief en begrijpend is, zodat je het gevoel hebt dat God je een engel heeft gestuurd om je door de nachtmerrie heen te helpen. Veronica.

Toen Mina zich die avond op haar strozak nestelde, concludeerde ze dat Pepi gewoon een aanval van paniek had. 'Je moet je gewoon niets van zijn brief aantrekken,' zei ze. 'Blijf hem schrijven dat je ernaar verlangt om hem te kussen en te proeven en alle andere romantische dingen die je altijd zegt, en dan komt het heus allemaal goed.'

Dus schreef ik Pepi dat hij hoop op moest snuiven uit mijn brieven, dat we het volgende jaar vast en zeker vrij zouden zijn. 'Maak er een blije Kerstmis van,' schreef ik hem. 'Stel je voor hoe ik je zou kussen als ik naast je zat bij de verlichte kerstboom.'

Ik vertelde de mensen thuis dat het werk me geen moeite meer kostte. Het was geen aperte leugen. Je kunt overal aan wennen, aan de naam 'Sara' die aan de jouwe wordt toegevoegd, aan het dragen van een gele ster op je jas, aan eindeloze uren werken, weinig eten, en als een blok in slaap vallen zodra je kunt.

We maakten een miljoen dozen voor rode compote en nog miljoenen voor surrogaatkoffie en surrogaathoning, voor macaroni en spaghetti, voor pruimtabak. Elke keer dat een Duitser een van die verpakkingen opende, raakte hij ons aan.

Het was eind januari 1942. Het zou niet lang meer duren of de nazi's zouden aan de Wannsee besluiten om alle overgebleven joden in Europa om te brengen, maar wij wisten niets van dat soort plannen.

We wisten alleen dat we nu helemaal de stad niet meer in mochten, dat de rantsoenen alweer waren gereduceerd en dat er weer geen post kwam.

Het meisje met de vader in Buchenwald kreeg een brief van een vriend van hem. 'Dit lied zingen we samen als we 's ochtends aan het werk gaan,' schreef hij. Onze zangeres leerde ons het Buchenwald-lied, en we neurieden het als we de energie hadden om te neuriën.

O Buchenwald, ik kan je niet vergeten,
Want je bent mijn lot.
Zij die je hebben verlaten zijn de enigen
Die beseffen hoe heerlijk vrijheid is.
O Buchenwald, we kreunen en klagen niet,
Wat ons lot ook mag zijn.
We willen 'ja' zeggen tegen het leven
Want er komt een dag dat we vrij zijn.

Het lied gaf me moed. Ik ging naar Frau Reineke, onze nieuwe kampcommandante, een vrouw van middelbare leeftijd en moeder, en we hoopten allemaal dat ze vriendelijker zou zijn dan haar voorgangster.

'Alstublieft, mevrouw, ik weet dat we op dit moment geen post mogen ontvangen, maar mogen we alstublieft de pakketjes hebben die onze familieleden ons al hebben gestuurd? We weten dat onze moeders het eten uit hun eigen mond sparen om ons te helpen. En we weten dat het eten nu ligt te bederven, het wordt oud en het verrot.'

Ze keek me met koude ogen aan en weigerde mijn verzoek in te willigen. Vanaf dat moment ontvingen we geen voedselpakketten meer.

Maar gelukkig zijn er andere vormen van voedsel. Pepi moest de vuilnisbak van een school hebben geplunderd, want hij stuurde ons een aantal beduimelde exemplaren van *Don Carlos* van Friedrich von Schiller. Lily was in de wolken.

Elke avond lazen we dat achttiende-eeuwse stuk, bij het laatste beetje licht en met onze laatste krachten, alsof we schoolmeisjes waren. Een van de andere meisjes klaagde dat we te veel lawaai maakten. Uiteindelijk werd ze ons publiek.

Ik speelde koning Philip, de tiran die liever zijn eigen zoon, Don Carlos, laat vermoorden dan zijn beleid te liberaliseren en zijn onderdanen in vrijheid te laten leven. We identificeerden ons allemaal met de zoon, zonder uitzondering, en geen van ons kon zijn woorden horen zonder aan Evian-les-Bains te denken.

> Ik heb niemand, niemand (riep Mina als Don Carlos),
> Op deze oneindig grote aarde, niemand...
> Er is geen plaats... geen enkele... geen enkele
> Waar ik me kan ontdoen van mijn dromen.

We wisten allemaal dat koning Philip de stamvader van Hitler was.

Het welzijn van de burgers bloeit hier in wolkeloze vrede! (verklaarde ik als de boze monarch die zich probeert te rechtvaardigen.)

De rust van het kerkhof! (hoonde Lily, die de progressieve markies de Posa speelde.)
Duizenden zijn al gevlucht uit Uw land, arm maar gelukkig.
En de onderdanen die U vanwege het geloof bent kwijtgeraakt, waren de nobelsten van Uw volk.

We dachten aan Thomas Mann, Freud, Einstein. Ik dacht aan oom Richard en tante Roszi, aan Mimi en Milo en onze kleine Hansi. Waren zij niet Oostenrijks nobelste burgers, weggevlucht uit het land, arm maar gelukkig?
Het lijkt onvoorstelbaar, maar achteraf gezien geloof ik dat Schiller ons met zijn oude toneelstuk zelf een boodschap stuurde, een waarschuwing voor de Endlösung.
De koning tegen de grootinquisiteur:

> Kunt U een nieuwe godsdienst scheppen die
> De bloederige moord op mijn zoon rechtvaardigt?
> Stem U erin toe om dit idee
> Door geheel Europa te verspreiden?

En het antwoord was ja.

Wij waren Duitslands kinderen. Een nieuwe religie die de 'bloederige moord' op ons eiste, was door Europa verspreid, met medewerking van de kerk. Hadden wij in Wenen niet gezien hoe kardinaal Innitzer, het hoofd van de Oostenrijkse katholieken, Hitler na de Anschluss de nazi-groet bracht?

Toen besefte ik het niet, maar de kunst had ons de ogen kunnen openen voor de werkelijkheid.

Op 18 januari 1942 werd ik voor het eerst in bijna een jaar tijd weer ongesteld.

In februari kreeg ik roodvonk, evenals een jong, mollig meisje, Anneliese, die eens tot de hoogste kringen had behoord.

Twee weken lang lag ik zwetend en met hoge koorts op de ziekenafdeling van Bestehorn. Ik werd gek van de zorgen. Ik mocht niet ziek zijn! Als ik ziek was en Bestehorn niets aan me had, zouden ze mama misschien wel naar Polen sturen! Ik zei dat ik beter was, terwijl ik nog steeds ziek was. Ik probeerde op te staan. De verpleegster deed de deur op slot. Ze bracht ons eten en verdween. Als we beter werden, prima. Zo niet, jammer.

In feite was roodvonk het beste wat me had kunnen overkomen, want ik was uitgeput en ernstig verzwakt. Ik had eten en rust nodig, en dat was precies wat ik kreeg: zes weken eten en rust. Ik ben ervan overtuigd dat die ziekte mijn leven heeft gered.

Tegen de tijd dat ik weer aan het werk kon, was het medio maart. Het was leger in de barakken. Mama had me opgewekte brieven geschreven; zij en een man die Max Hausner heette waren verliefd op elkaar, en ik was dolblij en hoopte dat ze met elkaar zouden trouwen. Maar haar brieven veranderden, werden onsamenhangend, fragmentarisch, alsof ze haar gedachten niet meer kon ordenen.

Pepi vertelde me dat zijn tante Susie, de vrouw van zijn vaders broer, was gedeporteerd, en dat Wolfgangs ouders, Herr en Frau Roemer, ook naar het oosten werden gestuurd.

In Aschersleben ging de uitputtingsslag door. Berta, wier vriend zo ver had gelopen om haar te kunnen zien, ging zonder ster naar buiten, werd onmiddellijk gearresteerd en naar een concentratiekamp gestuurd.

We hoorden dat de meisjes die weggingen om te trouwen samen met hun echtgenoten werden gedeporteerd. Een meisje dat een verhouding had met een Franse gevangene werd naar een concentratiekamp gestuurd en de Fransman werd geëxecuteerd. Onze oude vriend Zich sneuvelde aan het westfront.

Toen kwam er een pakje terug dat Mina aan haar ouders had gestuurd. Ze kreeg te horen dat haar moeder en vader en broers en zusters gedeporteerd zouden worden en dat zij met hen mee moest.

We breiden een trui voor haar van restjes wol in alle kleuren van de regenboog. Ik werkte aan de ene mouw, Trude breide de andere.

Op de dag dat Mina vertrok, ging voor mij het laatste licht in Bestehorn uit. Ik schreef mijn moeder met het verzoek om goed voor haar te zorgen; ik smeekte Pepi om te proberen of hij haar op de een of andere manier in Wenen kon laten blijven. Maar wat kon hij nou doen? Een paar dagen voordat ze met haar familie vertrok, schreef Mina me dat ze op bezoek was geweest bij mijn moeder en ook bij Annelieses vader, en dat ze haar allebei iets hadden meegegeven voor de reis.

'Hou vooral contact met tante,' schreef ze, waarmee ze Maria Niederall bedoelde, haar vroegere bazin. 'Niet verdrietig zijn, lieve meid, er is nog steeds een kans dat alles goed komt, dus geef de hoop niet op. Neem Aschersleben niet te serieus. Ik zal je natuurlijk schrijven wanneer ik maar kan, maar maak je niet bezorgd als je niets van me hoort. Vergeet niet dat ik altijd met liefde aan je denk. Je Mina.'

Ik kon niet weten dat Hitler bevel had gegeven om alle joodse arbeiders naar concentratiekampen af te voeren, dat we vervangen zouden worden door dwangarbeiders uit de bezette landen. Maar ik voelde de duisternis naderbij komen. Ik wist niet wat er om me heen gebeurde maar was doodsbang voor wat me te wachten stond.

Ik verbrandde al Pepi's brieven op één na. Die was gedateerd op 26 mei 1942, en ik denk dat ik hem bewaarde omdat hij me met zijn grenzeloze sympathie een hart onder de riem stak. 'Mijn allerliefste kleine muis! Wees moedig en geloof net zo standvastig in de toekomst als je dat tot nu toe hebt gedaan. Mijn arme kind, kon ik je honger maar stillen! Weet dat ik je duizend keer kus. Een innige omhelzing van je Pepi.'

Mama stuurde me een telegram. 'IK MOET BINNENKORT VERTREKKEN. KOM
SNEL. KOM METEEN.'

Ik ging naar de politie in Aschersleben. 'Mijn moeder gaat weg. Ik
moet met haar mee.'

Ze gaven me geen antwoord.

Ik smeekte de ploegbaas om me naar huis te laten gaan. Ik ging
naar Frau Reineke. 'Mijn moeder kan niet zonder me reizen,' pleitte ik
in tranen. 'Ze is oud, ik ben haar enige kind – ik smeek het u.'

In Wenen smeekte mijn moeder de Gestapo om haar te laten blijven
totdat ik er was.

'Hoe oud is uw dochter?'

'Achtentwintig.'

'Dan is ze oud genoeg om u alleen achterna te reizen.'

'Alstublieft.'

'Nee.'

'Alstublieft, meneer!'

'Nee.'

Ik ging terug naar de politie. Maar ze weigerden me de papieren te geven die ik nodig had om te reizen, en joden mochten niet langer zonder speciale papieren reizen. Ik voelde de deur tussen mij en mijn
moeder dichtvallen, en ik was degene die buiten werd gesloten.

Ze schreef brieven aan Pepi. 'Zeg tegen Edith dat ik mijn uiterste best
heb gedaan. Ik hoop dat ze niet al te verdrietig is. Ze kan met de volgende trein komen. God zal haar en mij helpen, zodat we weer samen
kunnen zijn.'

En toen schreef ze: 'De joodse gemeenschap zegt dat Edith moet
blijven waar ze is. Misschien is dat beter. Ze moet blijven, ook al vind
ik het nog zo vreselijk.'

'Het is halfeen 's nachts,' schreef ze Pepi in de laatste brief voor haar
vertrek. 'We wachten op de SS. Je kunt je wel voorstellen hoe het voelt.
Herr Hausner is nog bezig met het pakken van mijn koffer, want op
dit moment ben ik nergens toe in staat. Alsjeblieft, alsjeblieft, help
Edith met het pakken van haar spullen. Bewaar de laatste dingen die
ik achterlaat, alsjeblieft. Er is een koffer die wordt opgehaald door

Herr Weiss; hij blijft hier omdat hij vijfenzeventig is. Er zitten spullen in die Edith mee moet nemen. Het ga je goed. Ik hoop dat we elkaar in geluk en gezondheid weerzien.

O, mijn beste Pepi, ik ben zo verdrietig. Ik wil blijven leven. Vergeet ons alsjeblieft niet.

Heel veel liefs, Klothilde Hahn.'

Mijn moeder werd op 9 juni 1942 gedeporteerd.

De Gestapo in Aschersleben liet mij pas op 21 juni naar Wenen reizen.

hoofdstuk 7

Metamorfose in Wenen

Vanuit Aschersleben gingen we met zijn zessen naar Wenen. Volgens onze reisvergunning moesten we ons op een bepaalde dag op een bepaalde plaats melden voor de *Umsiedlung* – 'verhuizing' – naar het oosten. Maar alle geruchten wezen erop dat we deze afspraak beter niet na konden komen.

'Maar hoe doen we dat dan?' vroeg een meisje dat Hermi Schwarz heette tijdens het pakken van onze koffers. 'Ze zien de gele ster en dan grijpen ze ons meteen.'

'Ik draag de mijne niet,' fluisterde ik. 'Als ik die ster draag, krijg ik nooit de kans om mijn nicht Jultschi te zien en te horen hoe het met mijn moeder was voordat ze wegging. En ik wil Christl en Pepi kunnen zien.' Ik stelde me hun hartelijke begroeting voor, een paar dagen van liefde.

'Maar zonder de ster komen we zelfs de trein niet in,' zei Hermi.

'Dat is waar,' beaamde ik. 'Maar we kunnen wel zonder ster uitstappen.'

In het donker van de vroege ochtend vertrokken we, de laatste joodse slavenmeisjes van Aschersleben. We omhelsden elkaar en namen afscheid, en om vooral geen aandacht te trekken, besloten we in groepjes van twee te reizen, elk stel in een andere coupé. Hermi en ik gingen samen. Het was een prettige trein, vol gezinnen die op vakantie gingen. Voor een volk dat in oorlog is, dacht ik, zijn de Duitsers wel erg zorgeloos. Door het isolement had ik niet gehoord dat ze de ene overwinning na de andere behaalden, en in juni 1942 hadden ze er het volste vertrouwen in dat ze heel Europa zouden veroveren.

We waren ongeveer een uur onderweg toen ik door de trein naar de wc liep. Ik schuifelde langs pratende politiemannen en mompelde 'Pardon'. Mijn jas hing over mijn arm en ik hield mijn tas voor de opgenaaide ster. Eenmaal in de wc trok ik de steekjes los en ik stopte de ster in mijn tas. Op de terugweg kwam ik Hermi tegen in de gang. Ze ging naar de wc om precies hetzelfde te doen.

Je zult je nu wel afvragen waarom we niet aan Berta dachten, onze vriendin die voor dit vergrijp naar een concentratiekamp was gestuurd. Geloof me, we dachten aan niets anders dan Berta, en het angstzweet brak ons uit bij elke man in uniform die langs onze coupé kwam. We probeerden een kalme indruk te maken en wisselden beleefdheden uit met de andere passagiers. Een vrouw vertelde dat ze naar Wenen ging om haar dochter te bezoeken. Ik wenste haar veel plezier. Ik wendde mijn gezicht af, zodat ze niet zou kunnen zien dat ik tranen weg knipperde nu ik aan mijn eigen moeder dacht.

Op het station versmolten mijn lieve vriendinnen met de Oostenrijkers. Is er iemand die zich hen herinnert? Heeft iemand hen ooit nog gezien?

Stokstijf bleef ik staan. Ik had het gevoel dat de gaatjes waar de ster had gezeten een voor iedereen duidelijk zichtbare joodse ster vormden. Ik verwachtte dat de Gestapo me in de gaten zou krijgen en me zou arresteren.

Pepi dook op uit het niets, nam me in zijn armen en kuste me. Gedurende een fractie van een seconde was ik weer smoorverliefd en geloofde ik dat hij me zou redden. En toen zag ik zijn moeder – de getekende wenkbrauwen, de kwabbige wangen, de onderkin. Ze stortte zich op me, greep mijn arm beet en hield me stevig vast. Onder het lopen fluisterde ze sissend in mijn oor. 'Godallemachtig, wat ben ik blij dat je die ster niet draagt, Edith, we zouden je niet eens hebben kunnen begroeten met die ster op je jas. Je moet nu meteen naar je nicht gaan, je doet een dutje, je eet wat, en dan ga je morgen zo snel mogelijk naar de Prinz Eugenstrasse, want ze verwachten je. Net als je moeder, denk ik zo. Ze is in de Vartegau in Polen. Ze wil vast dat je zo snel mogelijk naar haar toe komt.'

'Ze heeft u geschreven! Mama!'

'Niet meer sinds ze weg is, nee, maar ik weet heel zeker dat ze daar is. Je moet meteen naar haar toe. Haal het niet in je hoofd om je niet te melden, want ze zullen jacht op je maken en je vinden, en dan wordt je moeder gestraft, net als alle andere mensen die je kent. Je zou de mensen van wie je houdt toch niet in levensgevaar willen brengen, hè Edith? Goeie genade, wat ben je mager! Ik hoop dat je nicht een lekker potje voor je kookt.'

Eindelijk trok Pepi haar hand van mijn arm. Hij was wit van kwaadheid. Ze deinsde achteruit, geschrokken van zijn felle blik. Hij kwam naast me lopen, droeg mijn tas in zijn ene hand en hield mijn hand vast met de andere. Onze schouders raakten elkaar. Pepi Rosenfeld heeft altijd precies de juiste lengte voor me gehad. Anna dribbelde achter ons aan, enerzijds nieuwsgierig naar wat we tegen elkaar zeiden, hoewel ze aan de andere kant niet met een jood over straat wilde.

We gingen naar Jultschi's huis. Ze zat op de trap met haar zoontje, Otto, een allerliefst kind met enorm grote, zachte bruine ogen en grote oren, net als zijn vader. Met een kreet van blijdschap tilde ik hem op. Ik wilde me in Jultschi's armen storten.

'Kom toch binnen, Fräulein Ondrej,' zei Jultschi terwijl ze me formeel een hand gaf. 'Wat leuk u weer te zien.' Een van haar buren kwam de trap af. 'Dit is de nicht van mijn man, uit Sudetenland,' stelde ze me voor.

De buurvrouw glimlachte vriendelijk. 'Welkom in Wenen. Heil Hitler!'

Ik had die groet wel eerder gehoord, maar besefte nu pas dat het voor de gewone man een gewoonte was geworden om elkaar zo te begroeten.

'Morgen om vijf uur bij de Belvedère,' fluisterde Pepi. 'Ik hou van je. Ik zal altijd van je blijven houden.'

Zijn moeder trok hem weg.

In Jultschi's keuken ging ik zitten. Ze zette thee en kletste zoals ze het altijd had gedaan – een waterval, een explosie. Ik viel op de tafel in slaap.

Kleine Otto waggelde rond met een stinkende luier en kleverige vingertjes. Ik waste hem in de gootsteen, deed alsof ik zijn neus stal en weer teruggaf, en hij kraaide van pret. Ik vond hem het mooiste, meest engelachtige kind van de wereld. Jultschi zat achter haar naaimachine.

Je kon niet voorzichtig genoeg zijn. Mensen luisterden en gaven elkaar aan. Hun buren verdwenen.

'Elke week brengen de nazi's me onderdelen van houten dozen die ik aan elkaar moet lijmen. Volgens mij doen ze er medailles of revolvers in. Ik heb een quota. Ik leef van Otto's pensioen, en dat is niet zo slecht. Maar ik ben uiteraard joods, dus mijn kleine Otti gaat ook voor een jood door. Volgens de Neurenberger Wetten zou hij de gele ster moeten dragen, maar hij is onder de vijf, dus vallen ze hem nog niet lastig. Pepi heeft me geholpen met de aanvraag om hem als *Mischling* te laten registreren – zo noemen ze iemand die officieel van gemengd bloed is. Misschien geven ze hem dan meer te eten en laten ze hem naar school gaan, en kan ik buiten het getto blijven wonen. Er mogen hier een aantal joodse mensen blijven wonen, zodat de buren ons kunnen zien en zich niet druk maken om de deportaties. Hoe lang blijf je? Twee dagen? Drie?'

'Eigenlijk was ik van plan om de rest van de oorlog te blijven.' Ik kietelde Otti's tenen.

Jultschi slaakte een gesmoorde kreet. Ik lachte.

'Doe niet zo mal, Edith. Ik hou van een grapje, maar dit is er niet het moment voor.'

'Vertel me eens over mama. En haar Herr Hausner.'

'Het is een schat van een man. Zijn eerste vrouw is overleden. In het begin zat hij in een *Arbeitslager*, maar later hebben ze hem eruit gelaten om hem naar Polen te sturen. In februari hebben we gehoord dat ze twaalfduizend joden uit de Duitse fabrieken hebben weggehaald en naar het oosten gestuurd omdat er genoeg gevangenen uit de bezette landen zijn om hen te vervangen. O Edith, die *Blitzkrieg* maakt me zo nerveus. Het lijkt wel of niemand in Europa een leger heeft, alleen Duitsland. Wat gaat er gebeuren als ze Engeland veroveren?'

'Ze zullen Engeland niet veroveren.'

'Hoe weet je dat nou?'

'Nu onze kleine Hansi zich bij de Joodse Brigade heeft aangesloten, is het Britse leger onoverwinnelijk.'

Eindelijk kon ze lachen. Ze liet haar naaimachine ratelen.

'Praat niet over de joden, Edith, onthoud dat goed. Niemand praat er nog over. Noem het woord niet eens. Mensen hebben er een hekel aan om het te horen.'

Liesel wachtte me op aan de achterkant van het Joodse Centrum voor Voedseldistributie, met haar bekende vertrouwelijkheid en glimlachjes. Ze gaf me bonnen voor brood, vlees, koffie en olie.

'Als je mij je eigen bonnen geeft, hoe kom jij dan aan eten?'

'Er is hier eten. Ik neem genoeg mee. Geef de bonnen aan je nicht en Pepi. Zij kunnen het eten voor je kopen. Kom elke dag hier. Ik zorg dat ik altijd wat te eten voor je heb. Maar kom nooit twee dagen achter elkaar op dezelfde tijd. En zorg dat je er telkens anders uitziet.'

Ik durfde niet door mijn oude buurt te lopen, want iemand zou me kunnen herkennen. Wel zwierf ik rond bij de Kohlmarkt, langs papa's oude restaurant, langs het gebouw waar ik voor het eerst naar de radio had geluisterd, het apparaat dat nu werd gebruikt om mijn wereld kapot te maken. Ik zocht naar een gevoel van nostalgie, maar op dat moment kon ik alleen maar woedend zijn op Wenen. Hier, in mijn eigen stad, was ik een opgejaagde vluchteling geworden. Als ik werd gezien door iemand die me kende, zou ik verraden kunnen worden. Als ik niet naar de mensen ging die me kenden, zou ik verhongeren.

De volgende dag zag ik Pepi in het park. Hij had de spullen bij zich die mijn moeder voor me had achtergelaten: een koffer met zes zomerjurken en een klein leren pakje met juwelen, waaronder mijn vaders gouden horlogeketting. Hij gaf me het lommerdbriefje dat mijn moeder had ontvangen toen ze haar bontjas verpandde.

'Moeten we elkaar hier zien?' vroeg ik. 'Ik dacht dat we naar jouw huis zouden gaan.'

'Nee, dat kan niet,' antwoordde hij. 'Mama maakt altijd een lunch voor me klaar en 's middags moet ik slapen, anders ben ik nergens toe in staat. We spreken aan het eind van de dag af en dan kunnen we hier samen eten.'

Hij wilde me omhelzen. Ik deinsde achteruit.

'Heb je dan helemaal geen gevoel?' riep ik uit. 'Ik had verwacht dat ik bij jou zou kunnen blijven, snap je dat dan niet? Waarom denk je dat ik de Gestapo heb getrotseerd en een vluchteling ben geworden? Om te kunnen eten in het park?'

Hij wilde iets gaan zeggen, maar ik sloeg hem in zijn gezicht.

'Veertien maanden lang ben ik zo eenzaam geweest, zo wanhopig. De gedachte aan jou was het enige dat me op de been hield! Waarom heb je er niet voor gezorgd dat je met me alleen kon zijn? Hou je soms van een ander?'

'Nee,' fluisterde hij hees. 'Nee!'

Geschrokken van mijn heftige uitval trok hij me tegen zich aan. Keurige Weense ariërs keken ons afkeurend aan, geshockeerd dat we elkaar in het openbaar kusten.

'Ik vind wel een plek,' zei hij.

Ik ging naar Maria Niederall op het Achter Vervoerbedrijf in de Malvengasse in het Tweede Arrondissement. Een assistente, Käthe, herkende mijn naam. 'Het is Edith, Frau Doktor!' riep ze. 'Mina's vriendin.'

Er kwam een lange vrouw met donkere ogen uit een achterkamer. Ze nam me van hoofd tot voeten op en grijnsde breed. 'Kom binnen,' zei ze. 'Käthe, breng koffie en broodjes.'

Frau Doktor was niet mooi, maar o, wat had ze een stijl! Ze kleedde zich sportief, even elegant als Dietrich, ze had lange vingernagels, lange benen, en kastanjebruin haar dat haar gezicht golvend omlijstte. Ze droeg gouden oorbellen en een speciale onderscheiding in de vorm van een swastika op haar borst, ten teken dat ze al aan het begin van de jaren '30 lid was geworden van de nazi-partij. Ze was getrouwd met een advocaat die wél de titel had gehaald die mij was ontzegd. Ze was de vrouw van de Doktor, en dus Frau Doktor. Terwijl ik at, zat ze naar me te kijken, en ze zag hoe uitgehongerd ik was en dat mijn kapotte handen beefden van de zenuwen. 'Zo te zien ben je hard aan vakantie toe,' luidde haar conclusie.

'Ik had gehoopt dat ik een paar dagen bij mijn vriend kon blijven, maar zijn moeder wil me niet binnenlaten.'

'En hij doet wat ze zegt?'

'In alle opzichten.'

'Is hij een man?'

'Hij is advocaat en wetenschapper.'

'Nou, dat verklaart zijn dociliteit. Heb je met hem geslapen?'

'Ja.'

'Dan behoort hij jou toe, niet zijn moeder. Käthe, breng eens wat van die zoete cake.'

Ik at elke kruimel op en veegde met mijn pink het laatste likje glazuur van het met bloemen bedrukte bord.

'Käthe heeft een oom in Hainburg met een grote boerderij – er is veel te eten en frisse lucht. Ik zal ervoor zorgen dat je een week bij hem kunt logeren, dan kun je weer op krachten komen.'

'Maar Frau Doktor, hoe moet ik dan reizen? Ze houden zo vaak razzia's in de trein. Dan vinden ze me.'

'Je reist 's avonds. Je krijgt een lidmaatschapskaart van de partij met je foto erop voor het geval er een controle wordt gehouden. Maar dat gebeurt heus niet, geloof me. Neem nog wat koffie.'

'Ik had gehoopt dat u iets van Mina had gehoord.'

'Niets,' zei Frau Doktor. Opeens glinsterden er tranen in haar ogen en ze knipperde ze weg. 'Ik had haar kunnen helpen, weet je. Ze had in Oostenrijk moeten blijven.'

'Ze wilde bij haar familie zijn,' legde ik uit. 'Als ik bij mijn moeder had kunnen zijn, zou ik ook mee zijn gegaan.'

Ze nam mijn handen in de hare. 'Wat zijn je handen ruw,' zei ze, en ze smeerde een zoet geurende crème op de gebarsten en eeltige handpalmen. Het gevoel van haar sterke vingers op mijn polsen, de geur van de crème – het was zo'n verfijnde luxe, zo beschaafd. 'Hou deze crème maar en smeer je handen er twee keer per dag mee in. Voor je het weet, voel je je weer helemaal vrouw.'

Tot Jultschi's onuitsprekelijke opluchting nam ik de volgende avond de trein naar Hainburg, een prachtige streek niet ver van de Tsjechische grens, bekend om zijn bijzondere vogels, de mistige wouden en de welvarende boerderijen. De papieren die Frau Doktor me had gegeven zaten in mijn tas, maar ik vertrouwde ze niet. Kaarsrecht zat ik op mijn bank. In stilte repeteerde ik wat ik zou zeggen als de Gestapo me zou vinden.

Ik heb het geld voor het treinkaartje bij elkaar gespaard van mijn loon in Osterburg. De kaart van de nazi-partij heb ik in de trein uit Aschersleben van een volslagen vreemde gestolen, en ik heb er mijn eigen foto op geplakt. Ik heb geen familie of vrienden meer in Wenen. Ze zijn allemaal weg. Niemand heeft me geholpen. Niemand heeft me geholpen. Niemand.

Midden in deze angstige dagdroom kwam ik aan in een sprookje van de gebroeders Grimm, verlicht door een zachtgele zomerse maan. Käthes joviale oom wachtte me met een paard en wagen op. Hij was dik en harig en vriendelijk, net als zijn paard. De oom was verteld dat ik last had van mijn darmen en frisse lucht en gezond eten nodig had om te herstellen. Terwijl het paard door de straatjes van het pittoreske stadje klepperde, somde hij op welke heerlijkheden zijn vrouw allemaal voor me zou klaarmaken. Varkenskarbonade en geroosterde kippen, knoedels en sauerbraten, ingelegde komkommer en aardappelsalade.

'Het lijkt me erg lekker,' mompelde ik met een gevoel van misselijkheid.

Ik sliep in een groot bed onder een donzen dekbed. Op de commode was een klein altaar gemaakt – verse bloemen en kleine nazi-vlaggetjes rond een ingelijst portret van Adolf Hitler. De Führer keek naar me als ik sliep.

Aan de ontbijttafel werd ik kotsmisselijk bij het zien van de eieren met spek en het brood en de geur van de pap. Ik rende met ingehouden adem naar buiten. Later nam de robuuste boer mij en zijn andere gasten mee voor een rijtoer door de prachtige omgeving. De andere gasten op de boerderij – een man, zijn vrouw en hun twee blonde kinderen – kwamen uit Linz en ze hielden vakantie in het kader van Hitlers programma 'Kracht Door Vreugde', dat de mensen aanmoedigde om het hele Reich te verkennen. Onze gastheer had een overvloedige picknick voor ons.

Ik knabbelde op een stukje brood terwijl ik diep ademhaalde. Zorg dat je weer op krachten komt, dacht ik bij mezelf. Zorg dat je je gezondheid terugkrijgt. Grijp deze kans aan.

De boer begon een verhandeling over de Führer. Wat een geweldige man was dat! Hield van kleine kinderen, een groot kunstliefhebber! Wat lag er vanwege zijn bezielende leiderschap een schitterende toekomst voor ons in het verschiet! *Lebensraum* – ruimte om adem te halen, ruimte om uit te dijen. De groene velden van Rusland, de 'lege' vlaktes van Polen. Hadden we het filmpje gezien van Hitler die in triomf door Parijs marcheerde? Wat een prachtige tijd voor Oostenrijk, eindelijk herenigd met zijn Duitse broeders, eindelijk verheven tot de wereldheerschappij die de duivelse joden het land met list en bedrog hadden afgepakt.

Hij hief zijn bierglas. 'Op de gezondheid van de Führer! Heil Hitler!' In koor riepen ze allemaal dezelfde groet, daar bij de kabbelende beek tussen de schitterende bossen en fluitende vogels, genietend van een rijk maal, even tevreden als katten in het zonnetje. 'Heil Hitler!'

Ik rende naar de bosjes en kokhalsde zonder dat ik er iets aan kon doen. 'Arm kind,' hoorde ik de nazi-boer achter me fluisteren. 'Een vriendin van mijn nicht Käthe. Zo ziek als een hond. Iets met haar ingewanden.'

In minder dan een week was ik terug in Wenen. De boerin pakte brood en ham en kaas en *Stollen* voor me in. Ik legde het hele pakket op Jultschi's tafel. Klein Otti knabbelde met zijn eerste tandjes op het gebak. Dat schonk me in elk geval nog plezier.

Ik sprak met Christl af in een café. Ze was knapper en sterker dan ooit, maar twee zorgelijke rimpels verstrakten haar mond. Nog steeds verborg ze Bertschi waar ze maar kon. Een aantal jongens die haar en haar zus het hof hadden gemaakt, waren in de oorlog verdwenen.

'Herinner je je Anton Rieder, de jongen die diplomaat wilde worden?'

'Nee. Zeg het niet. Nee.'

'Hij is omgekomen in Frankrijk.'

Ik huilde om Anton. Misschien hadden we elkaar kunnen redden.

Christl maakte zich zorgen om haar vader, die bij de Wehrmacht zat en als ingenieur aan het Russische front werkte. 'De radio maakt de Russen belachelijk,' zei ze. 'Elke dag krijgen we te horen hoe minderwaardig ze zijn, dat het bolsjewisme de mensen heeft uitgehongerd en stom heeft gemaakt. Maar mijn moeder was een Russin, en zij droeg de pijn van haar ziekte als Athena. Ik denk dat we veel meer van de Russen te duchten hebben dan de Führer weet.' Ze sloeg haar armen om me heen. 'Wat ga je nu doen?'

'Ik weet het niet. Ik denk dat ik naar Polen moet gaan.'

'Hou contact met die Frau Niederall,' zei Christl. 'Ze heeft de juiste connecties. Omdat ze de partij al vanaf het begin heeft gesteund, heeft ze als beloning het bedrijf van de familie Achter gekregen – zij zijn tenminste zo verstandig geweest om het land zo snel mogelijk te verlaten. Jij jammer genoeg niet, briljante vriendin.'

Ze gaf me een speelse por. Ik lachte niet. Zoals Jultschi had gezegd, dit was geen tijd voor grappen.

Frau Niederall zat aan haar glimmend gepoetste eetkamertafel en schonk echte koffie uit een sierlijke porseleinen pot.

'Ik heb gezien hoe je at toen je de eerste keer bij me kwam, dus ik dacht dat je zou smullen van het eten op de boerderij. Maar ik heb gehoord dat je nauwelijks een hap door je keel kon krijgen.'

'Het spijt me. Ik wil niet ondankbaar lijken.'

'Volgens mij ben je gewoon ziek. Onder normale omstandigheden zou ik je naar het ziekenhuis sturen. Vertel me eens, had jij een oom die Ignatz Hoffman heette, een arts in Floritzdorf?'

'Ja. Hij heeft zelfmoord gepleegd.'

'Ik kende hem,' vertelde ze. 'Als klein meisje woonde ik in die streek. Ik ben een keer heel erg ziek geweest en je oom heeft mijn leven gered. Na zijn dood had zijn vrouw hulp nodig om haar spullen het land uit te krijgen.'

'Aha! Dus u was degene...'

Ik boog me naar haar toe, nieuwsgierig naar wie ze was, waarom ze een nazi was geworden.

'Ik ben als jong meisje voor Doktor Niederall gaan werken. Mijn steno was niet zo best, maar in andere dingen was ik wel heel goed. Hij huurde een appartementje voor me en daar woonde ik. Eigenlijk is dat het enige wat de meeste mannen willen, Edith, ze willen een vrouw die op ze wacht, in een gezellig huis, met een lekker maal en een warm bed. Jarenlang ben ik zijn publieke geheim geweest. Hij haatte zijn vrouw, en zij haatte hem, maar hij kon niet van haar scheiden omdat het volgens de katholieke wetten in ons godvrezende land verboden is.

De nazi's zeiden dat ze de echtscheidingswetten zouden veranderen. Dus werd ik lid van de partij. En ze hebben me beloond voor mijn steun. Eindelijk ben ik Frau Doktor. Het is te laat voor kinderen, jammer genoeg, maar het is niet te laat om te genieten van het respect dat ik als getrouwde vrouw geniet.'

Is het niet verbijsterend dat een zo bijzondere vrouw zich bij monsters aansluit alleen maar om een trouwring te bemachtigen?

Christl gaf me te eten. Ik sliep achter in haar winkel. 's Nachts kwam de bewaker langs met zijn lamp, en dan verstopte ik me achter een muur van dozen, te bang om adem te halen. Als ze me vinden, dacht ik, sturen ze mijn vriendin naar een concentratiekamp. Ik moet een andere oplossing vinden.

Op straat kwam ik oom Felix Roemer tegen. Hij liep langs me heen, en ik langs hem, waarna ik me omdraaide en hem volgde naar een steegje. De Gestapo was bij hem thuis geweest en had zijn papieren willen zien, maar hij had gezegd dat hij die niet had omdat hij naar Zuid-Afrika wilde emigreren en ze daarheen had gestuurd. Wonder boven wonder geloofden ze hem. Niet alle SS'ers waren zo briljant als kolonel Eichman, weet je.

Ik bleef maar één nacht bij oom Felix. Het was te gevaarlijk om langer te blijven. Als de buren zagen dat er een jong meisje bij een oude man logeerde, gingen ze misschien vragen stellen. In het donker luisterde ik naar de raspende ademhaling van de oude man. Als we worden betrapt, dacht ik, sturen ze hem naar een concentratiekamp. Dat overleeft hij nooit. Ik moet ergens anders naartoe.

Mijn moeder had me geschreven dat mijn nicht Selma, de dochter van mijn vaders oudste broer Isidore, was ingedeeld bij een transport. Toen haar vriend dat hoorde, liep hij weg uit het *Arbeitslager* in Steyr en ging terug naar Wenen, zodat hij samen met haar naar Polen kon gaan.

Dat verhaal inspireerde me. 'Ga met me mee naar Polen,' zei ik tegen Pepi. 'Dan zijn we in elk geval samen.'

Hij stemde niet toe, maar hij gebruikte het idee wel om zijn moeder te bedreigen, en met succes. 'Edith moet ergens wonen,' zei hij tegen haar. 'Als je ons niet helpt, ga ik samen met haar naar het oosten.'

Geschrokken gaf ze hem de sleutel van een andere flat in hetzelfde gebouw, van mensen die met vakantie waren. Daar sliep ik een paar nachten, maar ik kon me er niet wassen, ik kon niet naar de wc en ik kon geen licht aandoen – mensen zouden denken dat er inbrekers waren en de politie bellen. Ik geloof dat ik me er zelfs nooit heb uitgekleed. 's Ochtends kwam Anna. Ze wenkte me naar de deur, keek angstvallig om zich heen en duwde me dan naar buiten. 'Ga,' zei ze dan. 'Ga snel weg.'

Ik was een wrak.

Ik zwalkte als een zwerver door de straten, in een trance van zorgen. Waar zou ik die nacht slapen? Waar was mama? Als ik het opgaf en naar Polen ging, zou ik haar dan wel kunnen vinden? Waar moest ik die nacht slapen? Ik was zo afwezig dat ik bijna werd overreden door een jonge man op een fiets. Hij kon me nog net ontwijken.

'Kijk toch uit waar je loopt!'

'Het spijt me.'

Hij glimlachte. Ik herinner me hem als klein en pezig, en hij droeg een korte broek. 'Ach, er is niets gebeurd,' zei hij. 'Maar nu ik je leven heb gespaard, mag ik wel een eindje met je oplopen.' Ik was als de dood voor hem, maar dat wist hij niet. Hij bleef maar babbelen. 'Die verdomde nazi's hebben Wenen kapotgemaakt met al hun controle-posten en wegblokkades en zo. Als je het mij vraagt, zouden we veel beter af zijn geweest met Von Schuschnigg, waar hij nu ook is, maar als je zegt dat ik dat heb gezegd, ontken ik het. Kom op, laten we er-gens iets gaan drinken. Wat vind je ervan?'

'Bedankt, maar ik moet gaan. Reuze bedankt...'

'Ach, toe nou, een halfuurtje maar.'

'Nee, echt.'

Hij keek gekwetst en misschien een beetje boos. De schrik sloeg me om het hart. Ik ging dus toch mee en hij praatte honderduit. Uitein-delijk liet hij me gaan.

'Hier, een aandenken,' zei hij, en hij gaf me een klein Antonius-kruis. Ik kreeg tranen in mijn ogen. 'O, toe nou, niet huilen, het is toch geen huwelijksaanzoek, alleen een talisman.'

Ik heb dat kruisje mijn hele leven bewaard.

Om me echt goed te kunnen wassen ging ik op 'vrouwendag' naar Amalienbad, het badhuis in een zijstraat van de Favoritenstrasse in het Tiende Arrondissement. Dat was een arbeidersbuurt waar de kans dat iemand me kende erg klein was. Het badhuis was ver bij het cen-trum vandaan, bedoeld voor de vele Weners die thuis wel een wc had-den maar geen bad. Er stonden geen bewakers bij de deur. Er waren geen bordjes met verboden voor joden. Niemand stelde vragen, nie-mand vroeg om mijn papieren.

Ik waste me in het ondiepe bad, zeepte mijn haar in en spoelde het uit onder de straal. Ik bleef nog een tijdje zitten in de dichte mist van het stoombad en voelde me zo veilig dat ik zelfs indommelde.

Opeens voelde ik een hand op mijn schouder. Ik schrok vreselijk en wilde al een kreet slaken.

'Ssst. Ik ben het. Herken je me niet?' Het was een groot, zwaarge-bouwd meisje met een brede grijns en een beslagen bril.

Het was Lily Kramer, onze culturele aanvoerster in het *Arbeitslager* van Aschersleben. Ik was zo blij om haar te zien dat ik haar omhelsde en niet meer los wilde laten. Lily vertelde dat haar vader naar Nieuw-Zeeland was gevlucht, en dat ze zelf ondergedoken zat bij haar vroegere gouvernante, die in deze buurt woonde.

'Hoe hou je al die spanningen vol?' vroeg ik.

Ik verwachtte haar gebruikelijke cynisme. In plaats daarvan kreeg ik Schiller. '"De mens is sterker dan U had gedacht",' citeerde ze de markies de Posa, de rol die ze in *Don Carlos* had gespeeld. '"En hij zal de ketenen van langdurige bloedbaden verbreken en zijn geheiligde rechten opeisen". Daar geloof ik in, Edith. Ik geloof dat de wereld in opstand zal komen tegen deze tiran en Hitler naar de hel zal sturen.'

Tot op de dag van vandaag weet ik niet of Lily de oorlog heeft overleefd. Ik moet wel zeggen dat ik op dat moment geen enkele reden zag om haar optimisme te delen.

'Vind een kamer voor me,' zei ik die avond in het park tegen Pepi.

'Er zijn geen kamers te vinden,' protesteerde hij.

'De jongeman met de beste connecties in heel Wenen, de advocaat-zonder-portefeuille voor iedereen die officiële correspondentie nodig heeft, kan geen kamer vinden voor zijn oude vriendin?'

'Waarom ben je niet in Hainburg gebleven? Ze waren bereid om je te laten blijven, maar jij – '

'Omdat ik al die nazi-praat niet kon aanhoren! Mijn moeder komt misschien wel om van de honger in een getto in Polen, en al mijn vriendinnen zijn verdwenen – misschien zijn ze wel dood, God verhoede het! Mina en Trude en Berta en Lucy en Anneliese en Frau Crohn en Käthe en – '

'Sst, mijn liefste, mijn kleine muis, stil, niet huilen.'

'Zeg tegen je moeder dat ze bij haar man moet gaan wonen, bij Herr Hofer in Ybbs, en laat mij bij jou wonen!'

'Ze is bang dat ze mij zullen vinden als zij verhuist,' zei hij. 'Je hebt geen idee hoe het hier is. Ze laten me niet werken omdat ik joods ben. Maar als ik op straat kom, begrijpen ze niet waarom ik niet werk en denken ze dat ik een deserteur ben. Ik heb als schoorsteenveger gewerkt omdat ik me dan schuil kon houden in de schoorstenen en mijn gezicht zwart zou zijn van het roet, en toch herkende iemand me, dus moest ik weer verdwijnen. Ik heb geprobeerd om boekbinden te leren, maar ik heb geen aanleg voor dat soort artistieke dingen. Ik durf nauwelijks op straat te komen uit angst dat iemand die me kent zich afvraagt waarom ik nog steeds hier ben en me aangeeft. Iedereen is bang, Edith. Je begrijpt niet wat het kan betekenen om contact te hebben met iemand zoals jij, iemand die door de Gestapo wordt gezocht.'

Hij zag er in het maanlicht bleek en kaal en fragiel uit – als een kind, niet als een man. Ik had medelijden met hem. Ik was zo moe en zo wanhopig. Voor hem was ik teruggekomen naar Wenen, omdat ik er diep in mijn hart zeker van was dat hij me weer zou willen als hij me zou zien, wat hij ook had geschreven, en dat we voor de rest van de oorlog samen onder zouden duiken. Maar het was een ijdele en domme hoop geweest. Mijn hele leven had gedraaid om mijn liefde voor Pepi Rosenfeld, en de nazi's hadden onze relatie kapotgemaakt. Door hen was hij bang voor me.

De hele maand juli zwierf ik door de straten. Ik zat in de bioscoop, gewoon om in het donker te kunnen zitten en uit te rusten. Op een dag zag ik in een *Wochenschau* – het bioscoopjournaal – joden die een kamp binnen werden gedreven. 'Deze mensen zijn moordenaars,' zei de commentaarstem. 'Moordenaars die eindelijk hun verdiende straf krijgen.' Ik rende de bioscoop uit. Het was bloedheet buiten. Ik liep en liep langs de tramrails. Iemand riep me, hartelijk en verbaasd. 'Fräulein Hahn!'

'Nee,' zei ik. 'Nee.'

Ik keek zelfs niet om naar degene die me had geroepen. Ik schoot de tram in, ging zitten en reed mee, zonder te weten waarheen.

Ik klopte op Jultschi's deur. Ze liet me binnen, maar ze huilde. 'Ik heb een kind, Edith,' zei ze. 'Ik heb papieren voor hem aangevraagd. Ze komen controleren wie hier nog meer woont. Alsjeblieft. Je moet een andere oplossing zien te vinden.'

Weer sliep ik in Christls winkel. Ook logeerde ik een paar nachten bij Herr Weiss, een oude vriend van mijn moeder. Ik ging naar Jultschi's vader, vroeger een aanzienlijk man, een bon-vivant, altijd bezig met zaken. Nu betaalde hij iemand een fortuin om in een piepklein kamertje onder te mogen duiken. Hij kon me niet helpen.

Leopold Hahn,
mijn vader.

Klothilde Hahn,
mijn moeder.

Het kuuroord in Badgastein. Van links naar rechts: mijn nicht Jultschi, een hotelgast, ikzelf, nog een hotelgast, mijn zus Mimi, mijn kleine zusje Hansi.

Pepi strikt zijn schoenveter als hij in 1939 bij me op bezoek is in Stockerau.

Deze foto, tijdens hetzelfde bezoek genomen, is de enige waar Pepi en ik samen op staan. Hij kwam me opzoeken toen ik mijn grootvader verzorgde nadat hij een beroerte had gehad.

Mijn studentenlegitimatie van de Universiteit van Wenen, 1933.

Deze foto is genomen
toen ik negentien was.

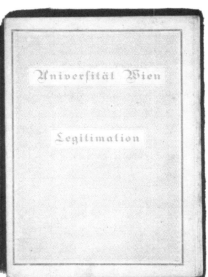

Pepi in 1937,
vierentwintig jaar oud.

Na de Duitse bezetting
van Oostenrijk – de
Anschluss van 1938 –
kregen alle joden een
nieuw legitimatiebewijs.
Mannen kregen de
tweede voornaam Israël.
Vrouwen kregen de
tweede voornaam Sara.

Mijn nieuwe
paspoort. Het
voelde vreemd
– het was
dezelfde foto,
maar ik had er
een nieuwe
naam bij, Sara.

Het bevel tot uitzetting dat
mama en mij uit ons huis
verjoeg. Hierna woonden
we in het Weense getto.

De kwekerij in Osterburg. Dit waren een paar collega's van me, gebogen over de aspergebedden.

Het dochtertje van onze opzichter, Ulrike Fleschner, toen een jaar of vier oud, met een nazi-vlag in haar hand.

Herr Fleschner, de opzichter, links op de foto, in een wit overhemd. Naast hem staan Frau Telscher, een van mijn kamergenoten in Osterburg, en Pierre, een Franse krijgsgevangene die door de Duitsers Franz werd genoemd. De manden zijn voor asperges.

Dit zijn brieven die Pepi en ik uitwisselden om Engels te oefenen toen ik in het werkkamp zat. Hij corrigeerde mij, maar ik corrigeerde hem nooit. Het sprak vanzelf dat ik de leerling was en hij de leraar.

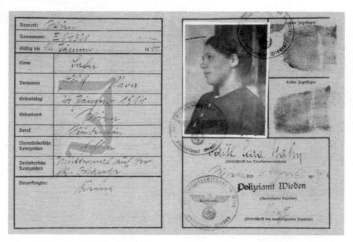

De nazi's eisten dat het linkeroor zichtbaar moest zijn op alle pasfoto's. Ik gebruikte deze, die Pepi in 1939 van me maakte, omdat het de minst herkenbare was die ik had. In het archief van de Gestapo zat een kopie.

De laatste briefjes die mama aan Pepi schreef voor ze werd gedeporteerd. 'Ik krijg geen toestemming om achter te blijven,' schreef ze. 'Ik moet vertrekken... Zeg alsjeblieft tegen Edith... God zij met ons.'

In deze brief schreef ik Pepi dat Mina Katz en ik hadden gesmuld van de snoepjes die hij me had gestuurd, en dat mijn quota was verhoogd naar 35.000 dozen per dag.

Liebe Edith!

Ich komme eben aus der Prinz-Eugenstrasse, habe keinen Auf-
schub mehr bekommen und muss noch heute in die Schule. Es ist
blödsinnig, jetzt habe ich Herzweh, weil ich doch damit gerechnet
habe, dass ich noch ein paar Tage draussen bleiben kann. Nun, kann
man nichts machen. Die Schule und Schnee schaufeln ist ja nicht das
Ärgste, wenn nur der Transport nicht ginge. Ich glaube aber schon,
dass er gehen wird, schon weil ich Unglücksrabe dabei bin, ist ja
nichts anderes möglich. Schreibe weiter an Tante, ich werde sicher
mit ihr irgendwie in Verbindung bleiben.Sei aber vorsichtig, nachdem
Du ja jetzt im Heim bist und die Briefe nicht desinfiziert werden.
Jemand anderer soll das Kuvert schreiben und sie wird die Briefe
vorsichtig öffnen.
        Bei Deiner l. Mama war ich zweimal umsonst, gestern traf
ich sie zufällig in der Stadtbahn und sie sagte mir, ich soll be-
vor ich einrücke zu ihr kommen, weil sie mir was mitgeben will.
Ich nehme dankend an und gehe jetzt gleich zu ihr, denn in der
Schule kann man alles brauchen. Sie ist sehr brav. Auch Lieserls
Vater besuche ich über seinen Wunsch noch heute, mit einem Wort,
ich lebe von schnorren.
        Sei nicht traurig, mein liebes Mädel, es besteht ja noch
immer die Möglichkeit, dass noch alles gut wird, also wollen wir
die Hoffnung nicht aufgeben. Du musst recht rasch ganz gesund
werden, Aschersleben nicht zu schwer nehmen und vor allem, mich
recht lieb behalten. Ja, willst Du. Natürlich schreibe ich wenn
ich kann, wenn Du aber keine Post von mir hast, sei versichert,
ich denke an Dich.
        Ich küsse Dich recht herzlich,
                                        Deine
                                              Mina

De laatste brief die Mina me schreef voordat ze werd gedeporteerd. Ze
gebruikte geheimtaal. 'Prinz-Eugenstrasse' stond voor het hoofdkwartier
van de Gestapo in Wenen. Met 'tante' bedoelde ze Frau Doktor Maria
Niederall, die me zo enorm heeft geholpen.

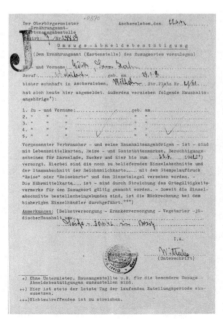

Mijn joodse bonkaart, die ik
had moeten gebruiken toen
ik uit Aschersleben terugkwam
in Wenen, maar dat heb ik
nooit gedaan.

Ik had de lila blouse van mijn vriendin Christl Denner geleend voor deze foto, die ik Pepi in 1940 cadeau deed, vlak voordat ik tewerk werd gesteld in het *Arbeitslager*, het werkkamp. Toen Pepi in 1977 overleed, stond deze foto nog steeds op zijn bureau.

Christl Denner-Beran, mijn lieve vriendin, die in 1992 is overleden. Ze gaf me haar legitimatiebewijs en heeft daarmee mijn leven gered. Christl draagt een jurk die mijn moeder voor haar had gemaakt.

Maria Niederall heeft me deze foto van haarzelf gegeven. Ik had hem bij me in Brandenburg.

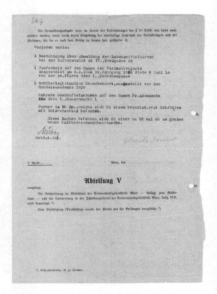

Met dit formulier vroeg Christl nieuwe papieren aan nadat ze de politie had verteld dat ze al haar bescheiden per ongeluk in de Donau had laten vallen.

De trouwakte van Werner Vetter en 'Margarethe Denner'. Let op het 'bewijs' dat we allebei 'van Duitsen bloed' waren (*'deutschblütig'*). De geboorte van onze dochter staat erop vermeld, en in juli 1945 werd mijn echte naam genoteerd.

Werner Vetter
voor de oorlog...

... en nadat hij in
september 1944 was
opgeroepen voor de
Wehrmacht.

Het geboortekaartje dat Werner ontwierp en met de hand beschilderde na de geboorte van onze dochter, Angela ('Angelika'), in april 1944. Dit kaartje werd aan Pepi gestuurd met een korte tekst op de achterkant: 'Er is een ster uit de hemel gevallen...'

In de zomer van 1944 maakte Werner deze foto van mij achter Angela's kinderwagen. Bärbl, Werners vier jaar oude dochtertje uit zijn eerste huwelijk, loopt naast me.

Werner wist deze brief aan mij uit het Siberische gevangenenkamp te smokkelen, verborgen in de voering van een koffertje met brillen. Het werd gebracht door een man die het bij me naar binnen gooide en spoorslags weer verdween.

Angela was in 1947 drie jaar oud toen deze foto door Werner werd genomen, na zijn terugkeer.

Mijn legitimatiebewijs toen ik als rechter in Brandenburg werkte. 'OPFER DES FASCHISMUS' betekent 'Slachtoffer van het fascisme'.

In 1948 kreeg ik dit legitimatiebewijs, met het valse adres dat ik nodig had voor onze vlucht naar Engeland. Hoewel ik maandenlang de huur heb betaald, hebben we er voorafgaand aan ons vertrek maar een paar weken gewoond.

Deze foto van Christl Denner-Beran en mij werd in 1985 genomen op de Israëlische ambassade in Wenen, waar Christl werd onderscheiden voor haar heldenmoed. Tevens kreeg ze toestemming om een boom te planten in de Tuin van de Rechtschapen Christenen van Yad Vashem in Jeruzalem.

David Harrison

Edith Hahn-Beer en haar dochter Angela Schlüter in 1998.

Ik klopte aan bij mijn oude vriendin Elfi Westermeyer. Haar moeder deed open. Ze had me vroeger vaak gezien toen Elfi en ik allebei lid waren van de Socialistische Mittleschülerbund.

'Goedemiddag, Frau We –'

'Ga weg.'

'Ik wil Elfi graag even spreken.'

'Ga weg.'

'Een minuutje maar –'

'Als je ooit weer contact probeert te zoeken met Elfi, bel ik de politie.'

Ze smeet de deur dicht. Ik rende weg.

Aan de achterkant van het centrum waar Liesel Brust me de bonnen gaf die me in leven hielden, kwam ik Hermi Schwarz tegen, het meisje dat samen met mij de treinreis uit Aschersleben had gemaakt.

'Ik hou het niet langer vol,' snikte ze. 'Niemand wil me. Ze zijn allemaal bang. En ik ben zo bang dat anderen door mijn schuld iets overkomt. Morgen ga ik naar school. Misschien vind ik in Polen een beter leven.'

Ik stapte in de tram en ging bij het raam zitten. Wanhoop maakte zich van me meester. Ik begon te huilen en kon niet meer ophouden. Aardige Oostenrijkers kwamen me troosten. 'Arm kind. Ze heeft vast haar verloofde verloren in de oorlog,' zeiden ze. Ze waren oprecht met me begaan.

Het was nu bijna zes weken geleden dat ik in Wenen was ondergedoken. Ik had iedereen die ik kende om hulp gevraagd, en hoewel ik vast nog wel op hulp zou kunnen rekenen, voelde ik me er niet langer prettig bij omdat ik wist dat ik de mensen die zo lief voor me waren in gevaar bracht. Ik had geen werk kunnen vinden en geen kamer. Net als Hermi was ik aan het eind van mijn Latijn. Ik besloot nog een laatste bezoek te brengen aan Frau Doktor, nog een laatste kop koffie te drinken, haar te bedanken voor haar hulp, en met het eerste het beste transport naar het oosten te gaan.

'Ik kom afscheid nemen,' kondigde ik aan.

Frau Doktor gaf geen antwoord. Ze pakte de telefoon.

'Hansl,' zei ze, 'er is een meisje bij me dat al haar papieren kwijt is. Zou jij haar kunnen helpen?'

Het antwoord was duidelijk bevestigend, want ze zei tegen me dat ik onmiddellijk naar de Fleischmangasse nummer 19 in het Vierde Arrondissement moest gaan. 'Vertel hem de waarheid,' droeg ze me op. Ik ging direct, zonder dat er verder nog woorden werden gewisseld.

Er hing een bord op de deur. JOHANN PLATTNER, SIPPENFORSCHER – KANTOOR VOOR RASSENVRAAGSTUKKEN.

In die tijd waren veel mensen op zoek naar een *Sippenbuch*, een boekje met de stamboom van je ouders en grootouders van beide kanten, om te bewijzen dat je al drie generaties ariër was. Hierbij hadden ze de hulp nodig van een *Sippenforscher*, een expert op het gebied van rassenkwesties. Daar had Frau Dokter me heen gestuurd.

Mijn hemel, dacht ik, ik ben verraden. Maar in gedachten hoorde ik Mina's stem. 'Ga naar tante. Je kunt haar vertrouwen.'

Plattners zoon bracht me naar het kantoor. Toen ik hem zag, kromp mijn hart ineen in mijn borst. Hij droeg een bruin nazi-uniform met een swastika om zijn arm.

'U mag van geluk spreken dat u me thuis treft,' zei hij. 'Morgen ga ik terug naar Noord-Afrika. Zo, vertelt u me nu eens precies hoe de vork in de steel zit.'

Er was geen terug. Ik vertelde het hem. Precies.

'Hebt u goede arische vriendinnen?'

'Ja.'

'Kies een vriendin die op u lijkt, iemand met ongeveer dezelfde kleur haar en ogen, een vrouw van uw leeftijd. Vraag haar naar het distributiekantoor te gaan en aan te kondigen dat ze van plan is om met vakantie te gaan. Ze zullen haar een certificaat geven dat haar tijdens haar vakantie recht geeft op voedsel, waar ze ook is. Dan moet ze vijf dagen wachten. Vervolgens gaat ze naar de politie en ze vertelt dat ze tijdens haar vakantie is gaan roeien in de Donau en dat haar tas in het water is gevallen, met al haar papieren erin, ook haar bonkaarten, en naar de bodem is gezonken. Laat haar precies dit verhaal vertellen. Zeg niet dat er brand is geweest, of dat de hond op de papieren heeft gekauwd, want dan zullen ze naar de restjes vragen. Alleen de rivier kan het geheim bewaren. De politie zal haar een duplicaat geven. Kunt u dit allemaal onthouden, Fräulein?'

'Ja.'

'Uw vriendin moet u vervolgens haar originele bonkaart geven, haar geboortecertificaat en haar doopbewijs. U neemt haar naam aan, en met haar papieren vertrekt u onmiddellijk uit Wenen en u gaat elders in het Reich wonen.

Vraag onder geen beding – ik herhaal, onder geen beding – ooit een *Kleiderkarte* aan, een bonkaart voor kleding. Er wordt een landelijk archief van bijgehouden, en als u zo'n kaart aanvraagt zullen de autoriteiten direct weten dat iemand met dezelfde identiteit er al een heeft.

Koop een abonnement, een *Streckenkarte,* voor de trein – uw foto komt erop en het is een erkend legitimatiebewijs.

Zet de persoonsgegevens van uw vriendin op die kaart, dan bent u gedekt.'

'Ja, meneer,' hijgde ik. 'Bedankt, meneer.'

'Nog één ding,' voegde hij eraan toe. 'We hebben in het Reich een tekort aan arbeidskrachten, maar dat zult u gezien uw achtergrond al wel begrepen hebben. Binnenkort worden alle vrouwen opgeroepen om aan het werk te gaan. Dat kan voor u een probleem zijn, omdat uw vriendin zich ook moet melden. U moet dus gaan werken voor het Rode Kruis, want dat is de enige organisatie die niet onder de registratieplicht valt.'

Hij draaide zich om. Het gesprek was voorbij. Ik had nooit van mijn leven zo ingespannen ergens naar geluisterd. Elk woord stond in mijn geheugen gegrift.

Hij wenste me geen geluk. Hij vroeg niet om geld. Hij nam geen afscheid. Ik heb hem nooit meer gezien.

Hij heeft mijn leven gered.

Pepi maakte een afspraak met Christl. Hij voerde het woord en deed Plattners plan uit de doeken. Christl aarzelde geen seconde.

'Natuurlijk mag je mijn papieren hebben,' zei ze. 'Ik zal morgen die vakantiekaart aanvragen.'

En dat was het.

Begrijp je wat er gebeurd zou zijn als iemand had ontdekt wat Christl Denner deed om mij te helpen? Ze zou naar een concentratiekamp zijn gestuurd. Het had haar dood kunnen betekenen. Vergeet dat niet. Onthoud hoe grif ze toestemde, zonder een spoortje twijfel of angst.

Frau Niederall nodigde me uit voor een etentje met een aantal leraren, leden van de nazi-bureaucratie, voornamelijk mensen die betrokken waren bij de distributie van de bonkaarten. Opzettelijk bracht ze het onderwerp van de voedseldistributie ter sprake, zodat ik zou horen hoe het systeem in elkaar zat, welke valkuilen er waren ingebouwd.

Christl zorgde dat ze een bruin kleurtje kreeg op een terrasje, zodat ze eruitzag alsof ze had gezeild. Er dansten een paar sproeten over haar neus. Op 30 juli 1942 meldde ze bij de politie dat ze met vakantie was geweest en al haar papieren in de rivier was kwijtgeraakt. Ze gaven haar onmiddellijk duplicaten. En uiteraard nodigde de politieman haar uit voor een kop koffie. Ze ging, en uiteraard wilde hij haar nog een keer zien, maar ze vertelde hem het verhaal over de dappere matroos op verre zeeën, of misschien over die dappere dokter in het Afrika Korps, of wat dan ook.

Ze gaf mij haar originele papieren – haar doopbewijs, haar bonkaart voor de vakantie. Daarna gingen zij en Elsa op bezoek bij hun vader in Osnabrück. Ik moest Wenen onmiddellijk verlaten, maar ik wist niet waar ik naartoe moest. Ik kende Duitsland niet, afgezien van de stadjes Aschersleben en Osterburg. Ik was zo bang dat er niet één enkel idee bij me op wilde komen.

Ik ging naar de bioscoop om na te denken.

In het journaal lieten ze beelden zien van Goebbels die de 'Grote Duitse Kunsttentoonstelling van 1942' opende, in een nieuw, laag en lelijk gebouw in München dat Hitler prachtig vond, Das Haus der Deutschen Kunst. Er klonk luide marsmuziek terwijl verschillende kunstwerken de revue passeerden. Er was een angstaanjagend schilderij van de strijd aan het Russische front, met Duitse soldaten die over de steppes kropen, de vlammen en de chaos van de strijd tegemoet. Er was een buste van Hitler van Pagels, gebeeldhouwd in de stijl waar de nazi's zo dol op waren, waarbij alles wat naar menselijkheid zweemt werd vervormd door een uitdrukking van felheid en verbeten vastberadenheid. Ik zag Ernst Krauses groepsportret van de leden van de *Leibstandarte SS* Adolf Hitler, mannen die waren onderscheiden met het IJzeren Kruis of het Ridderkruis. De meest verafschuwde mannen in Europa waren geschilderd als knappe filmsterren, met roem overladen alsof ze als onoverwinnelijke helden streden voor een rechtvaardige zaak. Er was ook zo'n afzichtelijk reliëf van Arno Breker, *De Rechter*, met een grimmig kijkende Germaanse wreker die op het punt staat zijn zwaard te trekken.

Maar ook... ook waren er twee beelden van wit marmer, *Mutter mit Kind* van Josef Thorak, een moeder met een baby aan de borst, en *Die Woge* – De Golf – van Fritz Klimsch, een languit liggende vrouw, steunend op een arm, één knie gebogen, haar hand erop.

Ik keek naar dat beeld en er gebeurde iets met me. Hoe kan ik het je uitleggen? Het was een soort openbaring. De Golf spoelde over me heen. Ik hoorde het beeld tegen me praten. '*Komm, Edith, komm zu mir.*' De stem van De Golf riep me als die van mijn moeder, en in die stem hoorde ik liefde, geborgenheid, vriendelijkheid, een zegen. Het was uiteraard een fantasie, maar het is echt gebeurd, ik zweer het je – het gebeurde op het moment van mijn grootste angst en verwarring, voordat ik iemand anders zou gaan worden. Het witte beeld vertelde me over vrede en vrijheid en de belofte van een toekomst. Ik had het gevoel dat ze elk moment van het doek zou kunnen komen, dat haar marmeren huid warm en zacht zou worden, en dat ze me zou omhelzen en tegen me zou zeggen dat ik veilig zou zijn.

'Ik heb besloten om naar München te gaan,' zei ik tegen Frau Doktor.

Nooit van mijn leven was ik zo zeker geweest van een beslissing.

Ik kocht de *Münchner Nachrichten*, een grote plaatselijke krant. Bij de advertenties met kamers te huur bood een vrouw in de kleine voorstad Deisenhofen een kamer aan, in ruil voor naai- en verstelwerk. Beter kan het niet, dacht ik. Het is een teken dat München de juiste keus was.

Frau Doktor verkocht mijn moeders jas van Perzisch lamsbont en gaf mij het geld. Ik liet de juwelen bij haar achter, niet als betaling – zoiets zou bij ons geen van beiden ooit zijn opgekomen – maar om ze veilig te stellen. Ik omhelsde haar onstuimig en zegende haar met heel mijn hart.

Bij mijn nicht Jultschi haalde ik de koffer met de zes zomerjurken die mama voor me had gemaakt, en de schoenen, het ondergoed en de nachthemden die ze voor me had achtergelaten. Ik kuste mijn arme nicht, had evenveel medelijden met haar als zij met mij, en ik knuffelde haar schat van een zoontje.

Ik ging naar Pepi's huis. Anna was thuis, dolblij dat ik ging vertrekken. Ze vertelde me dat een nicht van haar toevallig net die ochtend was vertrokken op een vakantiereisje door het Reich met het 'Kracht door Vreugde'-programma, en dat ze haar cake en worstjes had meegegeven. Ik zat daar stilletjes op Pepi te wachten en ze bood me nog geen broodje voor onderweg aan.

Eindelijk kwam hij. Hij had een cadeau voor me. Het was een dichtbundel van Goethe die hij zelf had ingebonden – nogal onbeholpen – in een blauwe kaft. Diep verstopt in de kaft zat mijn echte legitimatie, de papieren waar op stond dat ik Edith Hahn was, een joodse inwoonster van Wenen. Ook zat er een afschrift bij van mijn cijferlijst van de universiteit, en de beoordeling van mijn laatste scriptie.

'Op een dag heb je ze misschien nodig,' fluisterde hij, 'om te bewijzen dat je in je vorige leven een briljante rechtenstudente was.'

Hij bracht me naar het station en zette me op de nachttrein naar München. Hij gaf me geen afscheidskus. De tijd voor kussen was voorbij.

Er werd in de trein geen razzia gehouden, de papieren van de reizigers werden niet door de politie gecontroleerd. Ik mocht van geluk spreken – geen razzia in de trein uit het *Arbeitslager*, toen ik gearresteerd had kunnen worden omdat ik de ster niet droeg; geen razzia in de trein naar Hainburg, toen ik gearresteerd had kunnen worden omdat ik überhaupt in de trein zat; en geen razzia in de trein naar München, toen ik voor het eerst papieren bij me had op naam van Christina Maria Margarethe Denner, twintig jaar oud, een arische christen. De hele nacht zat ik samen met andere mensen in een coupé, ik trok mijn jas over me heen en maakte me zo klein mogelijk, zodat niemand me op zou merken, wie ik nu ook was.

Tijdens die lange en vreselijke rit naar München slikte ik eindelijk de bittere pil van Pepi's afwijzing en ik vergiftigde mezelf ermee. Ik vermoordde de persoon die ik sinds mijn geboorte was geweest en werd van vlinder weer een rups. Die nacht leerde ik het opzoeken van schaduwen en het belang van zwijgen.

De volgende ochtend stond ik op het station en keek ik naar de Duitsers. Ze maakten een welvarende indruk – gezond, roze, goed doorvoed. Overal zag je armbanden met swastika's en portretten van Hitler. Rood met zwart en witte vlaggen wapperden van de daken en aan de muren en er klonk marsmuziek. Er waren zoveel knappe, lachende vrouwen, zoveel zelfverzekerde soldaten met onderscheidingen. Je kon alle mogelijk soorten bloemen en wijn kopen, en allerlei lekkere hapjes. Het was een vakantieoord, München, vol met blije en gelukkige mensen.

Nu ben ik net Dante, dacht ik bij mezelf. Ik loop door de hel, maar ik verbrand niet.

hoofdstuk 8

Redder in de nood

In feite was ik niet naar de hel gereisd maar naar een hoekje van de hemel, naar het kleine stadje Deisenhofen vlak buiten München en het gezellige huis van Herr en Frau Gerl. Toen ze de deur opendeed, slaakte ze een kreet. Ik begreep wel waarom ze zo schrok. Ze zag een klein, mager, doodmoe meisje met angstige ogen en een trillende stem, te nerveus om zonder hakkelen haar eigen naam te zeggen.

'Margare...the... D-D-Denner. Maar iedereen noemt me eh... eh... Grete.'

'Weet je wat ik denk?' zei ze. 'Dat jij meteen naar bed moet, en dan breng ik je koffie met koek. Doe wat ik zeg, kruip erin.'

Elke keer als ik 's avonds naar bed ga in mijn appartement in Netanya, voelt het een beetje zoals in bed worden gestopt door Frau Gerl, die eerste ochtend na de treinreis naar München. Eindelijk veilig, voldoende beschermd om je ogen te sluiten en in slaap te vallen.

Frau Gerl was een geestige, fantasierijke vrouw, verpleegster van beroep. Haar man werkte voor de rechtbank, geloof ik. Ze had hem net zo ontmoet als mij – via een advertentie in de krant. Ze hadden een zoontje van een jaar of vier. Als protestanten in een katholieke stad leefden ze een beetje geïsoleerd van hun buren. Dat kwam me heel goed uit.

In plaats van huur te betalen, deed ik drie dagen per week naaiwerk voor Frau Gerl. Ik maakte rokken uit oude kamerjassen van haar man, vermaakte zijn overhemden zodat ze haar pasten, ik maakte pakjes voor haar zoontje, verstelde de lakens. Ik vertelde haar dat mijn moeder was overleden en mijn vader was hertrouwd met een jonge vrouw, niet meer dan een paar jaar ouder dan ik, en dat zijn nieuwe vrouw mij haatte en mijn leven in Wenen zo ellendig maakte dat ik was gevlucht en me als vrijwilligster had aangemeld bij het Rode Kruis. Ze geloofde me. Ze noemde me haar *Dennerlein*. Haar enige regel was dat ik geen herenbezoek mocht ontvangen. Ik vond het allang best.

'Voor de oorlog,' vertelde ze me, 'werkte ik voor een joodse advocaat, ik verpleegde zijn moeder. Op een gegeven moment mocht ik van de regering niet langer voor ze werken. De oude dame huilde toen ik wegging. Kort daarna werd de advocaat gearresteerd, en ik ook.'

We zaten in haar zonnige keuken. Ik was aan het naaien. Zij maakte aardappelpuree.

'Ze beschuldigden me ervan dat ik een verhouding had gehad met mijn werkgever. "Waar verstopt hij zijn goud?" vroegen ze me. "Hoe moet ik dat nou weten," zei ik, "zie ik er soms uit als een mijnwerker?" "U was hun dienstbode! U moet het hebben gezien!" "Ik was hun verpleegster," zei ik, "ik heb ondersteken gezien."'

Ze lachte boven de pan met puree.

'Toen ik in de gevangenis zat, brachten ze mijn werkgever naar me toe,' vervolgde Frau Gerl. 'Ach, die arme man, ze hadden hem zo toegetakeld. En weet je wat hij deed, Grete? Hij viel voor me op zijn knieën en smeekte me om vergeving omdat ik door mijn contact met zijn familie in dat vreselijke oord terecht was gekomen.'

'Wat is er met hem gebeurd?' Ik durfde het nauwelijks te vragen.

'Weg,' zei ze. 'Verdwenen. De hele familie.'

Die eerste weken zat ik in Frau Gerls keuken in Deisenhofen en ik hoorde de meest ongelofelijke verhalen.

'Die SS'ers zijn vaak heel knap – het volmaakte ras, weet je – maar iedereen is bang voor ze, dus niemand wil bevriend met ze zijn, en ze zijn erg eenzaam.'

Ik zuchtte meewarig – ach, die arme SS'ers!

'Nou, de regering kreeg medelijden met ze, en ze hebben de meisjes van de Hitler Jugend overgehaald om met hen te slapen en raszuivere kinderen te krijgen. Die worden opgevoed in kinderhuizen van de regering, alsof het dennenboompjes zijn!'

Ik barstte in lachen uit. 'Dat kan toch niet waar zijn! Het is vast en zeker propaganda.'

'Ze noemen het *Lebensborn*,' vertelde ze terwijl ze handig deeg uitrolde. 'Als je naar München gaat, kun je hun kantoor met eigen ogen zien.'

In augustus 1942 heerste er een vrolijke stemming in de stad München, want de Duitsers wonnen de oorlog. Het was een bruisende, dansende stad waar vakantiegangers zich massaal verdrongen op plaatsen van historisch belang, zoals de bierhal waar Hitler in november 1923 zijn *Putsch* tegen de Beierse autoriteiten had bekokstoofd, en het Huis van de Duitse Kunst, waar mijn 'magische' beeld te vinden was.

Ik liep door de drukke straten, weggekropen in mijn kleren, maar heel erg nieuwsgierig. Er waren tentoonstellingen, opera's, concerten. Ik zag SS-mannen uit de Baltische staten. Ze spraken geen woord Duits maar droegen toch dat uniform. Wat zou er gebeuren met de joden uit Vilna, de stad die mijn vader het Jeruzalem van Europa had genoemd, nu er dat soort mensen aan de macht waren? Ik zag Russische krijgsgevangenen die zwaar werk deden in de bouw, bewaakt door een Duitser met een geweer, hun kleren met een rode cirkel gemerkt.

Ik zag een joodse man van middelbare leeftijd met een ster op zijn jas de straat schrobben. Mijn hart kromp ineen. Kon ik hem maar even aanraken, iets tegen hem zeggen. Ik liep langs hem en durfde zelfs niet naar hem te kijken. En toen stond ik onverwacht voor het kantoor van het *Lebensborn*-programma, precies zoals Frau Gerl had gezegd.

Afgezien van mijn vermogen om onopgemerkt te blijven, een aanleg die ik na de Dollfuss-moord in Wenen had ontdekt, kon ik me nu in een extra vermomming hullen die Grete heette. Ze was stil, verlegen, heel jong en onervaren, zonder ambities, en ze had geen mening, geen plannen. Ze deed geen moeite om mensen te ontmoeten maar was altijd bereid om beleefd en behulpzaam te zijn.

Soms trok dat meisje de aandacht van jonge Duitse soldaten die met verlof in München waren, eenzaam, zonder iemand om mee te praten, en dan knoopten ze een gesprek aan en stelden ze voor om ergens iets te gaan drinken.

Ik wist nog hoe Christl met de Gestapo was omgegaan en nam de uitnodigingen aan. Eerlijk gezegd was het me in de eerste plaats om een bord eten te doen. Ik leefde van het geld dat Frau Doktor voor mama's bontjas had ontvangen, maar dat raakte snel op. Elk broodje en elk stuk koek hielp.

Meestal wilden die jongens over zichzelf praten. Ze vonden me aardig omdat ik zo goed kon luisteren. Uiteraard vertelde ik ze niets over mezelf. Dat bleek verbazend makkelijk te zijn. Mensen wilden in die tijd niet te veel weten. Ze hadden hun eigen gedachten en geheimen en problemen. Het was per slot van rekening oorlog. Als een jonge soldaat me nog een keer wilde zien, stemde ik toe, we maakten een afspraak en dan kwam ik niet opdagen. Ze zijn me nooit komen zoeken, want ze hadden geen idee waar ze moesten beginnen.

In die tijd riep het Rode Kruis me op voor een gesprek. Ik moest naar het grote, dure huis van een chique vrouw. Ze droeg een jurk van bruin fluweel. Haar terras keek uit op de Isar-rivier. Een foto van Hitler hing in haar salon en ze droeg een diamanten swastika aan een kettinkje om haar nek. Ze vroeg me naar mijn achtergrond.

Pepi had zoveel mogelijk gegevens over Christls grootouders verzameld, en ik had alles uit mijn hoofd geleerd, zodat ik elk detail kon opdreunen. Mijn grootvader van vaderskant was in die en die stad geboren, had daar op school gezeten, had er dat werk gedaan. Mijn grootvader van moederskant was plotseling overleden aan die en die ziekte, was lid geweest van deze kerk, had dat bedrijf opgericht. De enige leemte in mijn kennis vormde de ouders van mijn – Christls – moeder. Er waren weliswaar arische papieren gevonden voor de grootvader van moederskant, maar voor zijn vrouw waren die er nog niet. Maar aangezien mijn – Christls – moeder dood was en haar vader officier was geweest in het Duitse leger, maakte de vrouw er geen punt van.

'Wat weet je geweldig veel van je voorvaderen, Grete. Ik ben onder de indruk. De meeste mensen die ik spreek weten lang niet zoveel.'

Mijn maag kromp samen. Stommeling! berispte ik mezelf. Je wist te veel. Zo verraad je jezelf nog door te veel te weten. Pas op!

Ze zei dat ik over een paar weken aan het werk zou kunnen.

Geleidelijk leerde ik beter met mijn vermomming om te gaan. Ik bewoog als een stofdeeltje – onzichtbaar en toch elk moment kwetsbaar.

Ik ging naar de opera, *La Bohème*. Ik geloof dat Trude Eipperle de rol van Mimì zong. Een soldaat vroeg me of hij mocht zeggen dat ik zijn bruid was, omdat militaire paren niet in de rij hoefden te staan voor kaartjes. Vanzelfsprekend stemde ik toe. We kregen meteen kaartjes. Na afloop nam hij me mee naar een drukbezocht restaurant. Hij had vast en zeker een hoge rang, want toen er een serveerster langskwam met twee volle borden eten die voor andere mensen waren bestemd, pakte hij ze haar uit handen en zette ze op onze tafel, zonder dat iemand protesteerde.

Frau Gerl besloot een jurk voor me te kopen. Ze had een paar extra punten op haar *Kleiderkarte* – de bonkaart voor textiel en kleding – en omdat ik had verteld dat ik al mijn bonnen had gebruikt (ik durfde geen kleren te kopen, gewaarschuwd als ik was door Johann Plattner), gaf ze mij haar punten. Ze nam me mee naar een winkel waar ze traditionele dirndl verkochten, in die tijd een populaire stijl, want het herinnerde aan de Noord-Europese traditie waar het nazi-regime mee dweepte. Ik weet nog precies hoe die jurk eruitzag. Hij was rood, en er hoorden een witte bloes en een jasje bij. Frau Gerl stond achter me; ik kon haar in de spiegel zien. Wat was ze verrukt over de pasvorm, de coupe, de stijl! Opeens herinnerde ik me mijn moeder die op dezelfde manier lachte, ik dacht aan het meetlint om haar nek en haar zilveren vingerhoed en glinsterende ogen.

'Grete? Voel je je niet goed?'

Ik knikte en herstelde me snel.

De eigenaresse van de winkel moet aangestoken zijn geraakt door Frau Gerls enthousiasme, want ze verkocht ons die jurk voor minder punten dan ze had kunnen vragen.

Ik droeg die jurk toen de Gerls me meenamen naar een biertuin waar het cabaret van Weiss Ferdl optrad. Het was er bomvol met Duitsers die een avondje uit waren met vrienden of familie, en iedereen was uitgelaten over de *Blitzkrieg*; ze waren welvarend, genoten van hun nieuwe woningen en nieuwe bedrijven, zo goedkoop bemachtigd – hoe en van wie vroegen ze zich niet eens af.

'De nazi's zijn zulke aardige, hartelijke mensen!' riep de cabaretier. 'Ik heb gehoord dat ze zelf niet meer in bad gaan en de badkuip laten gebruiken door hun ganzen, zodat de ganzen prachtig wit en schoon en dik zijn als ze voor het kerstdiner worden geslacht!'

Die cabaretier verdween al snel.

28 Augustus 1942. Een vrijdag, bloedheet. Ik herinner me de datum omdat het Goethes geboortedag was. In het Maximilianaeum, een beroemde galerie in München, zat ik op een bankje voor een weelderig goudkleurig landschap, waarschijnlijk zo'n schilderij van Schmid-Fichteberg of Herman Urban waar de nazi's weg van waren omdat Duitsland als een paradijs werd afgebeeld. Ik probeerde te zien wat zij zagen, om aan hun land te denken in die felle en heldhaftige tinten geel en oranje, en mijn herinnering aan de dodelijk vermoeide meisjes die achter een uitgemergelde Fransman door de modder kropen uit te wissen.

Er kwam een lange man naast me zitten. Hij had dun, zijdeachtig blond haar, helder blauwe ogen en een smalle, harde mond – op en top een ariër. Hij droeg gewone kleren met een swastika-speldje op zijn revers, het teken dat hij lid was van de nazi-partij. Zijn handen waren sterk en schoon, de handen van een ambachtsman. Hij keek op me neer en glimlachte.

'Het landschap voor ons is een perfect voorbeeld van de Beierse Heimat-stijl,' zei hij. 'Maar dat wist u natuurlijk al.'

'Nee, dat wist ik niet.'

'Nou, met deze stijl vereert de schilder het vaderland. De boeren zijn altijd gezond en sterk, de velden en de koeien zijn altijd vol en dik, en het weer is altijd mooi.' Hij keek naar mijn handen, zoekend naar een trouwring die er niet was. 'Net als u, Fräulein...'

Ik gaf geen antwoord, en schoof een eindje bij hem vandaan om duidelijk te maken dat ik geen belangstelling voor hem had. Hij liet zich er totaal niet door uit het veld slaan.

'Ik werk in Brandenburg-Havel,' vertelde hij. 'We hebben daar alle mogelijke soorten boeren, maar geen enkele boer is ooit zo knap en robuust als die op dit schilderij. Zou iemand zich soms door zijn fantasie hebben laten meeslepen?'

Ik denk dat ik erom moest glimlachen.

'Onze Führer, weet u, is dol op kunst. Elk jaar koopt hij wel twee- of driehonderd schilderijen. Als een van je schilderijen in het Huis van de Duitse Kunst tentoon wordt gesteld, ben je op slag beroemd. Het helpt natuurlijk ook als je oom in de directie van Krupp zit of je moeder thee drinkt met Frau Goebbels.'

'Bent u kunstschilder?'

'Ja.'

'Echt waar? Is dat uw beroep?'

'Ik werk als opzichter op de spuitafdeling van de Arado-vliegtuigfabriek. Ik ben opgeleid als kunstschilder, en dat zou ik ook het liefst willen doen. Hebt u gehoord dat de Führer Sepp Hilz uit eigen zak geld heeft gegeven om een atelier in te richten? En Gerhardinger is op bevel van de Führer hoogleraar geworden. Van een doodgewone kunstschilder tot hoogleraar aan de universiteit, van de ene dag op de andere.'

'Dat wist ik allemaal niet.'

'Zullen we door het museum lopen?'

'Goed.' Hij was zoveel groter dan ik dat ik hem bijna niet kon bijhouden. Hij praatte en praatte maar.

'Persoonlijk houd ik van klassieke kunst. De Führer heeft een voorkeur voor negentiende-eeuwse Oostenrijks-Beierse schilders zoals Spitzweg en Grützner. Zelf ben ik een groot liefhebber van Angelika Kauffmann.'

'Eh... wie?'

'Ze was een achttiende-eeuws genie, en ook nog mooi, als je haar zelfportret tenminste mag geloven. Door Klopstock raakte ze geïnteresseerd in de Duitse geschiedenis, en ze schilderde taferelen met Hermanns overwinningen als onderwerp.' Zijn gezicht was geanimeerd. Zijn ogen twinkelden. 'Er is een schilderij van haar van Hermann die terugkeert naar het Teutoburger Woud. De knappe vrouw die op hem heeft gewacht terwijl hij tegen de Romeinen vocht komt hem tegemoet en de dorpsmeisjes dansen. Ik ben weg van dat schilderij.'

Hij stak zijn hand uit. 'Mijn naam is Werner Vetter.'

'Ik ben Grete Denner.'

'Mag ik u uitnodigen voor de lunch?'

'Als u belooft dat u van die interessante verhalen over schilders blijft vertellen.'

En dat deed hij. Deze Werner Vetter kwam uit Wuppertal in het Rijnland, niet ver van Düsseldorf. Hij wist heel veel van kunst, veel meer dan ik, en ik was onder de indruk van zijn kennis. Hij was voor een vakantie van twee weken in München. Er was nog een week over.

Hij vroeg me mijn bonnen bij te dragen (hij is de enige man die me dat ooit heeft gevraagd) en bestelde broodjes. Werner sneed zijn broodje met mes en vork en at het als een schnitzel. Hij zag me staren. 'Mijn tante Paula heeft me geleerd dat ik nooit met mijn handen mag eten,' legde hij uit. 'Ik was toen een jaar of twaalf, maar sommige dingen vergeet je nooit.'

Hij zag er zo schattig en excentriek uit, een grote man die met zulke verfijnde manieren dat broodje at, dat ik hem eigenlijk heel leuk vond. Aan de andere kant was hij lid van de partij. Aan de andere kant had hij zo'n innemende glimlach. Aan de andere kant kon hij wel een SS'er in burger zijn. Aan de andere kant wist hij zoveel van kunst...

'Max Lieberman was ook een groot schilder.' Hij nam een slok bier. 'Jammer dat hij joods was.'

We spraken de volgende dag opnieuw af. Het was de eerste keer dat ik een Duitser voor de tweede keer ontmoette. Uiteindelijk brachten we de rest van zijn vakantie samen door.

Als ik bedenk welk risico ik nam – hij had weet ik veel wie kunnen zijn! – ben ik stomverbaasd, zelfs nu nog. Maar ik vond Werner aardig, weet je. Hij was gezellig en onderhoudend. Hij praatte graag, zodat ik niet zoveel hoefde te zeggen. Verder was hij typerend voor de Duitsers om me heen: de Führer toegedaan, hij geloofde in de totale militaire overwinning, beschouwde de Russen als voetvegen en was precies op de hoogte van de laatste roddels over Goebbels en zijn maîtresses. In die week met Werner leerde ik wat ik moest weten om voor een Duitse door te gaan en niet door de mand te vallen. Het was Gretes stage.

Afgezien daarvan was er natuurlijk ook nog het feit dat hij me weer liet voelen dat ik een vrouw was; hij hield deuren voor me open en hielp me elke avond bij het instappen van de trein. Ik had het gevoel dat ik in een van die Heimat-schilderijen terecht was gekomen, dat ik goud en oranje werd, net als die geïdealiseerde graanvelden. Het was een vreemd gevoel, onwerkelijk. De ene maand ben je een uitgehongerd, opgejaagd, ongewenst blok aan ieders been. De volgende maand ben je een Duits meisje op vakantie en maakt de koning van de Vikings je complimenten en probeert hij je over te halen om niet de laatste trein voor de verduistering naar Deisenhofen te nemen, zodat je bij hem kunt blijven slapen.

Hij nam me mee naar Nymphenburg, de zomerresidentie van de Wittelsbachs, de vroegere heersers van Beieren. We slenterden door de uitgestrekte tuinen, langs de barokke paviljoens. We bewonderen vitrines met porseleinen figuurtjes – zeventiende-eeuwse jonkers met golvende pruiken en schoenen met gouden gespen, elegante artiesten in de kostuums van de *commedia dell'arte*.

Werner stak overal de draak mee. Hij had de voor de arbeidersklasse typerende verachting voor de aristocratie. Hij maakte mensen aan het lachen door op een clowneske manier hovelingen uit te beelden. Hij tilde me op sokkels zodat ik een cherubijn na kon doen of het wapen van de Wittelsbachs aan kon raken. Ik durfde niet aan mijn moeder te denken, die waarschijnlijk in een of ander getto zwoegde als dienstmeid of naaister. Ik probeerde me erop te concentreren dat ik Grete was, een arische toeriste, en het gevoel te krijgen dat ik het volste recht had op mijn 'vakantie'. Maar als er een politieman langskwam, raakte ik in paniek en dook ik snel weg achter mijn lange metgezel.

We gingen naar de Engelse tuinen, met de eindeloze gazons. Hij ging in de late namiddagzon in het gras liggen, zijn hoofd op mijn knieën.

'Ik heb drie broers,' vertelde hij. 'Robert en Gert vechten aan het front. Mijn andere broer heeft het zichzelf makkelijk gemaakt; hij werkt voor de partij en zit op zijn krent. Gert heeft een schattig dochtertje, Bärbl, mijn favoriete nichtje.'

We kochten een lappenpop voor Bärbl, met gele vlechten en een geborduurde mond. We gingen bier drinken. Werner sloeg zijn bier altijd achterover, ik nam kleine slokjes. Hij vond het enorm amusant, de manier waarop ik bier dronk. In stilte nam ik me voor om bier te leren drinken zoals de Beierse meisjes.

'Mijn vader ging bij ons weg toen ik klein was,' zei hij. 'En mijn moeder, ach, mijn moeder hield wat meer van bier dan jij. Daardoor waren we erg arm en wij, de jongens, erg wild. Mijn moeder verzorgde zichzelf wel, maar ons niet, en ons huis ook niet. Het was een stal. Ik vond het vreselijk.

Tante Paula, de zus van mijn moeder, kwam voor ons zorgen. Op een dag was mijn moeder buiten westen, en toen mijn tante onder het bed keek, zag ze al die stinkende lege flessen. Ze heeft ons gewoon bij de hand gepakt, mijn kleine broer Gert en mij, en ons mee naar haar huis genomen, in Berlijn.

Haar man heette Simon-Colani. Hij was joods, een hoogleraar

Sanskriet, een heel kleine man – je weet wel wat ik bedoel, zo'n echte geleerde. Hij vond kennelijk dat ik wel talent had, dus liet hij me naar de kunstacademie gaan om een vak te leren.'

Hij heeft joden in zijn familie, dacht ik. Hij ziet ons niet allemaal als monsters.

'Maar in de crisistijd betekenden een opleiding en talent nog niet dat je werk kreeg,' vervolgde Werner. 'Ik was platzak en ik heb een hele zomer lang in het bos moeten slapen. Ik was niet de enige, er waren een hele hoop jonge kerels die hun brood niet konden verdienen.' Zijn stem was zacht, rasperig. 'De nazi's zetten ons aan het werk als vrijwilligers, we kregen een huis en een uniform. Daardoor kreeg ik weer een beetje zelfrespect. Ik wilde terug naar tante Paula om haar en mijn oom te vertellen hoe goed het met me ging. En toen overleed hij.'

Ik slaakte een zachte kreet. Dit einde van het verhaal had ik niet verwacht.

'Dus ging ik naar de begrafenis.'

Ik stelde me die voor als de begrafenis van mijn vader, met de gebeden in het Hebreeuws, de zingende mannen, en dan komt die lange blonde neef in een nazi-uniform binnen stappen. Mijn adem stokte bij het idee.

'Heb je daardoor werk gekregen, zodat je niet hoeft te vechten?' vroeg ik. 'Omdat je lid bent geworden van de partij?'

'Nee, nee, dat komt omdat ik aan één oog blind ben. Ik heb een motorongeluk gehad. Er ontstond een barst in mijn schedel en daardoor scheurde de oogzenuw. Kijk maar eens goed, dan kun je het zien.' Hij leunde over het tafeltje naar voren om me zijn blinde oog te laten zien. Ik boog me naar voren. Hij leunde nog verder naar me toe. Ik keek beter. Hij kuste me.

Ik schrok omdat ik ervan genoot. Ik stond versteld van mezelf, en ik weet zeker dat ik bloosde. Werner lachte om mijn verlegenheid. 'Allemachtig, wat ben je een lief meisje.'

Werner en ik gingen naar de Frauenkirche, de Peterskirche, het zomerpaleis in Schleissheim. We gingen naar Garmisch Partenkirchen, een schitterend gebied waar we de hele dag in de heuvels wandelden en door beken waadden. Ik liet me door hem over hindernissen tillen. Omdat we alleen waren, zonder soldaten of politie in de buurt, kon ik me wat meer ontspannen, en dat was een groot gevaar, want ik zou mezelf kunnen worden als ik niet alert bleef. Vandaar dat ik elk woord, elke blik, censureerde. Dat beviel Werner kennelijk wel. Hij viel op de stille en bescheiden ik. Hij kende geen andere versie.

Elke middag zaten we met een hele menigte in een bepaald café om naar de radio te luisteren, het *Wehrmacht Bericht*, het nieuws over de oorlog en met name over de slag om Stalingrad die toen woedde. Hitler was Rusland in juni 1941 binnengevallen, en de Wehrmacht had de ene na de andere Russische stad veroverd. De laatste tijd hadden de Russen echter felle tegenaanvallen ingezet. En de winter kwam eraan. In dat volle café zag ik voor het eerst een glimpje bezorgdheid bij de Duitsers. Toen ik thuiskwam, lag er een brief van Frau Doktor, waarin ze schreef dat ze elke dag de mis bijwoonde en lange gebeden zei om de Wehrmacht bij Stalingrad te redden – en dat terwijl ze zo sterk tegen de kerk gekant was!

Werner maakte zich geen zorgen. 'Generaal Paulus is een militair genie,' zei hij. 'Binnenkort neemt hij de stad in, en dan kunnen onze jongens binnen slapen, lekker warm voor de winter.'

Ik liep op de derde tree van een monument om wat groter te zijn. Hij liep op de stoep naast me, zijn arm om mijn schouders. We kwamen bij het beeld van een naakte vrouw. Hij trok me erachter, uit het zicht, en kuste me hartstochtelijk. Zijn omhelzing was net een vloedgolf, hij was zo groot en sterk, en ik had het gevoel dat ik volkomen begraven en verborgen was. In mijn situatie was dat onmiskenbaar een troost voor me. Ik kon me in zijn schaduw verbergen. Hij was zo rad van tong dat ik weinig hoefde te zeggen. Ik voelde me beschermd bij Werner, alsof hij mijn vermomming vervolmaakte.

Onderweg naar het station besefte Werner dat hij zijn camera in het koffiehuis had laten liggen. Die camera was erg veel waard; je kon ze in die tijd niet eens kopen. Als we teruggingen om de camera te halen, zou ik mijn verbinding naar Deisenhofen missen en zouden we de nacht samen moeten doorbrengen. Daar was ik nog helemaal niet aan toe.

'Ga jij je camera maar halen,' zei ik. 'Ik kan best alleen naar huis.'

'Nee. Je bent hier met mij. Ik breng je thuis.'

'Maar het is belangrijker dat je – '

De boze glinstering in zijn oog maakte me bang.

'Spreek me niet tegen, Grete. Spreek me nooit tegen en vertel me nooit wat ik moet doen.'

Zowel galant als angstaanjagend – dat was de kern van Werner.

Na zijn terugkeer naar Brandenburg schreef hij me verschillende brieven, en hij stuurde me een kleine replica van een beeld dat *De Onschuldige van de Seine* heette. Ik overwoog hem handschoenen te sturen voor zijn verjaardag in september.

'Nee, nee, nee,' protesteerde Frau Gerl. 'Je moet hem een taart sturen.'

'Maar ik kan geen taart bakken.'

Ze glimlachte. 'Ik wel.'

Zo kwam het dat Werner Vetter in Brandenburg voor zijn verjaardag een taart kreeg van Grete Denner, een gebaar dat hij niet zou vergeten.

Mijn opleiding bij het Rode Kruis begon in oktober. De cursus duurde drie weken en vond plaats in een schitterend huis in het bos van Locham bij de stad Gräfelfing, waar leden van het bakkersgilde vakantie hielden. Het was een ouderwets gebouw van hout en pleisterwerk, en op het plafond van de eetzaal was het fantasievolle wapen van het gilde geschilderd. Het bos was net een hemel in de herfst. Zoveel dingen in Duitsland waren zo: een prachtige omgeving, bizar gedrag.

Ik sloot geen vriendschap met de andere vrouwen die voor het Rode Kruis werkten. Ik was teruggetrokken en deed wat ik moest doen. Ik zei 'Goedemorgen' en 'Goedenavond'. 's Ochtends leerden echte verpleegsters ons de basisbeginselen van de anatomie en demonstreerden ze het verbinden van wonden. 's Middags kwamen vrouwen van de Frauenschaft, de vrouwenafdeling van de nazi-partij, ons voorbereiden op onze ware missie: het opkrikken van het moreel van de gewonden en het verspreiden van propaganda over de Duitse onoverwinnelijkheid.

'Zorg ervoor dat elke soldaat die jullie verzorgen weet dat de kathedraal in Keulen nog overeind staat, ondanks de laffe Britse luchtaanval in mei,' zei de gezette, geüniformeerde instructrice. 'Jullie moeten ook iedereen vertellen dat het Rijnland niet wordt gebombardeerd. Is dat duidelijk?'

'Ja, mevrouw,' zeiden we in koor.

In werkelijkheid werd het Rijnland op hetzelfde moment verpletterd door geallieerde luchtaanvallen.

'Jullie worden hierbij allemaal uitgenodigd om deel te nemen aan de germanisering van Vartegau in bezet Polen, door je daar te vestigen en grote gezinnen te stichten. De voorwaarden zijn uitmuntend. Jullie krijgen land en meer dan voldoende goedkope arbeidskrachten. De Polen begrijpen inmiddels dat ze *Untermenschen* zijn en voorbestemd om voor Duitse bazen te werken.'

Ik dacht dat maar weinig meisjes dit serieus zouden nemen, maar het bleek dat duizenden Duitsers er wel degelijk heen gingen en genoten van hun tijd als veroveraars van de Vartegau. Later, na de Duitse capitulatie, kwamen ze met hangende pootjes terug, volkomen berooid, en waren er maar heel weinig landgenoten bereid hen te helpen.

Je vraagt je misschien af hoe het me lukte om dit soort praat aan te horen, 'morgen de wereld', terwijl ik ervoor was weggelopen in Hainburg. Het antwoord is domweg dat ik nergens meer naartoe kon. Te midden van een bevolking die compleet verkocht was aan monsterlijke ideeën, kroop ik steeds verder in mijn schulp en probeerde ik te leven naar het voorbeeld van Erich Kästner, de Duitse schrijver die ik altijd had bewonderd; zogenaamde 'innerlijke emigratie' was zijn behoud, zo sloeg hij zich door de nazi-jaren heen.

De ziel trekt zich terug in een bewuste stilte. Het lichaam blijft achter in de gekte.

'Onthoud goed,' zei de nazi-vrouw, 'dat de verpleegsters van het Rode Kruis Hitler heel dierbaar zijn. Hij houdt van jullie allemaal. En jullie moeten zijn liefde onvoorwaardelijk beantwoorden.'

Ze liet ons een speciale eed op de Führer afleggen. We staken onze armen in de lucht en zeiden: 'Heil Hitler!' Ik bad in stilte, zo snel als ik kon: Laat het beest Hitler vernietigd worden. Laat de Amerikanen en de RAF de nazi's tot stof bombarderen. Laat het Duitse leger doodvriezen bij Stalingrad. Laat mij hier niet vergeten worden. Laat iemand zich herinneren wie ik werkelijk ben.

De winter stond voor de deur, en ik wachtte nog op een aanstelling in een ziekenhuis. Het werd met de dag kouder, en ik besloot nog een laatste keer naar Wenen te gaan. Ik verlangde er zo wanhopig naar om met iemand te praten; ik had het nodig om de stilte die me insloot te verbreken, om een paar uur samen te zijn met mensen tegen wie ik eerlijk kon zijn.

Ik vertelde Frau Gerl dat ik naar Wenen moest om winterkleren te halen – ze zette geen vraagtekens bij deze uitleg – en stapte op de trein. Dit keer voelde ik me veiliger, want ik had een legitimatie van het Rode Kruis met mijn foto erop.

De ontvangst in Wenen brak mijn hart. Pepi leek zich geen raad te weten met mijn plotselinge komst; hij geneerde zich, wist niet meer wat hij met me moest doen. Jultschi's situatie was verslechterd. Ze had heel weinig werk. De joodse rantsoenen waren verlaagd. Kleine Otti was officieel een *Mischling*, dus nu kreeg hij helemaal geen melk meer, net als de andere joodse kinderen. Hij mocht niet naar school. Ik probeerde haar te vertellen over het Rode Kruis, Frau Gerl en München, maar ze wilde het niet horen.

'Ga terug,' zei ze. 'Ik wil je hier niet meer.'

Ik was van plan geweest om drie dagen bij haar te blijven, maar ik ging al na twee dagen terug naar Deisenhofen, gedesillusioneerd en verdrietig. Bij Frau Gerl lag er in de gang een telegram van Werner op me te wachten, met de boodschap dat hij de volgende ochtend in München aankwam en me per se wilde zien. Het is verbijsterend om te bedenken hoe grillig het lot kan zijn. Als ik drie dagen in Wenen was gebleven, zou ik niet op tijd terug zijn geweest om Werner te zien. Maar door toeval was ik wel op tijd – door stom toeval.

De volgende ochtend ging ik vroeg naar München. Op het station deed ik mijn hoed af, want ik was bang dat hij me in mijn winterkleren niet zou herkennen. Maar hij zag me direct. Hij begroette me met een uitroep, tilde me op in zijn armen, overdekte me met kussen en nam me mee naar het café in het Huis van de Duitse Kunst voor het ontbijt.

'Ik heb gisteren op mijn werk besloten dat ik je bij me moet hebben.' Hij kneep in mijn hand.

'Wat?'

'Je hebt me goed gehoord. Je moet mijn vrouw worden.'

'Wát?'

'Daarom ben ik gekomen. Ik heb mijn baas bij Arado verteld dat mijn moeders huis in het Rijnland was gebombardeerd en dat ik er naartoe moest om te zien of alles in orde was.'

'Werner! Voor zoiets kun je de gevangenis in gaan! Een smoes vertellen om te verzuimen!'

'Maar ze geloofden me. Kijk eens naar mijn gezicht.' Hij grijnsde. 'Iemand met zo'n gezicht moet je gewoon wel geloven. Nou, wil je met me trouwen?'

'We zitten midden in een oorlog! Het is niet goed om in oorlogstijd te trouwen.'

'Ik ben stapelverliefd op je! Ik kan je geen minuut uit mijn gedachten zetten. Ik zit in bad, ik denk aan je, en het water begint te koken.'

'O, Werner, hou daarmee op...'

'Ik wil je vader ontmoeten. Ik ga naar hem toe in Wenen. Hij vindt me vast geweldig, let maar op.'

Koortsachtig dacht ik na. Ik had gedacht dat ik een dagje samen zou zijn met een charmante man, als pleister op mijn gewonde ego. Dit had ik nooit verwacht! Wat moest ik doen? Werner was van plan om op de trein naar Wenen te springen en mijn vader om mijn hand te vragen. Waar moest ik een vader vandaan halen?

'Alsjeblieft, loop niet zo hard van stapel. Dit is niet verstandig; we kennen elkaar pas een paar dagen.'

'Voor mij is dat genoeg. Ik ben een man van de daad.'

'Maar waarom heb je me niet geschreven? Waarom heb je het risico genomen om te liegen tegen je baas?'

Hij leunde achterover op zijn stoel, zuchtte en liet zijn hoofd hangen. 'Omdat ik me schuldig voelde. Omdat ik tegen je heb gelogen door te zeggen dat ik vrijgezel ben. Ik ben getrouwd en bezig met echtscheiding, dat is de waarheid, en mijn nichtje Bärbl waar ik je over heb verteld – nou, ze is mijn dochter Bärbl. Ik vond dat ik naar je toe moest komen omdat ik in het begin niet eerlijk tegen je ben geweest, zodat ik je persoonlijk de waarheid kon vertellen. Ik hou van je, Grete. Je bent een bron van inspiratie voor me. Kom bij me wonen in Brandenburg. Zodra de scheiding officieel is, kunnen we trouwen.'

Ik morste koffie op tafel omdat mijn trillende handen het kopje niet stevig vast konden houden. Ik was doodsbang. Hij wilde me voorstellen aan zijn broer Robert en zijn schoonzus Gertrude en de beroemde tante Paula, hij wilde me voorstellen aan zijn vrienden – er kwam geen eind aan.

We gingen het museum binnen. Hij bleef maar aandringen terwijl we langs die kolossale nazi-schilderijen en beelden liepen, van Helmut Schaarschmidt en Hermann Eisenmenger en Conrad Hommel, portretten van Hitler en Göring, luchten vol vuur en adelaars, grimmig kijkende soldaten met stalen helmen, Arno Brekers stenen halfgoden, hun houding afgekeken van het Parthenon, zwaaiend met hun machtige zwaarden. Werner keek er niet eens naar. Hij hield mijn hand vast en praatte in mijn oor, vertelde me dat hij zo'n leuke flat had en dat hij zo'n goede baan had en dat hij me zo gelukkig zou maken. 'Denk eens aan het bad! Denk eens aan de bank! Denk aan de Volkswagen die ik voor ons allebei ga kopen.'

Het ging maar door, urenlang.

'De tijden zijn te onzeker,' protesteerde ik. 'Stel nou dat je naar het front wordt gestuurd en omkomt in de strijd?'

Werner lachte hartelijk. 'Ze sturen me nooit naar het front! Ik ben half blind.'

'Stel nou dat het Rode Kruis-ziekenhuis wordt gebombardeerd en ik word gedood?'

'Stel nou dat ze je naar een ander ziekenhuis sturen en de een of andere soldaat ziet je en wordt verliefd op je, net als ik, en dat ik je dan kwijtraak? Dat zou ik niet verdragen. Ik zou niet meer verder kunnen leven.'

'O Werner, hou daarmee op...'

'Vertel me eens over je vader.'

Hij was een jood in hart en nieren, en als hij wist dat ik met iemand zoals jij door een museum liep, zou hij me vermoorden en dan zelf nog een hartaanval krijgen en nog een keer doodgaan.

'Vertel me eens over je moeder.'

Ze is in Polen, waar jouw Führer haar naar toe heeft gestuurd.

'Vertel me eens over je zusjes.'

Die zijn in Palestina, waar ze samen met de Britten vechten om jullie leger in de pan te hakken, God sta ze bij.

'Je ooms, je tantes, je neven en nichten, je vroegere vriendjes.'

Weg. Misschien dood. Zo diep weggedoken voor jullie nazi-pest dat ze net zo goed dood kunnen zijn.

'Ik hou van je. Ik wil je voor mezelf.'

Nee, nee, laat me met rust. Ga weg. Er zijn te veel mensen die ik moet beschermen. Christl. Frau Doktor. Pepi. Jij.

'Jij!' riep ik uit. 'Ik kan niet met je samen zijn!'

Rassenschande, het schandaal van gemengde rassen – een misdaad.

'Waarom niet? In hemelsnaam, Grete, ben je met een ander verloofd? Heb je mijn hart gestolen zonder me dat te vertellen? Hoe kan dat nou?'

Hij keek gekwetst, verpletterd door het idee dat ik hem misschien niet wilde. Ik herkende zijn pijn omdat ik die zelf had gevoeld.

Ik sloeg mijn armen om hem heen. 'Ik kan niet met je trouwen omdat ik joods ben!' fluisterde ik hem heftig in zijn oor. 'Mijn papieren zijn vals! Mijn foto zit in het archief van de Gestapo in Wenen.'

Werner bleef als een zoutpilaar staan. Hij hield me op armlengte van zich af. Ik bungelde in zijn handen. Zijn gezicht kreeg een harde trek. Zijn ogen werden smalle spleetjes. Zijn mond verstrakte.

'Allemachtig, je hebt gelogen,' zei hij. 'Je hebt me een rad voor ogen gedraaid.'

Hij keek even grimmig en vastberaden als de SS'ers op Krauses schilderij.

Idioot, dacht ik. Je hebt je eigen doodvonnis getekend. Ik wachtte op het vallen van het zwaard van een van Brekers reuzen. In gedachten zag ik mijn eigen bloed op de marmeren vloer, hoorde ik het oorverdovende dreunen op Christls deur.

'Dan staan we nu quitte,' zei Werner. 'Ik heb tegen jou gelogen dat ik vrijgezel was, en jij hebt tegen mij gelogen dat je arisch was. Zand erover en laten we trouwen.' Hij nam me in zijn armen en kuste me.

Ik geloof dat ik toen een beetje hysterisch werd.

'Je bent gek! We kunnen niet samen zijn. Ze zullen er achter komen.'

'Hoe dan? Ga je soms nog iemand vertellen wie je werkelijk bent?'

'Hou op met die grapjes, Werner. Dit is menens. Het is misschien niet helemaal tot je doorgedrongen, maar je kunt de gevangenis in gaan omdat je met mij samen bent. Ze zullen mij en mijn vrienden ombrengen en jou naar een van hun vreselijke kampen sturen. Waarom ben je niet bang? Je moet toch bang zijn!'

Hij lachte. Ik stelde me hem voor bungelend aan een touw, net als de Fransman met het joodse vriendinnetje uit het *Arbeitslager*, en hij lachte en droeg me naar een zaal vol gouden landschappen.

Tot op de dag van vandaag begrijp ik niet hoe het kwam dat Werner zo moedig was terwijl zijn landgenoten zo laf waren.

'In werkelijkheid ben ik achtentwintig, geen eenentwintig,' zei ik.

'Mooi zo. Dat is een opluchting, want op je eenentwintigste ben je eigenlijk te jong om te trouwen.'

In een nis bleef hij staan, naast een buste van Hitler.

'Is al je eten net zo lekker als de taart die je voor mijn verjaardag had gebakken?'

Het moet de geest van mijn moeder zijn geweest, die als een engel aan me verscheen als ik praktisch advies nodig had en me nu vertelde dat ik ja moest zeggen.

Uiteraard was het een regelrechte leugen. Het zegt veel over Werner Vetter dat ik hem op het hoogtepunt van de nazi-macht kon vertellen dat ik joods was, maar dat het van cruciaal belang was om te liegen over mijn kookkunst.

'Ga terug naar Brandenburg,' fluisterde ik. 'Vergeet ons hele gesprek. Ik zal je aan geen enkele belofte houden.'

Hij ging wel terug naar Brandenburg, maar vergat het niet. Zijn besluit stond vast, en als Werner eenmaal een beslissing had genomen, kon niets of niemand hem weerhouden.

Je zult je afvragen of ik bang was dat hij me aan zou geven, bang was dat de Gestapo op Frau Gerls deur zou komen kloppen. Nee, daar was ik niet bang voor. Ik vertrouwde Werner. Vraag me niet waarom, want ik weet het niet. Misschien omdat ik werkelijk geen enkele keus had.

Hij stuurde me verschillende telegrammen om me te laten weten dat hij alles voor mijn komst had geregeld en dat ik kon logeren bij de vrouw van een vriend van hem. Ze heette Hilde Schlegel. Ze had een logeerkamer en ik kon bij haar wonen totdat de echtscheiding was uitgesproken.

Ik wilde niet nog meer van dit soort vurige telegrammen ontvangen, bang dat ze de aandacht van de SS zouden trekken. Ik was ook bang dat het Rode Kruis me, als ze me werk gaven, naar Polen zou sturen, want dan zou ik een nationale identiteitskaart nodig hebben en daar kon ik onmogelijk aan komen. Ik was bang dat de Gestapo zich zou gaan afvragen wie ik was als ik bij Frau Gerl bleef wonen. Ze had immers problemen gehad met de nazi's. Ik dacht dat ik beter verborgen zou zijn als ik bij Werner ging wonen: een *Hausfrau* in het huis van een lid van de nazi-partij, die werkte voor de fabriek waar de vliegtuigen werden gemaakt die bommen op Londen wierpen. Een man met de juiste achtergrond en positie. Een man die vertrouwen genoot en nooit om uitleg zou worden gevraagd. Uiteraard was het een betere vermomming om de vrouw van deze man te zijn dan alleen te blijven.

Toen ik Pepi schreef om te vertellen dat ik me met Werner had verloofd, werd hij woedend. Hoe haalde ik het in mijn hoofd? Hoe kon ik zelfs maar overwegen om met een niet-jood te trouwen? 'Bedenk eens wat je vader zou zeggen!' protesteerde hij. 'Bedenk eens hoeveel ik van je hou!'

Nou, ik had door schade en schande geleerd hoeveel hij van me hield. Had Pepi in Wenen zelfs maar voor één enkel nachtje een veilig onderkomen voor me geregeld? Zijn moeder, met al haar connecties, had ze zelfs maar een kop thee voor me gezet toen ik ondergedoken was? Toen ik Pepi vertelde wat Frau Doktor over hem had gezegd – dat hij bij mij hoorde omdat ik met hem had geslapen – weigerde hij zelfs met haar te praten. Deze geweldige vrouw, die me zo enorm had geholpen, die hem ook had kunnen helpen – hij heeft haar zelfs nooit bedankt voor wat ze heeft gedaan, hij heeft haar zelfs nooit willen ontmoeten. Voor de oorlog had hij samen met mij kunnen vluchten. We hadden allang in Engeland kunnen zitten; we hadden in Israël kunnen werken aan de opbouw van een joods land; we hadden weg kunnen zijn uit deze nachtmerrie. Maar nee! Pepi kon niet weg vanwege die vervloekte racistische moeder van hem! Zoveel hield hij van me!

En nu was er een redder in de nood in München, een man die geen angst kende en mij op handen droeg, en hij bood me niet alleen veiligheid aan, maar ook liefde. Het spreekt vanzelf dat ik ja zei. Ik zei ja en dankte God voor mijn geluk.

Frau Gerl en haar man gingen het bos in en stalen een klein kerstboompje voor me. In die tijd was het illegaal om bomen te kappen, maar ze wilden me per se een cadeau meegeven. Op 13 december 1942 ging ik naar Werner Vetter in Brandenburg met dat boompje aan mijn koffer gebonden.

hoofdstuk 9

Een rustig leven in de Immelmannstrasse

Ik werd een levende leugen als alledaagse, doodgewone *Hausfrau*. Voor een vrouw in nazi-Duitsland was er geen betere leugen denkbaar, want het regime vond dat vrouwen thuis moesten blijven om het huishouden te doen, en huisvrouwen hadden allerlei privileges.

Mijn gedrag was onopvallend. Ik luisterde en zei weinig. Ik was tegen iedereen vriendelijk, raakte met niemand bevriend. Uit alle macht probeerde ik mezelf ervan te overtuigen dat ik echt Grete Denner was. Ik dwong mezelf om alles wat me dierbaar was te vergeten, mijn ervaringen in het leven, mijn opleiding, en een nietszeggende, prozaïsche en beleefde vrouw te worden die nooit iets deed of zei wat de aandacht kon trekken. Het gevolg was dat ik uiterlijk op een kalme, gladde zee leek en van binnen op een woeste – gespannen, onrustig, nerveus, slapeloos, altijd zorgelijk omdat ik ervoor moest zorgen er altijd zorgeloos uit te zien.

Werner woonde in een flat van de fabriek, in een van de meer dan drieduizend woningen die waren gebouwd voor de werknemers van Arado Flugzeugbau, bestaande uit een hele wijk van identieke flatgebouwen aan de oostkant van de stad. Onze flat was in de Immelmannstrasse, die tegenwoordig Gartzstrasse heet. Ze hielden de huur in op Werners loon voordat hij ermee thuis kwam.

De Arado-fabriek maakte oorlogsvliegtuigen, waaronder de eerste straalbommenwerper ter wereld. Tijdens de oorlog was het de grootste oorlogsindustrie in het district Brandenburg, waartoe niet alleen Brandenburg behoorde maar ook Potsdam en Berlijn. De directeuren van het bedrijf, Felix Wagonfür en Walter Blume, waren rijk en beroemd. Blume werd aangesteld als verantwoordelijke voor de militaire economie in het Reich, en Albert Speer benoemde hem tot hoogleraar.

In 1940 had Arado 8000 werknemers; in 1944 waren dat er 9500. Bijna vijfendertig procent was van buitenlandse afkomst. Je zult je afvragen waarom de nazi's toelieten dat er zoveel buitenlanders werkten in een bedrijf met al die militaire geheimen. Volgens mij moesten ze wel, omdat Hitler vond dat arische vrouwen beschermde fokmachines waren wier voornaamste taak het was om thuis te zitten en kinderen te krijgen.

We hoorden dat de Amerikanen en de Engelsen moeders aanmoedigden om in de oorlogsindustrie te gaan werken, dat er voor kinderopvang werd gezorgd en dat er hoge lonen werden uitbetaald aan zeer gemotiveerde en productieve arbeiders. De Führer wilde er niets van weten. Duitse vrouwen kregen extra rantsoenen, zelfs onderscheidingen, als ze maar flink fokten. Fabrieken zoals Arado waren dan ook voornamelijk afhankelijk van jongens die te jong waren, mannen die te oud waren, meisjes die wisten dat ze het beter hadden als ze zwanger waren, en dwangarbeiders uit bezette landen, een groep die nou niet bepaald gemotiveerd was om de productie voor de Luftwaffe tot recordhoogte op te voeren.

Arado's buitenlandse dwangarbeiders woonden in acht werkkampen. De Hollanders, vooral de vliegtuigontwerpers, hadden het vrij goed. Datzelfde gold voor de Fransen, die de Duitsers bewonderden vanwege hun vakbekwaamheid en ijver. Het lag anders voor de Italianen, zogenaamd bondgenoten. Mooie bondgenoten! Over het algemeen vonden de Duitsers de Italianen laf en slechtgemanierd, en de Italianen vonden de Duitsers bombastisch en onbeschaafd. Bovendien vonden de Italianen het Duitse eten vies. Een buurvrouw van me heeft me eens vol afschuw verteld dat ze een Italiaanse arbeider in een restaurant met een vies gezicht een hap worst had zien uitspugen. ('Zomaar op de grond!' riep ze uit.) Daarna was de man de deur uit gestormd, briesend dat alleen barbaarse Hunnen dit soort slachtafval naar binnen konden krijgen.

Alle dwangarbeiders uit het oosten – Polen, Serven, Russen en anderen – woonden in erbarmelijke omstandigheden, onder voortdurende bewaking, voortdurend in angst.

Gelukkig waren het meestal Fransen en Nederlanders die onder Werners supervisie op de spuitafdeling werkten. Hij zorgde ervoor dat er genoeg verf was en dat de kentekens correct op de toestellen werden aangebracht. Hij verdiende een heel behoorlijk salaris. Zijn flat was veruit de beste in het hele gebouw.

Elk flatgebouw had vier verdiepingen, met op elke verdieping drie flats. Onze flat was op de eerste verdieping, met uitzicht op straat. Aan de voorkant was een groot braakliggend terrein dat in de toekomst een park moest worden, maar voorlopig stonden er alleen vuilnisbakken. We hadden een slaapkamer, een grote woonkamer annex keuken, een kleinere kamer en een badkamer – met een ligbad! Het was een constructie met een grote ketel die op gas werd verhit. Je kon water verhitten in die ketel en het in het bad gieten. Van alle huurders waren wij de enigen die over deze luxe beschikten.

Ons gasfornuis was al geschikt voor de oorlog. Het was elektrisch, maar als de stroom zou worden afgesloten, kon je er kolen in stoken.

Werner nam alle voorzorgsmaatregelen om roddelende buren te voorkomen. Hij liet me pas bij hem in de flat wonen toen de echtscheiding definitief was, in januari 1943. Tot die tijd logeerde ik bij de vrouw van zijn vriend, Hilde Schlegel, een hartelijk meisje met dansende krullen, die een paar huizen verderop woonde. Hildes man, Heinz, ook een schilder, was naar het oostfront gestuurd. Ze verlangde naar een kind en had zich onlangs laten opereren om een zwangerschap mogelijk te maken. Aangezien de nazi's heel royaal waren voor de vrouwen van soldaten had ze meer dan genoeg te eten en hoefde ze niet te werken.

'Toen Heinz in het leger ging, gaven ze me genoeg geld om hem op te zoeken,' vertelde Hilde. 'Hij was gewond geraakt, niet ernstig, en hij lag in een militair ziekenhuis in Metz. Ach, wat was dat een fijne tijd, Grete, een echte huwelijksreis, mijn allereerste vakantie. Het is voor mij weleens anders geweest, moet je weten. Ik heb als kind heel wat ellende gekend. Mijn vader heeft twaalf jaar lang geen vaste baan gehad. We leefden voornamelijk van de bedeling. Toen onze goede Führer aan de macht kwam, ging het stukken beter. Bijna alle jonge mensen die we kenden gingen bij de Hitler Jugend. Op mijn vijftiende ging ik naar een banket van de nazi-partij, en er waren broodjes met echte boter. Het was de eerste keer van mijn leven dat ik boter proefde.' Is dat de reden? vroeg ik me af. Sluit ze daarom haar ogen, steekt ze daarom haar hoofd in het zand? Vanwege de boter? 'Ik heb het gevoel dat we alles wat we bezitten aan onze goede Führer te danken hebben. Op zijn gezondheid.'

Ze proostte met haar theekopje tegen het mijne.

Hilde werd mijn beste 'vriendin' in Brandenburg, als je dat tenminste kunt zeggen van een vrouw die niet eens wist wie ik was. Ze liep met me naar de stad, door de Wilhelmstrasse, om me te laten zien waar ik boodschappen kon doen. En ze vertelde me alles over Werners eerste vrouw, Elisabeth.

'Groot! Groter dan Werner! Beeldschoon. Maar ze had kuren. Jeetje, wat werd er daar geschreeuwd, wat hadden die twee vaak knallende ruzie. Vraag maar aan Frau Ziegler van de flat tegenover die van Werner of ik de waarheid spreek. Ze gingen met elkaar op de vuist. Hij sloeg haar. En zij sloeg hem terug! Geen wonder dat hij op een gegeven moment op zoek is gegaan naar zo'n lieve schat als jij.'

Elisabeth had de meeste meubels meegenomen toen ze wegging, maar we konden ons prima redden met wat er over was. Werner bracht al zijn gereedschap, verf en kwasten naar de kleine kamer en maakte er een atelier van. In die kamer stond een eenpersoonsbed, voor als we logés kregen. Hij zette een tafel tegen de binnenmuur en hing al zijn gereedschap aan kleine haakjes aan de muur, keurig gerangschikt naar grootte en functie. Om mij welkom te heten, besloot hij de kleurloze flat op te fleuren met een muurschildering op de hele lambrizering in de huiskamer.

Elke avond wanneer hij thuiskwam van zijn werk trok hij andere kleren aan, hij at het maal dat ik voor hem had klaargemaakt, en dan ging hij aan het werk. Hij gebruikte een techniek die *Schleiflack* werd genoemd. Ik weet nog dat er heel wat verschillende stappen bij kwamen kijken: schuren, lakken, schilderen en afwerken, een lastig, stoffig en tijdrovend karwei. Hij stal verf uit het magazijn van de fabriek, felle kleuren die meestal glinsterden op de vleugels van de vliegtuigen die Engeland bombardeerden. Avond aan avond werkte Werner aan de muurschildering, schuren, schetsen, grondverf, laten drogen, weer schuren, weer schilderen. Ik zat op een stoel in de deuropening naar hem te kijken, denkend aan de vaklui die ik in Wenen bezig had gezien en als acrobaten op hun steigers had zien klimmen om de façades van winkels en hotels te beschilderen. Ik was zo onder de indruk van wat hij deed, en ik bewonderde hem zo dat ik uren naar hem kon kijken. Zijn gezicht zat onder de vegen en het glom van het zweet en het plezier dat het werk hem schonk. De gouden haartjes op zijn sterke onderarmen werden wit van het stof.

Het duurde niet lang of er verscheen een strook van fruit en bloemen, rondom in de kamer en de keuken, verstrengelde wingerd, krullende bladeren, appels, wortels, radijsjes, uien en kersen – een guirlande die de overvloed van vredestijd vertegenwoordigde en ons zou omringen, als een tovercirkel.

Toen de muurschildering klaar was, ging Werner midden in de kamer op zijn hurken zitten, en hij draaide langzaam in het rond op zijn met verf bespetterde schoenen. Zijn helder blauwe ogen glinsterden, en kritisch zocht hij naar plekjes die bijgewerkt moesten worden.

'Wat vind je ervan?' vroeg hij.

'Ik vind het prachtig,' zei ik. 'En je bent een groot kunstenaar.'

Ik kwam naast hem op de grond zitten en hield hem dicht tegen me aan. Het kon me niet schelen dat er verf op mijn eigen kleren kwam.

In januari, toen de scheiding rond was, trok ik bij hem in, en vanaf het moment dat Werner de deur achter ons dichtdeed, was ik een bevoorrechte, modale Duitse vrouw. Ik had een huis, een plek waar ik veilig was, en een beschermer. Ik herinnerde me de zegen van de rabbijn die in Badgastein aan mijn bed had gezeten en op mijn hand had geklopt en in het Hebreeuws voor me had gebeden. Ik mocht van geluk spreken.

Werner en ik hadden een rustige relatie zonder strubbelingen, maar ik was natuurlijk geen normale partner, zoals Elisabeth of Frau Doktor, iemand die eisen stelde en er een mening op nahield. Voor mij telde alleen dat alles was zoals Werner het wilde. Ik herinnerde hem er nooit aan dat ik joods was. Ik wilde dat hij dat zou vergeten, dat hij het heel diep zou wegstoppen, precies zoals ik Edith Hahn had weggestopt – Edith Hahn moest een stoffig relikwie in een vergeten hoekje worden. Ik gebruikte al mijn energie en fantasie om het enige waarover ik had gelogen te leren: koken. Frau Doktor stuurde me pakjes linzen en een kookboek dat 'Koken met Liefde' heette. Geloof me, dat deed ik.

Elke ochtend stond ik om vijf uur op, ik maakte ontbijt en Werners lunch, en dan ging hij met de fiets naar zijn werk. Ik at 's ochtends een aardappel omdat er anders niet genoeg brood was voor zijn lunch. Voor mijn komst had hij duidelijk niet genoeg gegeten, hij had slecht voor zichzelf gezorgd. In het begin had hij 's avonds zware hoofdpijn, van de honger; ik had het zelf ervaren, dus ik wist precies hoe het voelde, en ik deed mijn uiterste best om hem goed te eten te geven. Voor het geval ik 's avonds langer zou moeten blijven in het Städtische Krankenhaus, het ziekenhuis waar het Rode Kruis me had geplaatst, leerde ik hem Kartoffel-puffer maken, pannenkoeken van gebakken aardappelen en alles wat je verder bij de hand had. Werner kwam twee kilo aan nadat ik bij hem was ingetrokken.

Tante Paula Simon-Colani, een kleine, sterke vrouw op wie ik meteen gesteld was, kwam vaak op bezoek uit Berlijn om even bij te komen van de eindeloze bombardementen. Ze vertelde me dat Werners familie een erfelijke obsessie voor vuil had.

'Afstoffen, lieve schat,' zei tante Paula. 'Doe het alsof je leven ervan afhangt.'

Goed advies, naar later bleek. Op een avond kwam Werner eerder thuis dan ik, en hij kon het niet laten, stak een hand uit en ging met zijn wijsvinger over de bovenkant van de deur om te voelen of er stof lag. Hij was zo groot dat hij er makkelijk bij kon. Om de bovenkant van de deur schoon te maken, moest ik op een stoel klimmen. Maar godzijdank had ik het gedaan, want tante Paula had me gewaarschuwd. Er lag dus geen stof.

'Ik ben heel blij dat je de boel zo keurig schoon houdt,' zei hij die avond. 'Zelfs de bovenkant van de deur is afgestoft. Mijn complimenten.'

'Een gewaarschuwd mens telt voor twee – tante Paula heeft me verteld dat je het zou controleren.' Ik lachte, zittend op zijn schoot, en schoof mijn vingers tussen de knoopjes van zijn overhemd door om zijn buik te kietelen. Volgens mij geneerde hij zich een beetje. Hij heeft in elk geval nooit meer over schoonmaken gezeurd.

Werner had een probleem met autoriteit, wat werkelijk een heel ernstig probleem is als je bedenkt dat hij in een van de meest autoritaire samenlevingen van die tijd leefde.

Volgens mij bestreed hij dit probleem met liegen. Hij was een geïnspireed leugenaar. Mijn leugentjes waren klein, geloofwaardig. De zijne waren enorm, kleurrijk. Als hij 's ochtends geen zin had om op te staan, vertelde hij zijn baas bijvoorbeeld dat het huis van zijn broer in Berlijn door de RAF was opgeblazen, en dat hij er naartoe moest om hen te helpen. En Arado geloofde hem.

Hij genoot ervan om te liegen tegen zijn superieuren. Door zijn leugens voelde hij zich vrij – superieur aan zijn superieuren – omdat hij iets wist wat zij niet wisten, en hij een dag vrij nam terwijl zij moesten werken.

Jaren later had ik eens een vriendschappelijk gesprek met een van zijn andere vrouwen. Ze vertelde me dat Werner haar had verteld dat mijn vader zelfmoord had gepleegd door uit een raam te springen met een schrijfmachine aan een touw om zijn nek. Waarom zou Werner zo'n verhaal verzinnen? Gewoon voor de lol, omdat hij het leuk vond misschien, om het leven een beetje spannender te maken? Soms denk ik weleens dat hij zich daarom ook tot mij aangetrokken voelde: de kick van de leugen. Een gehoorzame, volgzame, bereidwillige, liefhebbende, kokende en slovende joodse maîtresse was per slot van rekening niet iets wat elke Duitser in de winter van '42-'43 in huis had.

Werner en ik hadden het nooit over de joden of wat er in het oosten met mijn moeder zou gebeuren. Voor mij had het gevaarlijk kunnen zijn om het ter sprake te brengen, omdat hij zich als Duitser schuldig had kunnen voelen, of hij had bang kunnen worden, als iemand die een risico liep doordat hij onderdak verleende aan een vluchteling.

Hij wist dat ik een goede opleiding had gehad, maar daar had ik het al helemaal niet over. Hij had een hekel aan mensen die op wat voor manier dan ook een streepje op hem voor hadden. Ik beperkte mijn opmerkingen dan ook zorgvuldig tot praktische zaken. Tijdens de echtscheidingsprocedure adviseerde ik Werner bijvoorbeeld om in de strijd om de voogdij een bezoekregeling van zes weken voor Bärbl te eisen.

'Als ze altijd maar voor korte tijd bij ons is, heb je geen enkele invloed op haar,' zei ik. 'Maar als ze zes weken komt, is het een echte vakantie bij haar vader en zal ze je beter leren kennen en van je gaan houden.'

Werner diende dit verzoek in bij de rechtbank. Toen de scheiding werd uitgesproken, in januari 1943, kreeg hij ook het recht om zijn dochter zes weken te zien, en hij was zo blij dat hij met me door de flat walste en zachtjes zong: 'Is het niet fijn om een advocaat in huis te hebben?'

Elke maand betaalde hij geld voor de auto die speciaal voor de nazi's was ontworpen, de Volkswagen. Ik had er geen vertrouwen in. Ik vermoedde dat het de zoveelste truc van de regering was om mensen geld af te troggelen.

'Je krijgt die auto nooit,' zei ik terwijl ik zijn overhemden streek.

'Ik betaal er al maanden voor.'

'Geloof me, liefste, je krijgt hem nooit.'

Peinzend keek hij me aan. Hij moet intuïtief hebben aangevoeld dat ik gelijk had, want kort daarna staakte hij de betalingen, en zo werd hij een van de weinige Duitsers die niet op deze unieke manier van hun geld werden beroofd.

Seksueel ging er een enorme kracht van Werner uit. Hij stond erop dat we altijd tegelijk naar bed gingen. Hij bleef nooit langer op dan ik. Ik bleef nooit langer op dan hij. Een andere vrouw die door stress en spanningen de vorige nacht wakker had gelegen, die de hele dag als verpleeghulp in het ziekenhuis had gewerkt, die het huis had schoongemaakt en het eten had gekookt, zou misschien hebben gezegd: Nee, vanavond niet. Ik ben te moe. Niet ik. Ik wist dat ik met een tijger woonde. Ik wilde dat de tijger verzadigd en gelukkig zou zijn, met een volle maag, gestreken overhemden, geen ruzies.

Hou je dat voor onmogelijk? Kan een vrouw een man bevredigen in bed als ze doet alsof ze iemand anders is, als alles waarvan ze hield is verdwenen en ze in voortdurende angst voor ontdekking en de dood leeft? Het antwoord is een volmondig ja. Seks is een van de weinige dingen in het leven waardoor je alles kunt vergeten.

Bovendien – laat ik er geen doekjes om winden – ik gaf om Werner, elke dag meer.

Zijn eerste vrouw, Elisabeth, liet me niet los. Ze woonde zelfs niet meer in Brandenburg, was met Bärbl verhuisd naar Bitterfeld, ten noordwesten van Halle in Midden-Duitsland, maar soms had ik het gevoel dat ze aan onze tafel zat, op ons kussen sliep.

'Ze is langs geweest toen je naar je werk was,' vertelde Frau Ziegler me. 'Ze vroeg naar je. Wie is dat Weense meisje, hoe is ze hier terechtgekomen? Elisabeth, heb ik tegen haar gezegd, Grete is een heel aardig meisje. Je zou blij moeten zijn dat Bärbl zo'n aardige stiefmoeder heeft.'

Aan de kwaadaardige twinkeling in haar ogen zag ik dat Elisabeths vroegere buurvrouw haar argwaan jegens mij met het grootste genoegen had gevoerd. Had ze maar geweten hoezeer ze mijn argwaan jegens Elisabeth voerde!

Elisabeth vroeg aan een andere buurvrouw of er een kans bestond dat Werner nog van haar hield en haar misschien terug wilde. Wat moest ik eraan doen? Ik wilde bij Werner blijven, maar trouwen was een schrikbeeld voor me – het natrekken van mijn achtergrond, de papieren, de vragen. Aan de andere kant was ik bang dat Werners vroegere vrouw hem van me zou afpakken als ik niet snel met hem trouwde.

Voor mij was Elisabeth al een spookbeeld, maar je had Werner moeten zien. Op een avond zaten we in de keuken, het toonbeeld van huiselijke gezelligheid. Ik stopte gaten in Werners sokken. Hij las een boek uit de bibliotheek van Arado. Opeens viel het boek op de grond. Hij ging staan en begon te praten.

'Al onze geldproblemen zijn jouw schuld,' zei hij kwaad. 'Je bent niet zuinig en je kunt niet sparen. Je koopt kleren, en je gooit ze weg als je ze maar één keer hebt gedragen. Het komt doordat je lui bent, te lui om te wassen, om te strijken, om de dingen te doen die een echte vrouw hoort te doen.'

Ik wist niet wat ik ervan moest denken. Had hij het tegen mij? Ik was de enige in huis, maar de persoon tegen wie hij praatte leek in niets op de persoon die ik was.

'Werner, wat is er aan de hand?' vroeg ik met mijn kleine stemmetje. Hij hoorde me niet eens. Hij begon heen en weer te lopen door de keuken, wreef over zijn borst alsof hij een hartaanval wilde voorkomen en streek met zijn vingers door zijn keurig gekamde haar.

'Ik werk als een paard. Ik lieg tegen mijn baas en verzin smoesjes zodat jij alles kunt krijgen wat je hartje begeert. Ik koop cadeaus voor je, ik koop cadeautjes voor Bärbl, en nog ben je niet tevreden, nog blijf je zeggen dat die en die vriendin van je zus of zo heeft en een ander weer dat! Je wil meer en meer en meer!'

Ik besefte dat hij het tegen Elisabeth had, dat hij op de een of andere manier een gesprek herbeleefde dat hij ooit met haar had gehad, waarschijnlijk in dezelfde keuken.

'Werner, alsjeblieft, jij en Elisabeth zijn gescheiden. Je bent een kostwinner uit duizenden. Kijk eens naar me, ik ben Grete. We wonen samen, blij en gelukkig. Ik stop je sokken. Hou alsjeblieft op met tieren.'

Hij ramde met zijn vuist op de keukentafel. De vorken en messen sprongen op, de borden ratelden.

'Ik pik het niet langer!' schreeuwde hij. 'Ik ben heer en meester in dit huis, en ik eis dat je me gehoorzaamt. Er worden tot aan de Overwinning geen nieuwe spullen meer gekocht. Je zorgt maar dat je genoeg hebt aan de kleren die je hebt. En alles wat er voor Bärbl wordt gekocht, koop ik zelf!'

Hijgend en uitgeput liet hij zich weer op zijn stoel vallen. Ik wachtte totdat hij weer was bedaard. Het duurde een hele tijd. Edith, dacht ik, je woont in één huis met een gek. Maar goed, wie anders dan een gek zou er met jou in één huis willen wonen?

Werner was op geen van zijn spullen zo trots als op zijn radio, echt een mooi apparaat. Aan de afstemknop had hij een bruin papiertje bevestigd. Zo lang dat papiertje eraan zat, kon je alleen het Duitse nieuws horen.

De radio was onze belangrijkste bron van vermaak, soms een bron van paniek, soms een bron van troost. Iedereen kon het 'Legerverslag' ontvangen. Daar hadden Werner en ik in München naar geluisterd. Er waren verzoekprogramma's waarin onze favoriete muziek werd gedraaid, romantische liedjes van Zarah Leander, korte concerten van de Berliner Philharmoniker op zondagavond, en Goebbels die zijn wekelijkse hoofdartikel in Das Reich voordroeg, het 'opinieblad' van de nazi's, als je je tenminste zoiets kunt voorstellen. Als je naar het buitenlandse nieuws durfde te luisteren en je werd betrapt, kon je naar een concentratiekamp worden gestuurd – en dat overkwam vele duizenden mensen.

Begin februari 1943 hoorden we op de radio dat het Duitse leger bij Stalingrad was verslagen. Zelfs dit vreselijke nieuws werd op bevel van de briljante Goebbels op een theatrale, bijna mooie manier gebracht.

We hoorden gedempte pauken – het tweede deel van Beethovens Vijfde Symfonie.

'De Slag om Stalingrad is ten einde,' zei de nieuwslezer. 'In overeenstemming met de eed om tot de laatste snik te blijven vechten, bleek het Zesde Leger onder de voorbeeldige leiding van veldmaarschalk Paulus niet opgewassen tegen de overmacht van de vijand en de ongunstige omstandigheden waarmee onze troepen zich geconfronteerd zagen.'

Hitler kondigde vier dagen van nationale rouw aan, en gedurende die periode zouden alle uitgaansgelegenheden gesloten blijven.

Het nieuws werd zo strak geregisseerd en gemanipuleerd dat zelfs deze ramp aangegrepen kon worden om de Duitse vechtlust nieuw leven in de blazen. Op 18 februari hoorden we Goebbels' toespraak over de 'totale oorlog' in het Sportpalast, waarin hij de Duitsers opriep nog grotere offers te brengen, met nog meer overtuiging in de ultieme overwinning te geloven, om zichzelf met hart en ziel aan de Führer te geven en het motto 'Mensen, ontwaakt, sta op en vecht!' aan te nemen. 'Führer befiehl, wir folgen!' werd er door de duizenden mensen in het stadion luidkeels gescandeerd. Door deze totale hysterie, deze volledige beheersing van het nieuws, was het heel goed mogelijk om niet te beseffen hoe ernstig de nederlaag bij Stalingrad was geweest, om geen verband te leggen met Rommels nederlaag bij El Alamein en de geallieerde landingen in Noord-Afrika, om niet te begrijpen dat de oorlog zich tegen Duitsland had gekeerd en dat dit het begin van het einde was, maar te blijven geloven dat Hitler binnenkort Engeland en de wereld zou veroveren.

Om in onwetendheid te leven, hoefde je alleen maar naar het nazi-nieuws te luisteren.

Het was avond. Werner moest overwerken, ik was alleen thuis. Ik staarde naar het bruine papiertje dat de afstemknop van de radio keurig op zijn politiek correcte plaats hield.

Stel nou dat je me kunt verplaatsen, opperde het papiertje.

Je kunt niet bewegen, antwoordde ik.

Ik kan toch van mijn plek glijden.

Niet zonder hulp.

Je kunt me best helpen...

Nee, dat is onmogelijk! Iemand die dat doet, kan naar Dachau of Buchenwald of Oranienburg worden gestuurd, of God weet waarheen. Een Rode Kruis-verpleegster die jou verplaatst kan wel in Ravensbrück eindigen.

Als je zo bang bent, zei het bruine papiertje, laat me dan maar lekker zitten en leef verder in de duisternis.

Ik keerde de radio mijn rug toe en dacht bij mezelf dat ik al net zo gek werd als Werner, een beetje gesprekken voeren met hersenschimmen. Op handen en knieën schrobde ik de keukenvloer. Maar het papiertje riep me.

Hallo daar! *Hausfrau!* Weet je wat je met deze knop kunt vinden? De BBC.

Stil!

En Radio Moskou.

Ssst!

En de Voice of America.

Hou je mond!

Allemaal in het Duits natuurlijk.

De bovenbuurman was aan het timmeren, zoals hij 's avonds meestal deed, want hij maakte een boekenkast. Zijn vrouw – volgens mij heette ze Karla – zong terwijl ze hun kleren streek.

Heb je weleens aan die regels van Goethe gedacht? drong het papiertje aan.

Laffe gedachten, zorgelijke aarzeling,
Vrouwelijke bedeesdheid, bange klachten
Houden misère niet bij je vandaan
En zullen je niet bevrijden.

Aangespoord door mijn eigen motto trok ik uiteindelijk het papiertje weg van de knop en ik gooide het weg. Gedekt door de herrie van mijn bovenburen stemde ik voor het eerst af op de BBC.

Werner kwam moe en hongerig thuis van zijn werk. Ik gaf hem zijn eten. Voordat we naar bed gingen nam ik hem stevig in mijn armen. 'Luister,' zei ik tegen hem. Zachtjes, heel erg zachtjes, met kussens en een donzen dekbed om het geluid te dempen, zette ik het BBC-nieuws aan. We kregen te horen dat slechts 49.000 van de 285.000 Duitse soldaten die hadden deelgenomen aan de slag om Stalingrad waren geëvacueerd. Meer dan 140.000 soldaten waren afgeslacht en 91.000 mannen waren krijgsgevangen genomen. De krijgsgevangenen moesten in de vrieskou wegmarcheren, uitgehongerd, door en door koud, met bevriezingsverschijnselen. Toen konden we dat nog niet weten, maar uiteindelijk zouden slechts 6000 van deze mannen naar Duitsland terugkeren.

De tranen rolden over Werners wangen.

Vanaf die dag luisterde ik drie of vier keer per dag naar de buitenlandse zenders, en Werner ook. Radio Moskou geloofden we niet; die begonnen hun uitzendingen altijd met: *'Tod der Deutschen Okkupanten!'* 'Dood aan de Duitse bezetters!' Van de BBC hadden we het gevoel dat ze soms overdreven. De Voice of America was niet goed te ontvangen. Beromünster uit Zwitserland leek ons het meest objectief.

We deelden onze nieuwe ontdekking met tante Paula toen ze een keer bij ons was. Ze schreef en bedankte ons omdat we haar die 'mooie prenten' hadden laten zien.

Op een dag liep ik over de overloop naar Frau Ziegler om haar wat bloem te brengen, en ik hoorde een vertrouwd geluid uit Karla's flat. Het was niet meer dan één toon, maar die herkende ik van de BBC-radio. Ik begreep meteen dat onze rumoerige buren ons en alle anderen om de tuin hadden geleid met hun gehamer en gezang. Ze luisterden naar de verboden radiozenders, net als wij.

Buiten de deur leek Werner een trouw lid van de partij, met een onwankelbaar vertrouwen in Hitler. Dat weet ik omdat ik mensen met wie hij bij Arado samenwerkte leerde kennen, en die praatten tegen mij alsof ze verwachtten dat ik er dezelfde meningen op nahield als Werner.

'Ik ben het helemaal met Werner eens, Fräulein Denner,' zei een van onze buren. 'Churchill is een zuiplap en een elitaire Engelse snob, en hij heeft geen enkel contact met zijn volk. Ze bewonderen hem niet zoals wij onze Führer liefhebben. Vroeg of laat laten ze hem vallen als een baksteen en dan is Engeland van ons.'

'Zoals Werner altijd zegt, de Führer heeft altijd gelijk,' zei iemand anders over een man die een joodse onderduiker in huis had en altijd naar het buitenlandse nieuws luisterde,

Het werk in het Städtische Krankenhaus loste één probleem voor me op: ik hoefde niet langer elke maand mijn bonkaart te laten stempelen.

Gewone burgers van het Reich, zoals Werner, kregen hun bonkaarten thuisbezorgd. Ik niet. Ik moest persoonlijk naar het kantoor voor de voedseldistributie – een angstige tocht, want ik had geen legaal persoonsbewijs, geen legitimatie waarop stond wie ik was en waar ik woonde. Die kaart, op vertoon waarvan iemand alle andere kaarten ontving die nodig waren voor voedsel en kleding, zat in een archief in Wenen en behoorde toe aan Christl Denner.

Als je verhuisde, ging je kaart naar een soort doorgangsarchief. Was je eenmaal op je nieuwe adres, dan kwam je kaart je achterna. Ik was voor het laatst in Aschersleben geregistreerd geweest. Toen ik terugging naar Wenen had ik me daar in moeten schrijven, maar dat had ik uiteraard niet gedaan. Ik leefde nu dus in voortdurende angst dat ik een of andere handeling zou verrichten die de Duitsers zou noodzaken om op zoek te gaan naar mijn kaart, en dat ik dan te horen zou krijgen: 'Maar Fräulein, waar is uw kaart? En wie is die andere Fräulein Christina Maria Margarethe Denner in Wenen?

Ik moest een dergelijk incident tot elke prijs voorkomen – het zou voor mij en Christl een ramp zijn geweest. Ik bleef dus eten van een kaart die was afgegeven tegen Christls registratie voor een vakantie van een halfjaar. Haar bonboekje was bijna helemaal vol, en ik was als de dood dat ik te horen zou krijgen dat ik het niet meer mocht gebruiken, dat ik kennelijk niet op vakantie was maar daadwerkelijk verhuisd. Als ik naar het distributiekantoor moest, lag ik altijd al nachten van tevoren wakker van angst. Ik repeteerde mijn leugens eindeloos. Als ik op het kantoor bij het bureau trillend op mijn benen stond te wachten op het stempel bad ik altijd in stilte. Nog één keer, lieve God. Laat ze die te volle kaart nog één keer door de vingers zien. Ik deelde mijn angsten nooit met Werner omdat hij dan misschien ook bang zou worden.

Het zal je dan ook niet verbazen dat het een hele opluchting was toen ik vanaf februari 1943 ingeschreven was bij de *Gemeinschafts-verpflegung* van het Rode Kruis en daar in de kantine met de hele groep te eten kreeg. Ik hoefde niet langer naar dat gevreesde distributiekantoor omdat mijn kaart niet langer gestempeld hoefde te worden.

Ik werkte in diensten van twaalf uur en verdiende 30 reichsmark per maand. Het leek meer op zakgeld dan op loon, maar uiteraard was het een fenomenaal bedrag als je het vergeleek met het hongerloon in het *Arbeitslager*. De verpleegsters aten het middagmaal aan een lange tafel. De hoofdzuster zat aan het hoofd, en de anderen, ingedeeld naar rang, aan de zijkanten. Ik zat helemaal aan het uiteinde van de tafel. In het begin zei de hoofdzuster altijd een gebed voor het eten, maar dat werd in de lente van 1943 verboden.

Op mijn uniform moest ik een speld van het Rode Kruis dragen, met in het midden een kruis en een swastika. Je hoorde hem op je borst te spelden, maar dat verdroeg ik niet, dus ik droeg hem niet. Soms viel het iemand op en kreeg ik een reprimande.

Ik mompelde dan maar dat ik het vergeten was, heel bedeesd, heel stompzinnig, in de hoop dat ze me na verloop van tijd voor gek zouden verklaren en zouden denken dat ik mijn speld kwijt was. Dit was mijn reactie op veel 'arische' zaken – doe maar of je een beetje achterlijk bent, dan laten ze je wel met rust.

Als ik met buitenlandse patiënten werkte, deed ik bijvoorbeeld altijd mijn best om Frans te spreken met de Fransen, maar ik liet me niet voor andermans karretje spannen.

'Zeg tegen ze,' zei een van mijn collega's lachend, 'dat alle Fransen zwijnen zijn.'

'Het spijt me heel erg,' zei ik, 'maar ik weet niet wat zwijn is in het Frans.'

En dan was er nog de kwestie van het partijlidmaatschap.

'Fräulein Denner, u hebt nu meer dan eens te horen gekregen dat alle onze verpleeghulpen lid horen te zijn van de *Frauenschaften*, de vrouwenafdeling van de partij. Is dat duidelijk?'

'Ja, mevrouw.'

'Meld u morgenmiddag aan.'

'Ja, mevrouw.'

'Dat is alles.'

Ik salueerde. We moesten altijd salueren voor onze superieuren, bij het binnenkomen en het weggaan, alsof het Rode Kruis het Duitse leger was.

'Eh, waar moet ik dan precies naartoe, mevrouw?'

Dan volgde er een diepe zucht en legde mijn meerdere me voor de zoveelste keer geduldig uit waar ik moest zijn. En ik 'vergat' het dan, ook voor de zoveelste keer.

Op een dag stond ik in een zaal voor het raam met uitzicht op de tuin, en zag ik plotseling twee mannen in grijze lompen uit de bosjes schieten en naar de achterdeur rennen. Ze verdwenen even uit het zicht en doken toen weer op, met hompen brood en kaas die ze onder hun kleren probeerden te verbergen. Mijn meerdere – de zuster uit Hamburg die een ui had bewaard voor een stervende Russische patiënt – kwam de zaal op om verbanden te verversen. Ik zei niets. Zij zei niets. Ik wist dat ze deze mannen eten gaf. Zij wist dat ik het wist. Er werd geen woord over gezegd. Toen het huis van haar ouders in juli 1943 bij een luchtaanval op Hamburg werd gebombardeerd, moest ze weg. Dat vond ik jammer, en terecht, want een andere verpleegster nam haar plaats als mijn meerdere in, en zij verklaarde vrijwel onmiddellijk dat ik niet goed snik was en veel te aardig voor de buitenlanders en ze eiste mijn overplaatsing.

Zo kwam ik op de kraamafdeling terecht – een ideale plek voor me, zo ver mogelijk van de oorlog en alle leed verwijderd.

In die tijd was het gebruikelijk dat vrouwen na de bevalling nog negen dagen in het ziekenhuis bleven. De baby's sliepen op een aparte zaal en werden naar hun moeders gebracht voor de borstvoeding. Meestal waren de patiënten op deze afdeling boerinnen met grote gezinnen. Hun oudere kinderen kwamen op bezoek en brachten poppen en houten paardjes mee alsof de baby al een peuter was met wie ze konden spelen. Het was bizar om te zien dat de baby's van deze geharde, eenvoudige mensen in de mooiste babykleertjes van zuiver zijde werden gestoken, naar huis gestuurd door de bezetters van Parijs.

We hadden geen couveuse, en te vroeg geboren baby's werden met een pipet gevoerd. Ik knuffelde de baby's, verschoonde ze en legde ze bij hun moeder aan de borst. Als de moeder geen melk had, maakte ik flesjes klaar. Een paar keer hebben mensen me gevraagd of ik de peetmoeder van hun kinderen wilde worden en naar de kerk wilde komen voor de doop. Ik zei altijd ja, maar verzon dan op het laatste moment een uitvlucht. Als ik naar zo'n doopplechtigheid zou gaan, zou iedereen meteen zien dat ik nog nooit van mijn leven een kerkdienst had bijgewoond.

Ik hield van dat werk. Ik had het gevoel dat mijn moeder samen met me over de kraamafdeling liep en me steunde. Ik praatte heel zachtjes tegen de kinderen, met haar zachte stem. In een tijd waarin elke voetstap op de gang en elk klopje op de deur paniek veroorzaakte, schonk dat me een zekere gemoedsrust.

Uiteraard ging er weleens wat mis. Een vrouw kreeg trombose na de bevalling en haar been moest worden geamputeerd. Een andere vrouw kwam bont en blauw in het ziekenhuis aan. Haar baby bleef nog geen tien minuten leven. Ze had al drie andere kleine kinderen, met tussenpozen van nauwelijks twee jaar. Hun vader dumpte hen voor het ziekenhuis, en daar stonden ze op hun moeder te wachten. Toen het weer wat beter met haar ging, vertelde ze me van zijn woedeaanvallen, zijn wreedheid. Ze wilde niet met hem mee naar huis toen hij haar kwam halen. Haar ogen, nog steeds pimpelpaars, werden groot van angst. Helaas konden we haar op geen enkele manier houden.

Waar ik nog wel het meest van onder de indruk was, was het feit dat vrouwen er van alles en nog wat uit flapten als ze tijdens de bevalling onder narcose waren, ook dingen waardoor ze ernstig in de problemen zouden kunnen komen.

Een meisje bekende zowat dat haar baby niet van haar man was maar van een Poolse dwangarbeider. 'Jan! Jan!' bleef ze maar roepen. 'Liefste!'

Ik legde een hand over haar mond en bracht mijn hoofd dicht bij haar oor. 'Ssst,' fluisterde ik.

Een boerin die net een tweeling had gebaard, bekende dat zij en haar man kaas hamsterden en illegaal varkens slachtten. Weer een andere vrouw riep ijlend dat ze de stem van haar oudste zoon had gehoord op Radio Moskou, in een uitzending met persoonlijke boodschappen van gevangen genomen Duitse soldaten. Dit was veruit het ernstigste politieke vergrijp dat me ter ore kwam. Ik kon me heel goed voorstellen hoe blij ze was dat haar zoon de Russische slachting had overleefd. Gelukkig voor haar was ik de enige die haar dat hoorde vertellen.

In mei 1943 viel het een van de artsen in het ziekenhuis op dat ik erg mager was en er slecht uitzag, en hij riep me bij zich voor een onderzoek. Hij constateerde ondervoeding en gaf me de raad om een paar dagen in bed te blijven en zo goed mogelijk te eten.

Werner en ik gebruikten deze onverwachte vakantie om een paar dagen naar Wenen te gaan, want ik had hem verteld over Frau Doktor, Jultschi, Christl en Pepi, en hij wilde ze graag leren kennen. Ik stelde hem voor met een mengeling van trots en angst. *Kijk, ik heb een vriend gevonden, een beschermer; hij zegt dat hij van me houdt. Aan de andere kant is hij nogal excentriek en gevaarlijk opvliegend. Maar misschien kan hij op de een of andere manier helpen.*

Werner logeerde in Hotel Wandl op de Petersplatz. Ik durfde me niet in te schrijven bij een hotel, dus logeerde ik bij mijn nicht. Ik nam Werner mee naar het Wienerwald om van het uitzicht op de Donau te genieten. We maakten wandeltochten in de heuvels boven de stad.

Hier kwam ik als jong meisje, dacht ik, maar dat zei ik niet hardop. Op deze paden zong ik La Bandiera Rossa, in een tijd dat iemand nog hardop socialistische liederen kon zingen, in vrijheid.

Volkomen onverwacht kwam er onweer opzetten, het donderde en bliksemde boven onze hoofden. Ik was bang maar Werner niet; hij vond een flink onweer juist wel spannend. We schuilden in een hutje langs het pad, en hij hield me in zijn armen en stelde me gerust terwijl buiten de wind huilde. Toen we de volgende dag terugkwamen in Wenen, stond Christl op het punt de stad te verlaten, was Jultschi in alle staten en ijsbeerde Frau Doktor als een leeuwin door haar kantoor, haar gezicht verkrampt van de zorgen. Ze dachten namelijk allemaal dat we waren gepakt, snap je. Ze dachten dat we in handen van de Gestapo waren gevallen.

Voor ons vertrek liet Christl ons een grote rol zijde zien die ze had gekocht. Het viel niet mee om souvenirs voor haar winkel te bemachtigen, en ze had bedacht dat ze sjaals zou kunnen knippen van de zijde. Maar hoe moest ze de zijde bedrukt krijgen?

Werner glimlachte. Hij had een idee. 'Ik beschilder elke sjaal met een Weense bezienswaardigheid,' zei hij. 'De kathedraal in een hoek van deze, de opera in een hoek van de andere. De een in blauw, de ander in goud.'

'Maar hoe kom je aan de verf?' vroeg Christl.

'Laat dat maar aan mij over,' antwoordde hij.

Ik begreep dat er opnieuw verfpotten van de planken in het Arado-magazijn zouden verdwijnen.

Ik vond het vreselijk om opnieuw afscheid te nemen van mijn vrienden, maar ik wist dat ik een bepaalde grens had overschreden; ik was nu ook in hun ogen Werners vrouw geworden, niet meer alleen in mijn eigen. Ze hadden gezien hoe sterk hij was en konden tegen zichzelf zeggen: Bij deze man is Edith veilig, precies zoals ik tegen mezelf zei dat Hansi veilig was bij de Britten. In hun ogen was ik niet langer een wanhopig slachtoffer, uitgehongerd en dakloos. Nu was ik dankzij mijn beschermer, met zijn fantasie en talent, zijn vakmanschap en de materialen die hem ter beschikking stonden, zelfs in een positie om hen te helpen.

Ik had een hoger niveau van welvaren bereikt, maar ik moest constant op mijn hoede blijven. De prijs die ik betaalde voor dit omhoog klauteren uit een diep dal was tegelijkertijd het dieper wegzakken in mijn vermomming, met als gevolg dat ik mezelf volkomen kwijt dreigde te raken. Wenen begon zijn greep op me te verliezen, en ik voelde me steeds minder verbonden met alles wat ik ooit 'werkelijkheid' had genoemd. Ik begon bang te worden dat ik op een dag in de spiegel zou kijken en iemand zou zien die ik niet herkende. Wie weet er nog wie ik ben? vroeg ik mezelf. Wie kent me?

Elke dag werkte ik op de kraamafdeling met al die pasgeboren baby's. Ik deed ze in bad en gaf ze de fles, ik knuffelde ze, troostte ze als ze huilden. Ik zag hoe verrukt hun moeders waren als hun baby bij hen werd gebracht.

Ik ben bijna dertig, dacht ik bij mezelf. Niet zo jong meer. Ik weet uit eigen ervaring hoe vreselijk het voelt om niet meer te menstrueren en te leven zonder hoop op een kind. Nu ben ik weer vruchtbaar, maar misschien niet voor lang. Misschien pakken ze me wel en hongeren ze me nog een keer uit. Wie weet? Wie weet hoe lang deze oorlog nog duurt en wat de toekomst brengen zal. Misschien is dit mijn enige kans. Ik heb een sterke en viriele minnaar, die de intelligentie en de wil heeft om fantastische leugens op te dissen, die niet bang is. Misschien kan hij me een kind geven. Als ik een kind heb, ben ik niet meer alleen. Dan is er iemand van mij.

Ik begon met Werner over een kind te praten. Hij wilde geen kind, niet met mij. Hij had namelijk veel van de racistische nazi-propaganda opgezogen, en hij geloofde dat joods bloed in een kind van ons zou domineren. Dat wilde hij niet. Ik moest een manier verzinnen om hem over te halen.

's Avonds wachtte ik altijd op Werners thuiskomst. Ik stond met mijn oren gespitst achter het fornuis, alert op voetstappen in de gang. Ik wist dat hij vaak door het sleutelgat gluurde, gewoon omdat hij het prettig vond om mij achter het fornuis te zien staan, bezig om voor hem te koken. Ik wist nog wat Frau Doktor tegen me had gezegd. 'Ze willen allemaal een vrouw die op ze wacht, in een gezellig huis, met een lekker maal en een warm bed.' Ik kon voelen dat hij naar me keek. Mijn hoofdhuid tintelde. Hij kwam binnen. Ik deed alsof ik het zo druk had met koken dat ik hem niet binnen hoorde komen, en hij kwam achter me staan en tilde me op, met mijn pollepel nog in de hand.

Na het eten stelde ik voor om een partijtje schaak te spelen. Ik speelde slecht en hij won altijd. En omdat het schaak was, wist hij altijd van tevoren dat hij zou winnen als ik een domme zet deed – wat ik trouwens expres deed. Ik genoot ervan als ik zag dat Werner zich ontspande en zijn gezicht begon te stralen omdat hij besefte dat hij zou gaan winnen. De transparantie van zijn blijheid was zo aandoenlijk. Schaak had altijd het gewenste resultaat – het was een soort paardans.

Over elke zet dacht ik na. Ik nam de toren tussen duim en wijsvinger. Ik rolde de koning peinzend heen en weer tussen mijn handpalmen. Ik zette hem op de verkeerde plek neer. Werner kon hem zo slaan. Mijn koningin was niet gedekt.

Ik keek hem glimlachend aan en haalde hulpeloos mijn schouders op. 'Nou, zo te zien heb je me alweer verslagen,' zei ik. 'Gefeliciteerd.' Ik leunde over de tafel en kuste hem.

Werner nam me in zijn armen, tilde me op en droeg me naar het bed. Snel stak hij een hand in de la waarin hij de condooms bewaarde.

'Nee,' fluisterde ik, 'vanavond niet.'

'Ik wil je niet zwanger maken.'

'Het kan me niet schelen als ik zwanger raak,' fluisterde ik. 'Ik wil het juist zo graag.'

'Nee,' zei hij.

'Alsjeblieft,' smeekte ik.

'Nee.'

'Liefste...'

'Hou op, Grete.'

'Ssst.'

Het was de eerste keer dat ik tegen Werner in durfde te gaan. Maar het was het dubbel en dwars waard. In september 1943 wist ik dat ik een kind zou krijgen.

hoofdstuk 10

Een fatsoenlijk arisch huishouden

Het feit dat ik graag een kind wilde, betekende nog niet dat ik ook wilde trouwen. Het idee dat de zoveelste strenge nazi-bureaucraat mijn vervalste papieren zou bestuderen om een vergunning voor het huwelijk af te kunnen geven maakte me ziek van angst. En wat betekende een onwettig kind nou voor iemand in mijn situatie? Tegen de tijd dat er negen maanden verstreken waren, zei ik tegen mezelf, zouden de nazi's de oorlog verloren hebben en zou ik trouwen met de vader van mijn onwettig kind of, als we dat niet wilden, misschien wel met iemand anders.

Maar Werner Vetter was een échte burger van het Reich. Hij moest aan zijn reputatie denken en weigerde pertinent de vader van een onwettig kind te zijn. 'Bovendien heeft tante Paula me gewaarschuwd dat ze nooit meer iets met me te maken wil hebben als ik niet goed voor je ben,' zei hij luchtig. 'Ik moet dus wel met je trouwen.'

Protesteren had geen zin. We moesten trouwen.

Ik liep door de hoofdstraat van Brandenburg, begroette bekenden met een knikje en merkte niets van het heerlijke weer. In het sombere gebouw van de burgerlijke stand kreeg ik te maken met een man die voor mij de bewaker van de hellepoort was, een humorloze ambtenaar met een grijs gezicht. Uit mijn papieren maak ik op dat hij waarschijnlijk Heuneburg heette. Als een donkere spin hing hij tussen zijn archieven, lijsten en dozen met kaarten en gegevens die dodelijk konden zijn, wachtend, misschien zelfs wel hopend, op een staatsvijand zoals ik die zich in zijn domein waagde. Naast hem stond een stenen buste van Hitler en achter hem hing de nazi-vlag.

'Ik zie dat de ouders van uw vader arisch zijn. De vader van uw moeder heeft een geboorteakte en een doopbewijs, zie ik. Mmm.' Fronsend bekeek hij mijn papieren. 'Mmm. Ik zie hier alleen niets over uw moeders moeder.'

'Mijn moeder kwam uit Wit-Rusland,' vertelde ik. 'Mijn vader heeft haar na de Eerste Wereldoorlog mee teruggenomen naar Duitsland. Hij was in dienst van de Kaiser.'

'Ja, ja, dat zie ik wel. Maar...' Weer keek hij naar de papieren. 'Maar... maar hoe zit het met de moeder van uw moeder? Waar zijn de gegevens over haar raszuiverheid?'

'Door de gevechten en het verbreken van de verbindingen hebben we daar geen afschrift van kunnen bemachtigen.'

'Maar dan weten we niet wie ze werkelijk was.'

'Ze was mijn grootmoeder.'

'Ze kan wel joods zijn geweest, en in dat geval bent u zelf ook joods.'

Ik slaakte een gespeelde geschrokken kreet en staarde hem aan alsof ik dacht dat hij gek was geworden. Hij tikte met een nagel tegen zijn tanden en keek me door dikke brillenglazen met vlekjes kalm aan. Hij had kleine ogen. Mijn hart ging tekeer als een pauk. Ik hield mijn adem in.

'Nou ja,' zei hij met zijn blik nog steeds op mij gericht. 'Vooruit. Ik kan wel aan u zien dat u een raszuivere ariër bent, het is volkomen duidelijk,'

Onverwacht, met een luide kreun, liet hij zijn stempel op de formulieren neerkomen. '*Deutschblutig*'. Eindelijk stond er op mijn papieren dat ik Duits-bloedig was. Hij gaf me de vergunning voor het huwelijk en ik kon weer ademhalen.

Dezelfde man verbond mij en Werner in de echt, aan hetzelfde bureau met dezelfde buste van Hitler en dezelfde vlag, op 16 oktober 1943. Probeer je eens voor te stellen hoe romantisch die plechtigheid was, met zo'n trouwambtenaar. Ik geloof dat het al met al drie minuten heeft geduurd.

Hilde Schlegel, inmiddels zelf zes maanden zwanger, en haar man Heinz, die thuis was met verlof, waren onze getuigen. Ik droeg een jurk die mijn moeder voor me had gemaakt, zodat ze er voor mijn gevoel toch een beetje bij was, alsof zij me kon beschermen tegen deze mogelijk fatale poppenkast. Maar ik was kapot. Ik was als de dood dat ik zou vergeten om al mijn namen te tekenen – Christina Maria Margarethe Denner – en dat de pen op de een of andere manier uit eigen beweging Edith Hahn zou schrijven, Edith Hahn, dat is wie ik ben, stelletje klootzakken, ik haat jullie, ik bid dat er Amerikaanse bommen op dit kantoor vallen en jullie buste en jullie vlaggen en jullie smerige fascistische archieven tot as verbranden.

We hoorden een exemplaar van Mein Kampf te ontvangen – een cadeautje van Hitler aan alle pasgetrouwde stellen – maar die week was de voorraad in Brandenburg net op.

Vanwege ons huwelijk hadden we recht op extra rantsoenen: 150 gram vlees, 50 gram echte boter, 40 gram olie, 200 gram brood, 50 gram meel, 100 gram suiker, 25 gram surrogaatkoffie, en één ei per bruiloftsgast. Ik was te bang geweest om deze schat op te halen. 'Ik ben in verwachting,' klaagde ik tegen Hilde, 'en Werner eist dat ons huis zo brandschoon is dat je van de vloer kunt eten. Ik heb gewoon geen tijd om naar het distributiekantoor te gaan om de extra bonnen op te halen.' Gelukkig bood Hilde aan het voor me te doen.

Heinz Schlegel stelde voor om met zijn allen naar een restaurant te gaan om ons huwelijk te vieren en de extra bonnen in te leveren. Mijn beroemde patiënt droeg ook zijn steentje bij; hij was voldoende hersteld om terug te keren naar Berlijn en had zijn zoons gevraagd om mij ter ere van mijn huwelijk een paar flessen moezelwijn te sturen, in oorlogstijd een zeldzame traktatie voor gewone burgers.

Je vraagt je misschien af hoe ik het vond om zo vaak samen te zijn met mensen die het Hitler-regime steunden. Ik kan je vertellen dat ik er niet eens meer over durfde na te denken, want ik had absoluut geen enkele keus. Als je in die tijd in Duitsland was en je voordeed als ariër, ging je automatisch met nazi's om. In mijn ogen waren het allemaal nazi's, of ze nou lid waren van de partij of niet. Het zou mal en gevaarlijk zijn geweest als ik onderscheid had gemaakt – had gezegd dat Hilde een 'goede' nazi was en de ambtenaar een 'slechte' – want mensen zijn nu eenmaal onvoorspelbaar; de 'goeden' konden je net zo makkelijk aangeven als de 'slechten' je leven konden redden.

Mijn kersverse man was de meest gecompliceerde van allemaal. Het ene moment een opportunist, het volgende een overtuigd nationalist. Toen ik op de avond na ons huwelijk de afwas deed, kwam Werner achter me staan en legde zijn handen op mijn buik. 'Dit wordt een jongen,' zei hij met rotsvast vertrouwen. 'We noemen hem Klaus.' Hij nam me in zijn armen. Hij had vaak gezegd dat het joodse ras volgens hem sterker was, dat joods bloed altijd domineerde. Dat idee had hij overgenomen van de nazi's en hij geloofde er nog steeds in. Hij zei altijd dat hij mijn zwangerschap voor zijn gevoel alleen in gang had gezet, dat hij '*das auslösende Element*' was, zoals hij het letterlijk zei. Hij leek er geen problemen mee te hebben zo lang hij zijn liefste wens maar in vervulling zag gaan: een zoon.

Waarom Werner niet geloofde dat Duits bloed sterker was, dat het kind altijd een ariër zou zijn vanwege zijn eigen aandeel, zal ik nooit begrijpen. Als een idee om te beginnen al idioot is, kun je een logische toepassing natuurlijk wel vergeten.

De huisarts onderzocht me en schudde zijn hoofd. Hij had iets geconstateerd dat ik zelf helemaal was vergeten. Als kind had ik een keer difterie gehad en daar had ik hartruis aan overgehouden. De Weense arts had me indertijd gewaarschuwd voor een eventuele zwangerschap, maar door de tumultueuze gebeurtenissen van de voorgaande jaren waren dat soort bedenkingen onbelangrijk geworden.

'Je hebt een groot risico genomen, Grete,' zei de Duitse dokter. 'Je hebt een zwak hart. De ruis is erg sterk. Je had nooit zwanger mogen worden. Maar je bent het nu eenmaal, dus ik schrijf je digitalis voor, en ik raad je aan om op te houden met werken en tot aan de bevalling thuis te blijven.'

Geweldig nieuws? Niet echt, want nu ontstond er een nieuwe crisis met mijn rantsoenen. Ik had een rantsoen ontvangen dat geschikt was voor een Rode Kruis-medewerkster die in het ziekenhuis een gezamenlijke maaltijd gebruikte. Hoe moest ik eten nu ik zes maanden niet zou werken en thuis zou zitten? Ik had een nieuwe bonkaart nodig, maar die kon ik alleen krijgen met een nationale registratiekaart, een systeemkaart die voor elke inwoner van het Reich werd afgegeven door Economische Zaken, het *Wirtschaftsamt.* En hoe moest ik aan zo'n kaart komen zonder de aandacht van de Gestapo te trekken?

Alsjeblieft, lieve Heer, bad ik, laat me dit probleem overwinnen. Straks heb ik een kind dat ik moet beschermen. Help ons deze beproeving te doorstaan.

Voor het eerst besloot ik er niet onopvallend uit te zien, maar juist zo verzorgd en aantrekkelijk mogelijk, en zo wandelde ik naar de burgerlijke stand. Dit keer werd ik geholpen door een vrouw, dik, keurig en geparfumeerd. Op haar smetteloze bureau stond een plant. Ik overhandigde haar het document van het Rode Kruis met de verklaring dat ik met ziekteverlof was en thuis bonnen moest ontvangen omdat ik niet langer in het ziekenhuis at.

Ze ging op zoek naar mijn systeemkaart. In het grote archief was er geen spoor van te bekennen. Ze controleerde het vier keer. Ik zag haar vingers langs de kaartjes gaan waarmee elke inwoner van het Reich keurig werd geregistreerd.

Ze keek me aan. 'Ik heb uw kaart hier niet.'

Ik glimlachte. 'Dan moet hij ergens anders zijn.'

Vorsend bestudeerde ze me, om te zien of ik haar niet stiekem een verwijt maakte, maar ik zorgde er wel voor dat ik de vriendelijkheid zelve bleef. Ik wilde niet dat ze zich schuldig zou voelen. Ik wilde haar niet het gevoel geven dat ze zichzelf moest verdedigen. Ik wilde dat ze zich veilig zou voelen.

Ze grijnsde naar me en sloeg met haar handpalm tegen haar voorhoofd om aan te geven dat ze net een lumineus idee had gehad. Met hernieuwd enthousiasme begon ze te zoeken tussen de kaarten van mensen die uit andere steden naar Brandenburg waren verhuisd. Dáár zat mijn kaart natuurlijk tussen! Ze keek. Ze keek nog een keer. Ze keek nog een keer.

'Uw kaart zit er niet bij.'

Een waas van zweet glinsterde bij haar oren en op haar bovenlip. Ze was doodsbang. Ik gebruikte elk grammetje van mijn emotionele kracht om te verhullen dat ik ook als de dood was.

'Nou, misschien kunt u de kaart van mijn man wél vinden,' opperde ik.

Ze ging op zoek en vond Werners kaart onmiddellijk. Ik zag haar nadenken. Hoe kon een verpleeghulp van het Rode Kruis, een werkneemster van het Städtische Krankenhaus, de zwangere vrouw van een Arado-opzichter die bovendien al jaren lid was van de nazi-partij geen kaart hebben? Onmogelijk!

'Er moet sprake zijn van een vergissing,' mompelde ze.

Ik zei niets.

'Ik weet het al,' zei ze.

Ik wachtte.

'Uw kaart is duidelijk verkeerd opgeborgen, dus ik zal nu meteen een nieuwe voor u maken.' En dat deed ze. De kaart ging in het archief: Christina Maria Margarethe Vetter.

Nu moest ik mijn uiterste best doen om mijn blijdschap niet te laten blijken, maar geloof me, als het had gekund, zou ik die aardige, dikke, onzekere vrouw een klapzoen hebben gegeven en op haar smetteloze bureau hebben gedanst. Eindelijk was ik officieel ingeschreven en kon ik mijn bonnen op de normale, onopvallende manier ontvangen. De zwakke schakel in mijn vermomming, waardoor de Gestapo me elk moment had kunnen ontmaskeren, was uitgewist.

Kleren bleven wel een probleem. Vergeet niet dat Herr Plattner, de *Sippenforscher* in Wenen, me had gewaarschuwd dat ik nooit een *Kleiderkarte* moest aanvragen. Als mijn schoenen kapot waren, repareerde Werner ze. Als ik een jurk nodig had, stikte ik andermans lorren aan elkaar en maakte daar een jurk van. Mijn buik werd uiteraard steeds dikker, en van een lap stof die Frau Doktor me stuurde maakte ik een schort dat losjes over mijn te strakke kleren viel. Uiteindelijk gaf ik het op en ging ik Werners overhemden dragen. Maar het kind – wat moest mijn baby aan? Ik had immers geen soldaat in Parijs om me zijden babykleertjes te sturen. Christl stuurde me een gebreid bedjasje, dat ik kon uithalen om van de wol een truitje te breien.

Op een dag kreeg Werner een brief van tante Paula met een volkomen onverwachte inhoud.

'Wat ben jij nou voor een broer?' schreef ze. 'Je arme broer Robert is aan het front, zijn vrouw en drie kinderen zijn naar Oost-Pruisen geëvacueerd, hun flatgebouw is gebombardeerd, de deuren hangen erbij, de ramen gaan niet dicht, elke dief en kraker en deserteur kan er ongestoord zijn intrek nemen. Jij bent toch zo handig? Nou dan, pak je gereedschap en kom onmiddellijk hierheen om de boel te repareren.'

Uiteraard kon mijn grote sterke man dit bevel van zijn tante niet aan zijn laars lappen. Hij speldde Arado een of ander leugentje op de mouw en haastte zich naar Berlijn.

Het huis van zijn broer was vrijwel helemaal leeg. Gertrude had bijna alles meegenomen. Er waren nog maar een paar spullen over, waaronder een opvouwbaar bedje en véértig babypakjes en luiers! Werner schreef Robert om te vragen of wij de babyspullen mochten gebruiken, en aangezien zijn eigen kinderen er toch allang uit waren gegroeid, gaf hij ze graag aan ons. Werner timmerde de ramen dicht, repareerde de deuren en sloot het huis af. Uiteindelijk is deze flat nooit geraakt, ondanks alle bommen die er op Berlijn zijn gevallen.

In minder dan een jaar tijd had ik een metamorfose ondergaan; van een van de meest verachtelijke schepsels in het Reich – een opgejaagd joods slavenmeisje dat deportatie naar Polen probeerde te voorkomen – was ik veranderd in een van de meest gewaardeerde burgers, een zwangere arische huisvrouw. Ik werd met bezorgdheid en respect bejegend. Als ze eens hadden geweten wie ik was! Als ze eens hadden geweten wat voor nieuw leven er groeide in mijn schoot!

Het was zo krankzinnig allemaal dat ik er een beetje hysterisch van werd.

Ik keek omhoog naar de Amerikaanse bommenwerpers die elke dag overkwamen onderweg naar Berlijn. Ik bekeek ze alsof de hemel een groot filmdoek was waarop een avonturenroman werd geprojecteerd – vliegtuigen die als grote eenden in formatie voor de wolken langs vlogen, zwarte rookwolken van het luchtafweergeschut die ze opslokten. Het waren mijn reddende engelen en ik stuurde ze in gedachten boodschappen om ze geluk te wensen. Als ik zag dat een Amerikaans vliegtuig werd neergehaald, ging mijn hart mee omlaag. Ik bad om een glimp van de parachute, en de mogelijkheid dat een dappere piloot was omgekomen maakte dat mijn botten pijn deden van verdriet.

Het verschijnen van de geallieerde vliegtuigen in de lucht, de reële mogelijkheid dat Duitsland verslagen zou worden, het herfstweer, mijn nieuwe gevoel van veiligheid, dat alles bij elkaar bracht me op gevaarlijke gedachten, gedachten die ik heel lang had onderdrukt: de joodse feestdagen, mijn vader, mijn zusters, mijn mama, mijn familie in Wenen. Waar was iedereen? Was er daar nog wel iemand? Verlangden zij net zo naar mij als ik naar hen?

Zoals altijd overdag was ik alleen thuis, ik kookte, maakte schoon en luisterde naar de BBC, en opeens besefte ik tot mijn verbijstering dat ik niet naar het gebruikelijke nieuws luisterde maar een boodschap hoorde die heel specifiek voor mij bedoeld was. Het was een onderdeel van een preek die de Engelse opperrabbijn Hertz hield in verband met de naderende feestdagen Rosh Hashana en Yom Kippoer. Hij sprak in het Duits.

'Ons diepste medelijden gaat uit naar de laatsten van onze broeders in nazi-landen die in de schaduw van de dood moeten leven,' zei de rabbijn.

Hij bedoelt mij, dacht ik, mij en mijn baby. Maar waarom zegt hij 'laatsten'? Zijn wij als enigen overgebleven? Is het mogelijk dat alle anderen dood zijn?

'Over de hele wereld zijn er mensen die hen gedenken in hun gebeden en vurig hopen op het uur dat het land van de vernietiger verlamd zal zijn en er een eind zal komen aan al deze onmenselijke daden.'

Ze zijn ons niet vergeten, dacht ik. Wij die opgejaagd zijn, belaagd worden, ons schuilhouden in het duister, wij worden herdacht in de gebeden van onze broeders en zusters. Ze denken aan ons.

'En ik weet dat mijn joodse luisteraars, vooruitlopend op Grote Verzoendag, met hart en ziel zullen deelnemen aan het oude gebed. "Denk aan ons en geef ons leven, o Koning, want leven wilt Gij. Bezegel het voor ons in het boek des levens, om Uwentwille, o God van het leven".'

Toen Werner thuiskwam, vroeg hij waarom ik had gehuild. Ik denk dat ik iets heb gezegd over wisselende stemmingen tijdens de zwangerschap, want het laatste wat ik wilde was hem aan de vooravond van Rosh Hashana lastigvallen met mijn ware gedachten.

In de winter van 1944, toen ik een maand of zes in verwachting was, werd ik heel erg verdrietig. Werner vond het vervelend, hij zag me graag gelukkig.

'Ik heb gewoon heimwee,' snikte ik.

'Pak je spullen,' zei hij zonder ook maar een seconde te aarzelen.

Hij ging op de fiets naar Arado, en hij zal ze wel hebben verteld dat het huis van zijn moeder was gebombardeerd en zij ergens anders was ondergebracht, en dat er daar nu was ingebroken door een bende deserteurs die alles hadden gestolen en alle ramen en deuren kort en klein hadden geslagen, en dat hij erheen moest om aangifte te doen bij de politie of zoiets, en ze geloofden hem. Zo konden wij naar Wenen.

Alles was nog hetzelfde, maar alles was anders. De Oostenrijkers kregen het steeds moeilijker. Hun kleine dictator uit Linz had zich niet ontpopt tot het militaire genie waarvoor iedereen hem in 1941 had gehouden. Ze verloren hun zonen, hadden te lijden onder luchtaanvallen. Het was allemaal leuk en aardig geweest toen ze de hulpeloze burgerbevolking van al hun bezittingen konden beroven, maar om deze vijandelijke legers – van Zjoekow, Eisenhower en Montgomery – hadden ze niet gevraagd toen ze voor de Anschluss stemden.

Die tweede keer dat Werner en ik in Wenen waren, liep ik langzaam door de Ringstrasse en probeerde ik herinneringen uit mijn jeugd op te roepen. De politie had de hele wijk afgezet omdat Hitler op bezoek was en in Hotel Imperial logeerde. Er zou een grote bijeenkomst worden gehouden.

Een politieman kwam naar me toe. Mijn maag kromp samen. Mijn keel werd droog. Frau Westermeyer heeft me gezien, dacht ik, en ze heeft me aangegeven bij de politie, zoals ze had gedreigd.

'Het is beter als u een eindje verderop gaat lopen, mevrouw,' zei hij, 'want we verwachten hier elk moment grote mensenmassa's, en voor een dame in uw toestand is het beter om gedrang te vermijden.'

Ik liep een paar straten verder en wachtte op de drommen, maar die kwamen niet. De plaatselijke nazi's waren waarschijnlijk bang dat de Führer ontstemd zou zijn over de lege straten en hen ervoor zou laten boeten, dus trommelden ze bussen vol kinderen op die leuzen moesten scanderen. '*Wir wollen unser Führer sehen!*' riepen ze, zodat die gek zich 'verplicht' zou voelen om op het balkon te verschijnen, als een vorst.

De volgende dag hadden Pepi en Werner en ik afgesproken in een café. Die twee mannen van mij hadden een zekere verstandhouding met elkaar opgebouwd, niet wat je noemt een vriendschap maar een soort verbond. Al mijn Weense contacten waren onder de indruk geweest van de bedrukte sjaals waar Werner voor had gezorgd en die Christls klanten gretig kochten. Nu was het Pepi's beurt om Werner om hulp te vragen.

Hij zag er vreselijk slecht uit, ouder, sjofel. 'Steeds meer mannen deserteren,' zei hij zacht. 'Hoe erger de toestand aan het front wordt, des te vijandiger staat het regime tegenover zijn eigen mensen. Ze sturen de politie eropuit, zelfs de SS, om de deserteurs te vinden. Een jonge man die geen uniform draagt, kan elk moment opgepakt worden.'

Ik had hem nog nooit zo grimmig gezien, zo bang.

'Wat moet ik doen als ze me aanhouden en vragen waarom ik niet in het leger zit? Wapperen met mijn blauwe legitimatiebewijs dat me vrijstelt van de dienstplicht omdat ik een jood ben?'

'Je hebt een excuus nodig,' zei Werner peinzend.

'Ja.'

'Een officieel excuus...'

'Iets wat ik altijd op zak kan hebben.'

'Een verklaring dat je belangrijk werk doet voor de oorlogsindustrie.'

'Ja. Precies.'

Zwijgend zaten we in dat café, allemaal in gedachten verzonken. 'Ik weet wat,' zei Werner ten slotte. 'Vraag een paar vellen briefpapier van de verzekeringsmaatschappij van je stiefvader en zorg voor een handtekening van de directeur.'

'Er moet ook een stempel op,' zei Pepi nerveus. 'Van het ministerie van Arbeid of Binnenlandse Zaken – '

'Dat is geen probleem,' zei Werner.

Pepi lachte schamper. 'Geen probleem? Mijn beste man, alles is een probleem.'

'Je kunt Werner vertrouwen,' verzekerde ik hem. 'Hij heeft gouden handen.'

Toen we weer thuis waren, ging Werner aan het werk. Hij kocht een paar kant-en-klare stempels waar men de datum, factuurnummers, 'rekening voldaan' en dergelijke mee kon stempelen. Vervolgens verwijderde hij bepaalde letters van het ene stempel, en sneed hij nieuwe uit een ander, die hij dan inpaste. Het duurde niet lang of hij had een nieuw stempel met precies de juiste tekst. Met zijn kleine mesjes en gutsen sneed hij het logo, en met een pincet paste hij de letters en de datum erin. Op de fabriek tikte hij een brief op het briefpapier van Herr Hofers bedrijf. Er stond in dat dr. Josef Rosenfeld *Unabkömmlich* was – niet gemist kon worden bij Donau Versicherung, waar hij werk deed dat van essentieel belang was voor het Reich. Hij vervalste de handtekening van Hofers baas, en tot slot zette hij er het onvoorstelbaar geloofwaardige en officieel ogende stempel op. Toen leunde hij achterover om zijn werk met toegeknepen ogen kritisch te bestuderen.

'Niet slecht, hè?' zei Werner.

'Het is echt geweldig.'

In mijn ogen was het perfect, een magisch document dat Pepi's veiligheid voor de rest van de oorlog zou garanderen. Ik weet niet of hij het ooit heeft gebruikt, maar hij hád het, daar ging het om. Het gaf hem het vertrouwen dat hij beschermd was, en voor een U-boot zoals hij en ik, mensen die zich omringd door vijanden schuilhielden, was dat al het halve werk. Als je zelfvertrouwen had, waren de angsten en spanningen van het dagelijkse leven niet op je gezicht te lezen en konden ze je ook niet verraden.

'Ik durf te wedden dat ik een hoop geld had kunnen verdienen als ik dit soort werk in de jaren '30 had gedaan. Alle papieren die mensen nodig hadden, documenten...'

'Nou, dat weet ik wel zeker.'

'Verdikkie. Wat een sof. Ik ben altijd te laat om mijn slag te slaan.'

'Maar je bent mijn genie.' Ik kuste hem.

Hij was echt bijzonder, Werner Vetter. Een werkelijk getalenteerd man. Ik vraag me af of iemand zijn talent later ooit evenveel heeft gewaardeerd als ik.

Het was april. Werner was vaak op reis om materialen voor Arado te vinden, want daar was op de normale manier niet meer aan te komen. Hij was moe. We speelden een partijtje schaak, luisterden naar het nieuws en gingen naar bed. Hij viel als een blok in slaap.

Ik voelde de eerste weeën, maar ik wilde hem niet meteen wakker maken. Ik liep heen en weer door de badkamer, ging weer naar bed, en weer terug naar de badkamer. Tegen een uur of elf maakte ik hem wakker.

'Ik denk dat de bevalling begint, Werner.'

'O ja? Ik zal je voorlezen hoe alles gaat.' Hij pakte een boek van de boekenplank. '"Eerst komen de pijnen met grote tussenpozen en zijn ze nog zwak. Naarmate de baby verder indaalt..."'

'Best, prima, het klinkt allemaal erg mooi in woorden en zinnen, maar laten we toch maar naar het ziekenhuis gaan.'

We liepen door de stille straten van Brandenburg, arm in arm. We deden er bijna een uur over omdat ik zo langzaam liep. In het ziekenhuis bracht de verpleging me naar een grote zaal met meer vrouwen die weeën hadden.

Op elke muur tikten klokken, heel luid. Die Duitsers hadden iets met klokken. Ik hoorde de andere vrouwen kreunen. De dokter kwam om me te onderzoeken. 'Wacht nog maar even,' zei hij tegen een zuster. 'Straks geven we haar een verdoving.'

Ik concentreerde me op het beheersen van de pijn, dus zei ik niet meteen iets, maar geleidelijk begon ik me alle patiënten te herinneren die op de kraamafdeling waar ik had gewerkt onder narcose waren gebracht tijdens de bevalling en er van alles uit hadden geflapt dat henzelf of hun dierbaren in gevaar had kunnen brengen. Opeens besefte ik wat mij te wachten stond – ik kon niets nemen tegen de pijn, want als ik dat deed, zou ik ook kunnen gaan ijlen. Ik zou namen kunnen noemen. Christl. Frau Doktor. Ik zou zelfs, God verhoede, jood kunnen zeggen. Ik las mezelf streng de les.

Alle mensen van wie je houdt zullen sterven omdat jij zo'n zwakkeling was en de pijn van de bevalling niet kon verdragen. Duizenden en duizenden jaren lang hebben vrouwen zonder pijnstillers kinderen gebaard. Als zij het konden, kun jij het ook. Doe het zoals je grootmoeders en overgrootmoeders het hebben gedaan, wees flink en krijg je baby op de natuurlijke manier.

'Nee, nee,' zei ik hees toen de verpleegster eraan kwam met haar spuit. 'Ik ben jong en sterk, ik heb geen pijnstiller nodig.'

Ze protesteerde niet, stopte de spuit weg en vertrok. Zo lang ik niet gilde of een scène maakte, wat kon het haar dan schelen?

Daarna wilde ik, de enige keer gedurende die vreselijke oorlog, alleen nog maar dood.

Op paaszondag, 9 april 1944, werd mijn kind eindelijk geboren. De dokter kwam op het laatste cruciale moment kijken en trok haar eruit. Toen ik zag dat het een mooi meisje was, dat ze een lief gezichtje had en twee perfecte oogjes en alle vingertjes en tenen, was ik dolgelukkig.

'Mijn man wilde een jongen,' zei ik tegen de dokter. 'Hij is misschien heel erg teleurgesteld.'

'Wat zullen we eraan doen, Frau Vetter? Zullen we haar weer naar binnen duwen en hopen dat ze als jongetje herboren wordt? Zeg maar tegen uw man dat het in deze tijd een nog veel groter wonder is dan anders om een gezond kind te krijgen. Zeg hem dat hij God dankbaar moet zijn.' Hij wilde weggaan maar draaide zich nog even naar me om. 'En vergeet niet dat de man het geslacht van de baby bepaalt, dus uw man kan u onmogelijk verwijten dat u zo'n mooi meisje hebt gekregen. Het is allemaal zijn schuld.'

Ze legden haar in mijn armen. Ik was uitgescheurd en bloedde, maar ik voelde me intens gelukkig en tevreden.

Opeens loeiden de sirenes – een Amerikaanse luchtaanval. Iemand duwde de brancard waarop ik lag naar een donkere, bedompte ruimte. Wat had ik een geluk dat ik mijn baby toevallig net op dat moment bij me had, dat ze me een flesje water hadden gegeven om haar te leren zuigen. Allemaal luisterden we in het donker, met het geoefende oor van mensen die al vaker zijn gebombardeerd, om te horen waar de bommen vielen.

Stommeling! dacht ik bij mezelf. Wat heb je gedaan? Je hebt een ten dode opgeschreven kind ter wereld gebracht! Als je niet wordt bedolven onder de Amerikaanse bommen, zullen de nazi's je ontdekken. Je kunt alles kwijtraken, je hele familie, alles wat je ooit hebt gekend. En als jij sterft, wie zal er dan *shiva* zitten?

Ik was zo eenzaam op dat moment, zo bang. Ik kon alleen maar aan mijn moeder denken.

Werner probeerde het ziekenhuis te bereiken, maar werd tegengehouden vanwege het luchtalarm. Het duurde een tijd voordat het werd opgeheven. De Amerikanen bleken het niet op Brandenburg gemunt te hebben maar gingen zoals gewoonlijk naar Berlijn.

Toen ik hem door de bunker zag lopen en hem mijn naam hoorde zeggen, smolt mijn hart van genegenheid. Hij zag er zo aandoenlijk uit. Hij had zich niet geschoren. Zijn gezicht was getekend door slapeloosheid. Zijn haar, dat altijd zo keurig gekamd was, zat helemaal in de war.

'Grete!' riep hij zacht. 'Grete, waar ben je?'

Ik dacht dat ik hem luid en duidelijk antwoordde, maar ik zal wel gefluisterd hebben, want hij liep een paar keer langs mijn bed voordat hij me zag.

Glimlachend boog hij zich over me heen, zijn ogen flonkerend van blijdschap. Hij tilde de baby op, sloeg de deken open, zag dat het een meisje was en versteende.

'Dit was jouw idee! Die hele zwangerschap was jouw idee! En wat heb ik nu? Nog een dochter! Alweer een dochter!'

Werner was razend. Zijn ogen leken helemaal wit te worden. De golf van liefde die ik daarnet nog voor hem had gevoeld stierf een wisse dood. Mijn man was een nazi; wat had ik dan verwacht? Was dit soms geen regime dat vrouwen minachtte en alleen belang hechtte aan hun vermogen om kinderen te krijgen? Was dit geen land waarin men primitieve viriliteit tot staatsgodsdienst had verheven? Hij ijsbeerde naast mijn brancard heen en weer, ziedend en briesend van woede. Op dat moment haatte ik hem uit de grond van mijn hart en wilde ik hem nooit meer zien. Dit is mijn kind, zei ik tegen mezelf, mijn kind, mijn kind. Dit kind is alleen van mij.

De volgende dag kreeg ik een brief van Werner waarin hij zijn verontschuldigingen aanbood voor zijn gedrag.

We kennen allemaal momenten van hartstocht als we pijn hebben, weet je. En dan komt er een eind aan dat moment, en daarmee ook aan de hartstocht en de pijn, en we vergeven en vergeten. Maar ik denk dat er telkens wanneer je iemand van wie je houdt pijn doet een barst ontstaat in je relatie, die daardoor telkens iets zwakker wordt – en dat blijft, het is een gevaar dat wacht op de volgende gelegenheid om verder te scheuren en alles kapot te maken. Toch verkeerde ik niet in de positie om Werner iets kwalijk te nemen. Hij was de vader van mijn baby, mijn beschermer, háár beschermer. Dus toen hij weer bij me kwam in het ziekenhuis en mijn hand naar zijn lippen bracht, liet ik toe dat mijn hart smolt.

'Je zult zien,' zei ik tegen hem, 'dat ze je vreugde zal brengen.' Hij glimlachte voorzichtig en probeerde met genegenheid naar de baby te kijken – hij deed echt zijn best. Hij maakte een schattig geboortekaartje en stuurde dat naar vrienden. Maar het was net als de guirlande van fruit en bloemen in onze keuken, alleen een versiering die ernstiger zaken maskeerde. In werkelijkheid was Werner diep teleurgesteld, en dat zou hij zijn leven lang blijven. Hij had een zoon willen hebben.

Met het verstrijken van de dagen ging hij er steeds onverzorgder uitzien. Hij werd magerder. Ik geloof echt dat hij niet in staat was om voor zichzelf te zorgen. Hij was eraan gewend dat er een vrouw voor hem zorgde en in zijn eentje maakte hij er een potje van. Misschien dacht hij dat ik medelijden met hem zou krijgen als hij verwaarloosd in het ziekenhuis kwam, in een smerig overhemd, zijn gezicht grauw van de honger, dat de bloedingen op zouden houden, dat ik snel van de bevalling zou herstellen en thuis zou komen. Als hij dat dacht, nou, dan had hij volkomen gelijk. Elke keer dat ik hem zag ging er een steek door me heen, en ik bleef niet de voorgeschreven negen dagen in het ziekenhuis. Al na een week ging ik naar huis omdat mijn man zich zonder mij geen raad wist.

Ik noemde onze dochter Maria, naar Frau Doktor, de vrouw die mijn leven heeft gered. Verder gaven we haar de naam Angelika, naar de grote achttiende-eeuwse schilderes Angelika Kauffman – ze was bevriend met Goethe, Herder, Joshua Reynolds en Thomas Gainsborough – een vrouw die Werner bewonderde. Haar mythische doeken met taferelen uit de Germaanse oorlogen tegen de Romeinen hingen in die tijd in de kanselarij, want ook Hitler was een groot bewonderaar van haar. (In later jaren, na onze verhuizing naar Engeland, veranderde onze dochter de naam Angelika in Angela. Zo zal ik haar verder ook noemen in mijn verhaal omdat zij dat veel liever heeft.)

Je vraagt je misschien af waarom ik mijn dochter niet naar mijn moeder vernoemde. Dat zal ik je vertellen. Het is een joodse traditie om kinderen alleen naar overleden mensen te vernoemen, en in april 1944 geloofde ik dat mijn moeder nog leefde.

Ik voelde haar aanwezigheid in alles wat ik met mijn pasgeboren baby deed, als ik me over haar wieg boog, haar geur opsnoof. Ik voelde haar zo levendig, zo tastbaar, dat ik er absoluut van overtuigd was dat ze leefde en het goed maakte.

De kleine Bärbl, Werners dochter van vier, kwam kort na Angela's geboorte op een dinsdagochtend bij ons. Zodra ze binnenkwam, de pop met het gele haar onder haar arm geklemd, stak ze haar armpje in de lucht. 'Heil Hitler!' riep ze.

Haar moeder glimlachte goedkeurend.

Volgens mij heb ik zelden iemand ontmoet voor wie ik zo bang was als voor Elisabeth Vetter. Ze was knap, heel lang, heel sterk, en op mij kwam ze ijskoud over. Ik neem aan dat ze net zo zacht en teder kon zijn als mijn magische standbeeld, maar ik had het gevoel dat ze door en door van marmer was. Werner was wat langer thuis gebleven om haar en Bärbl te begroeten. Door de geladen sfeer van vijandigheid en aantrekkingskracht tussen die twee werd het benauwd in huis. Ik kon duidelijk merken dat hij haar nog steeds wilde. Hij gaf zijn dochtertje een kus en ging haastig naar zijn werk.

Eenmaal alleen met Elisabeth speelde ik het onbenullige vrouwtje. Ik fluisterde zowat. Ik haastte me om haar koffie met koek te geven, haar de veranderingen in de flat te laten zien. Bärbl stond in een hoekje, een groot blond kind, uiteraard verlegen in mijn bijzijn.

Elisabeth keek naar Angela in haar wasmand-wieg. 'Die twee zien er totaal niet uit als zusjes,' zei ze.

Ze keek naar de geschilderde guirlande in de kamer. 'Nou, voor ons heeft Werner nog nooit zo zijn best gedaan – nee toch, Bärbl?'

Ze keek naar het keurig opgehangen gereedschap en de verf. 'Hij verbeeldt zich dat hij kunstenaar is. Jammer genoeg heeft hij geen talent.'

Ik weet niet meer of Elisabeth Bärbl een kus gaf toen ze wegging. Ik wachtte tot ze de deur uit was. Ik ging bij het raam staan wachten totdat ik haar op straat zag. Ik wachtte en wachtte tot ze aan het eind van de straat de hoek omging. Pas toen ze helemaal uit het zicht was verdwenen kon ik weer iets makkelijker ademhalen.

'Waar is het portret van Hitler?' vroeg Bärbl. 'Wij hebben thuis in elke kamer een portret van Hitler.'

'Het onze moet gerepareerd worden,' loog ik. 'Het is gevallen en gebroken, en nu moeten de stukken aan elkaar worden gelijmd. Dat is veel werk, maar straks krijgen we het weer terug. Heb je zin in iets lekkers?'

'Ja.'

Ik gaf haar *Knödl*, kleine gesuikerde aardappelknoedels, elk met een aardbei als vulling. Toen ze volwassen was, ver weg woonde in een ander land, getrouwd met een Schot, moeder van Britse zoons, was dat wat ze zich herinnerde – de Weense *Knödl* met de aardbei erin.

Elke dag gingen we wandelen: ikzelf, met de baby in de kinderwagen en het grote meisje van vier. Alles wat ik met Angela deed, deed Bärbl met haar pop. Ik deed haar in bad, zij deed de pop in bad. Ik kolfde melk om er een flesje mee te vullen, en zij deed de gebaren na en kon haar pop dan ook een flesje geven. Als we op straat iemand tegenkwamen, zei ik: 'Goedemorgen,' en Bärbl riep: 'Heil Hitler!'

'Heil Hitler!' tegen de tuinman, tegen de vrouw die de straat veegde, tegen de man die de rantsoenen bezorgde. Iedereen moet hebben gedacht dat ik een voorbeeldige nazi-moeder was.

Toch hield ik oprecht van Bärbl. Het was een lieve meid, en na een tijd hield ze op met het brengen van de Hitlergroet omdat ze bij mij woonde. Ik was niet streng. Ik werkte niet. Ik had zeeën van tijd voor de kinderen.

Bärbls zesweekse vakantie bij ons ging zo goed dat Elisabeth zich bedreigd moet hebben gevoeld. Geheel in overeenstemming met de geest van die tijd gaf ze Werner en mij aan bij de autoriteiten, somde ze alle redenen op waarom wij 'ongeschikt' waren om haar dochter in huis te hebben. De rechtbank stuurde een afvaardiging van twee maatschappelijk werksters die bij ons op huisbezoek kwamen.

Zoals altijd wanneer ik met de bureaucratie te maken kreeg, was ik in paniek. Ik woonde al een tijd bij Werner, meer dan een jaar, en onze verhouding was ontspannen. Kon je misschien ergens aan zien dat ik joods was, iets wat hem niet langer opviel maar hen meteen duidelijk zou zijn? Waren er dingen in huis waaruit ze zouden kunnen opmaken dat ik naar de universiteit was geweest, rechten had gestudeerd, wist hoe ik me stijlvol moest kleden?

Ik vroeg mijn bovenbuurvrouw Karla of ik een foto van de Führer van haar kon lenen, omdat ons portret werd gerepareerd. Ze diepte er een op uit een la.

De maatschappelijk werksters stonden zonder aankondiging voor de deur – de gebruikelijke gewichtige nazi-vrouwen met opschrijfboekjes en hoedjes. Ik nodigde ze binnen. Mijn mooie kleine engel lag te slapen in de wasmand. Hemelse goedheid, dacht ik bij mezelf, in dat rieten nestje ziet ze eruit als Mozes die tussen de papyrus drijft! Ze vroegen me naar onze dagindeling, de gerechten die we aten, ze deden de oven open om te zien of hij wel schoon was, ze loerden in alle hoeken en gaten op zoek naar stof, ze noteerden de titel van elk boek in de boekenkast. Toen gingen ze weer weg.

Een paar weken later kregen we een brief met de mededeling dat we op grond van de inspectie waren goedgekeurd, dat we een fatsoenlijk arisch gezin waren en dat Elisabeths verzoek om als enige de voogdij over Bärbl te krijgen was afgewezen. 'Het kan voor dit kind alleen maar goed zijn om zo vaak mogelijk bij Herr en Frau Vetter te logeren,' schreven ze in hun rapport. Het rapport van die twee nazi-vrou-

wen heb ik altijd erg lachwekkend gevonden. Later heb ik weleens bedacht hoe leuk het zou zijn geweest om met dat rapport hun kantoor
binnen te marcheren en te zeggen: 'Kijk eens, dit hebben jullie geschreven over een joodse vrouw, verachtelijke hypocrieten!'

Helaas gunt het lot ons zelden een dergelijke voldoening.

hoofdstuk 11

De val van Brandenburg

Ik leefde in hoop. Ik dacht niet aan mijn zusters, behalve af en toe, om mezelf te troosten met de gedachte dat ze veilig in Palestina zaten. Ik dacht niet aan Mina of een van mijn andere vriendinnen uit het *Arbeitslager*. Ik deed wanhopig mijn best om niet aan mijn moeder te denken. Als ik aan al die dierbare mensen had gedacht, zou ik gek zijn geworden. Ik zou mijn vermomming geen minuut langer hebben kunnen volhouden. Dus deed ik alles wat ik kon om mezelf af te sluiten voor de deprimerende woorden van rabbijn Hertz dat ik 'de laatste' zou zijn en ik probeerde mezelf wijs te maken dat ik een normaal leven leidde.

'Normaal.' Dat heb ik in later jaren tegen iedereen gezegd. Ik leefde als huisvrouw en moeder. We leidden een 'normaal' leven. Goeie genade.

De melkboer bezorgde ons rantsoen melk. De nazi-krant – *Der Völkische Beobachter* – werd elke dag door een jongen op de fiets bezorgd. Ik probeerde zoveel mogelijk naar winkels te gaan waar ik de winkelier niet de Hitlergroet hoefde te brengen. We leefden van onze rantsoenen. Frau Doktor stuurde ons wat extraatjes: lang houdbare etenswaren zoals rijst, macaroni, linzen en erwten. Soms stuurde Frau Gerl me bonnen voor brood. Ik stuurde zoveel mogelijk melkbonnen naar Jultschi voor haar Otti en spaarde al mijn koffie op voor tante Paula, want ze was er verzot op. We hadden kool en aardappelen, brood, suiker, zout en af en toe een stukje vlees – en hiervan kon ik mijn kleine gezin te eten geven.

De boeren op het land verdienden kapitalen met de ruilhandel, omdat mensen hun meest waardevolle bezittingen ruilden tegen een paar wortels, misschien een stuk spek of wat verse kaas. Er werden grappen gemaakt over boeren die zoveel Perzische tapijten hadden dat ze in de koeienstallen werden neergelegd. Ik hoorde dat er beurzen waren om kleren te ruilen, maar ik was bang dat men me om mijn niet-bestaande *Kleiderkarte* zou vragen, dus ging ik er nooit naartoe. Ik zat gewoon de hele tijd te naaien.

Ik stond op goede voet met onze zingende bovenbuurvrouw, Karla. Zij en haar echtgenoot, een oudere man, wilden al heel lang een kind adopteren, maar om de een of andere reden lukte dat niet, zelfs niet met al die wezen in het land. Op een dag kwamen ze thuis met een pasgeboren baby. Ik wist dat ze het kind zo uit de armen van de moeder moesten hebben gekregen, en kon me wel voorstellen uit wat voor soort liaison dit meisje was voortgekomen. Maar wat deed het ertoe? Het meisje mocht van geluk spreken dat ze deze aardige mensen als ouders kreeg. Vaak gaf ik Karla babykleertjes die Angela te klein waren. Karla bewaarde alle kleertjes op haar beurt weer voor Frau Ziegler, die al een peuter had en weer in verwachting was sinds haar man de laatste keer met verlof was geweest van het front.

De enige die ooit bij me kwam om te kletsen was Hilde Schlegel. Dan zaten we in de keuken en vertelde ze me hoezeer ze zich verheugde op Heinz' volgende verlof. We babbelden over het weer, de rantsoenen, hoe lastig het was geworden om wasgoed schoon te krijgen, dat ik maar bofte met een vriend in Wenen die me wat waspoeder had gestuurd. (In feite was het Anna Hofers waspoeder, en Pepi had er wat van gestolen.) Vaak kon Hilde eindeloos over haar schoonmoeder praten. Dat bracht me op een idee.

'Laten we je moeder te logeren vragen,' zei ik tegen Werner.

'Wat?'

'Ze heeft de baby nooit gezien.'

'De baby zal haar worst wezen.'

'Dat kan toch niet. Wie is er nou niet vertederd door ons schatje?'

De oudere Frau Vetter logeerde een week bij ons. Ze had een plat, nietszeggend, gerimpeld gezicht en droeg haar grijze haar in een knotje in haar nek. Ze zei nauwelijks een woord tegen me. Ze droeg een gesteven wit schort. Ze was zo keurig netjes en schoon dat ze Angela zelfs niet wilde aanraken uit angst dat ze vieze handen zou krijgen van een luier of kwijl. De hele dag dronk ze bier, heel stilletjes, en dan viel ze snurkend in slaap, haar schort nog even smetteloos. Ze deed me denken aan Aschersleben in de sneeuw – van buiten wit en schoon, maar van binnen een hopeloos immorele alcoholiste die zelfs voor het kind van haar eigen zoon geen liefde voelde. Op een dag kwam ik thuis met Angela en toen was ze weg. Ze had niets meegenomen toen ze kwam. Ze nam niets mee toen ze wegging. Werner had volkomen gelijk gehad over zijn moeder.

Ik knuffelde mijn mooie baby. 'Maak je geen zorgen, kleintje,' fluisterde ik. 'Het geeft niet dat oma geen afscheid heeft genomen. Het duurt niet lang meer voordat de oorlog voorbij is, dan worden we bevrijd door het sovjetleger. En als de getto's in Polen opengaan, komt je andere grootmoeder bij ons, en je zult zien, zij zal voor je zingen en je wiegen en je ogen kussen.'

Zoals Pepi al had gezegd, werden de nazi's steeds gevaarlijker naarmate de oorlog zich tegen hen keerde. De propagandamachine probeerde de bevolking hoop te geven door over 'geheime wapens' te spreken, maar op de een of andere manier doken die wapens nooit ergens op. De Gestapo vertrouwde er niet op dat de mensen de Führer in moeilijke tijden trouw zouden blijven. Ze jaagden op deserteurs, die de kogel kregen als ze werden ontdekt. Ze doorzochten de barakken van buitenlandse arbeiders, op zoek naar sporen van sabotage. Ze hadden diepe minachting voor de eenzame getrouwde vrouwen, van wie velen inmiddels weduwe waren, die een verhouding hadden met buitenlandse arbeiders. In 1944 ging bijna een kwart van de rechtszaken over illegale verhoudingen tussen Duitse vrouwen en buitenlanders, en elke dag werden er drie of vier arbeiders geëxecuteerd voor vergrijpen als diefstal en overspel.

Razzia's konden overal en altijd opduiken, poef, zomaar, zonder reden, waardoor doodgewone burgers nerveus werden en ik buitenshuis als een snaar zo gespannen was. Ik herinner me dat ik eens met Angela bij de apotheek was toen er twee SS'ers binnenkwamen die de papieren van de eigenaresse wilden zien. Zonder een woord te zeggen deed ze wat er van haar werd gevraagd. De SS'ers bestudeerden de stempels, de officiële handtekeningen. Ik maakte me in een hoekje zo klein mogelijk en repeteerde zoals altijd mijn strategie. Als ze naar mijn papieren vragen, dan geef ik ze. Als ze denken dat er iets niet klopt, doe ik alsof mijn neus bloedt en glimlach ik liefjes. Als ze me in de gevangenis gooien, vertel ik ze dat ik die papieren heb gestolen, helemaal zonder hulp, op eigen initiatief – niemand heeft me geholpen, mijn man heeft geen enkel vermoeden...

Uiteindelijk waren de SS'ers tevreden, ze gaven de papieren terug en verlieten de winkel. Een van de twee bleef naast de kinderwagen staan, glimlachte allerliefst naar Angela en klakte met zijn tong.

Werner werkte in die tijd zeven dagen per week, twaalf uur per dag. Zijn Nederlandse werknemers weigerden op religieuze gronden op zondag te werken. Hoewel het vreemd leek dat buitenlanders een kortere werkweek hadden dan de Duitsers, verdedigde Werner hen tegenover de leiding van het bedrijf, en uiteindelijk kregen ze hun zin. Elke gezonde Duitser moest namelijk vechten, en het gebrek aan geschoolde arbeidskrachten was zo nijpend dat men deze dwangarbeiders niet al te zeer tegen de haren in wilde strijken. Werner deed persoonlijk zijn best om hen fatsoenlijk te behandelen. Een Fransman stuurde ons als blijk van waardering een prachtig eigengemaakt kistje, met fijn houtsnijwerk, ingelegd met hout en metaal. Ik besefte dat hij waarschijnlijk zijn ziel in leven had gehouden door dit oogstrelende voorwerp te maken. Ik wist zelf wat het was.

De toevoerlijnen werden gebombardeerd. De productie stagneerde. Werner moest naar bedrijven zoals Daimler-Benz, Siemens, Argus, Telefunken, Osram, AEG en andere om aan materialen voor Arado te komen. In de fabriek zelf spoorde voortdurende propaganda de arbeiders tot een steeds grotere inzet aan. Grote foto's van Arado-werknemers die waren gesneuveld aan het front hingen aan de muren, een grimmige vingerwijzing dat je thuis misschien wel erg hard moest werken, maar dat het altijd beter was dan sterven in Rusland. Sabotage kwam steeds vaker voor. Later hoorden we dat Franse arbeiders van Arado complotteerden met Duitse communisten om een geheime radio te bouwen en boodschappen te sturen aan de geallieerden.

Naast die eindeloos lange werkweek moest Werner ook tijd vrijmaken voor de burgerbescherming, want we werden vrijwel voortdurend gebombardeerd.

Als Werner thuis was en het luchtalarm klonk, legden we Angela in de wasmand en droeg we haar elk met een handvat in de hand samen naar de schuilkelder – precies zoals Mina en ik aardappels hadden gedragen in Osterburg. Maar als ik alleen was, nam ik Angela liever niet mee naar de kelder. Er was geen lucht, geen licht, en alle moeders en kinderen zaten daar als haringen in een ton – het leek me gewoon vragen om ziektes, want één ziek kind kon de hele groep aansteken. Een jongetje bij ons in de flat (ik geloof dat hij Peter heette) raakte op die manier besmet met kinkhoest en hij stierf in zijn moeders armen.

Mijn grootste angst was bínnen zijn als er een bom viel, om binnenshuis verpletterd te worden of begraven in de schuilkelder. In de buitenlucht voelde ik me veiliger. Achteraf gezien klinkt dat natuurlijk idioot, maar in oorlogstijd worden mensen bijgelovig en krijgen ze de raarste ideeën over hoe ze wel en niet zouden willen sterven. Dus als het ronken van de bommenwerpers naderbij kwam, ging ik niet naar de schuilkelder. Ik legde Angela op de grond in haar mand en bouwde van meubels en kussens 'muren' om haar heen. Zelf zat ik altijd met mijn rug naar het raam, zodat ik haar zou kunnen beschermen tegen rondvliegend glas. Ik had een deken binnen handbereik voor als ik zou moeten vluchten.

In de zomer kwamen de bommenwerpers van acht uur 's avonds tot middernacht over. De Amerikanen vlogen in formatie, zo laag dat je de kentekens kon zien. Ik hield er rekening mee door voor zevenen eten te koken, het ontbijt voor de volgende morgen klaar te maken en ervoor te zorgen dat er niets meer buiten hing.

Nu en dan verrasten de Amerikanen me. Op een dag was ik mijn gebruikelijke wandeling gaan maken met Angela in de wagen, door de Wilhelmstrasse, bij het centrum vandaan. Ik was gestopt om onder een boom in het gras te gaan zitten, zodat ik haar de fles kon geven. (Na drie maanden had ik geen borstvoeding meer, een gevolg van de maandenlange honger in Osterburg en Aschersleben. Werner kocht speciale melk bij de apotheek.) Angela lag op een deken, lachend en kraaiend, en ze schopte blij met haar beentjes toen ik met mijn neus haar buik kietelde. Ondertussen kwamen boven de horizon de bommen neer op de stad, flakkerde er een oranje gloed aan de hemel, afgewisseld met de zwarte rookwolken des doods, en bulderde het afweergeschut. De aarde onder haar trilde en schudde, en Angela schopte met haar beentjes en lachte.

Zij zorgde ervoor dat ik niet gek werd. Door haar kon ik glimlachen in de aanwezigheid van de dood. Ze was mijn wonder. Zo lang ik haar had, had ik het gevoel dat élk wonder tot de mogelijkheden behoorde, dat de hele wereld gered kon worden. In de spiegel had ik altijd nog wel een glimp van Edith op kunnen vangen. Nu begon er te gebeuren waarvoor ik bang was geweest toen ik een U-boot werd: ik herkende mezelf niet meer. Ik wist dat ik een Duitse vrouw met een kind was, maar waar was de grootmoeder van dit schattige kind? Waar waren haar tantes? Waarom zwermde er geen grote, liefhebbende familie rond haar wieg die cadeautjes voor haar kocht en haar vertederd ophemelde? Het verlangen naar mijn moeder deed pijn. Zij zou weten wie ik was. Zij zou bij mijn baby de vingers van grootmoeder Hahn herkennen of tante Mariannes neus.

'Wat is er met je?' vroeg Werner.

'Ik heb heimwee,' zei ik. 'Ik heb zo'n heimwee...'

'Zeg maar niets meer en pak een tas. Ik ben om twaalf uur terug en dan gaan we naar Wenen.'

Wat ik werkelijk dacht zei ik niet hardop. *Ik heb geen heimwee naar Wenen, ik heb heimwee naar mijn moeder die ergens ronddoolt in het rijk dat jouw Führer uit het hart van de wereld heeft gerukt.*

Werner ging op de fiets naar Arado en vertelde ze voor de zoveelste keer dat zijn moeders huis in het Rijnland was gebombardeerd en hij haar moest helpen, en weer geloofden ze hem. (Met zo'n competente leiding was het geen wonder dat de Franse arbeiders en de Duitse communisten zoveel succes hadden met hun geheime radio.)

Wat was dat een vreemd reisje! Terwijl uitgeputte soldaten van de Wehrmacht op de volle gang in de trein stonden, bekommerden verpleeghulpen zich om Angela, werd er een stoel voor me vrijgemaakt en reisde ik met Werner als een koningin in een coupé. Afgezien van sneuvelen aan het front, kon je de Duitse staat geen grotere dienst bewijzen dan met het krijgen van kinderen. Tegen die tijd wilden de nazi's niet langer kinderen om voor een 'raszuivere' bevolking van een 'nieuw Europa' te zorgen, nee, ik denk dat ze baby's wilden om de Duitse bevolking zelf aan te vullen, zoveel mensen waren er in de oorlog omgekomen.

We belden aan bij Jultschi. Ze zag me staan met mijn nazi-man en mijn Duitse baby en zei: 'Je bent krankzinnig.'

Misschien wás ik ook wel een beetje gek geworden door dat leven als onzichtbare.

Alleen Frau Doktor reageerde hartverwarmend. 'Dit kind heet Maria. Naar jou,' vertelde ik haar. Haar krachtige gezicht leek te smelten. Ze maakte kirrende geluidjes tegen Angela, knuffelde haar, wiegde haar en verschoonde haar, ze kroop zelfs naast haar over de grond – ze deed alles waarvan ik wist dat mijn moeder het gedaan zou hebben.

Frau Doktor ging een paar dagen de stad uit en ik logeerde in haar flat in de Partenstrasse. Werner zat in een hotel.

Pepi ging met me wandelen door de straten van onze jeugd. De baby sliep. Pepi zag bleek. De donkere kringen onder zijn ogen vertelden het verhaal van de voortdurende angst waarmee hij leefde. Bijna al zijn haar was uitgevallen. Hij zag er geen twintig jaar ouder uit dan ik, maar veertig.

Zorg dat ik me weer net zo zorgeloos kan voelen als vroeger, wilde ik tegen hem zeggen. Vertel me dat mama veilig is, vertel me dat dit kind van mij in vrijheid zal opgroeien.

Maar het was te laat. Hij was te oud, te verslagen. Ik was altijd de student geweest, hij de leraar. Ik was altijd de uitgehongerde gevangene geweest, hij degene die me geruststelde en troostte. Nu was het mijn beurt om hem te troosten.

'Het komt heus allemaal goed,' zei ik tegen hem. 'Heb geduld. Wees sterk. Denk aan het socialistische paradijs...'

Pepi antwoordde met zijn humorloze lach. Hij had heel weinig belangstelling voor mijn baby.

Op de eerste september 1944 werd Werner in het kader van een laatste wanhoopspoging opgeroepen voor het leger; ziektes als maagzweren of astma, problemen met ogen of oren, slechte voeten en andere kwalen werden nu als te onbeduidend beschouwd om een man uit te zonderen van het vechten voor een verloren zaak. Nog even en de regering zou jonge jongens en oude mannen oproepen om de Duitse steden te verdedigen. Werner maakte deel uit van deze brigades, als kanonnenvoer.

Hij meldde zich pas op 3 september. Als hij had gedurfd, zou hij hebben gedaan alsof hij de oproep nooit had ontvangen en op zoek zijn gegaan naar een onderduikadres, maar zelfs Werner wist beter dan te proberen of hij zich hieruit kon liegen.

Het land viel in duigen. Sabotage. Desertie. Duizenden daklozen door de bombardementen. En met het laatste restje kracht kon deze dictatuur niets beters verzinnen dan mijn echtgenoot op te offeren.

Hij haalde al ons spaargeld – tienduizend mark – van de bank voor het geval hij in handen van de vijand zou vallen en iemand om zou kunnen kopen voor zijn vrijheid. Protesteren kwam niet eens bij me op. Ik kon heel behoorlijk rondkomen van zijn salaris bij Arado, dat zelfs na de oproep werd doorbetaald, en ik spaarde elke pfennig die ik kon.

Werner zuchtte en liet zijn hoofd hangen. Ik wist dat ik een bekentenis te horen zou krijgen.

'Luister, Grete,' zei hij, 'als je naar de apotheek gaat om melk te halen, wees dan niet verbaasd dat ze je als een tragische heldin behandelen. Om je eerlijk de waarheid te zeggen, ik heb tegen ze gelogen. Ik heb ze verteld dat je al drie kinderen had begraven en dat ze me daarom die melk voor de vierde moesten geven, zodat er niet nog een kind van jou zou sterven.'

Zelfs nu moet ik nog glimlachen als ik hieraan terugdenk. Van alle dingen die ik leuk vond aan Werner, vond ik dit wel het meest hartverwarmend: hij had geen enkel respect voor de waarheid in nazi-Duitsland.

Alle andere mannen bleven in de barakken. Werner kwam elke avond op de fiets naar huis en bleef dan 's avonds bij me totdat hij terug moest. Welke leugen hij zijn superieuren vertelde om dit te rechtvaardigen weet ik niet, maar ik kan me er iets bij voorstellen.

Hij had een hekel aan het uniform en trok het altijd uit zodra hij thuis was. Symbolen van autoriteit ergerden hem – tenzij het zijn eigen autoriteit was.

Op een avond toen hij wegging om terug te gaan naar de barakken, ontdekte hij dat er een onderdeel van zijn fiets was gestolen. Dat kon een catastrofe zijn. Als hij niet op tijd terug was, zou dat als wegblijven zonder verlof zijn uitgelegd, hetgeen gelijkstond aan deserteren, en hij zou stante pede zijn geëxecuteerd voordat hij uitleg had kunnen geven. Zodoende ging hij op zoek naar de fiets van iemand anders, hij stal het onderdeel dat van hem was gestolen en zette dat op zijn eigen fiets. Het leek me eerlijk.

Op de basis raakte hij bevriend met een jonge man die zijn vrouw graag zwanger achter wilde laten als ze naar het front werden gestuurd. Het jonge stel kon nergens alleen zijn, en Werner nodigde hen zonder overleg met mij uit om gebruik te maken van onze logeerkamer.

Ik schrok me wild toen hij met dat stel aan kwam zetten. Om vreemden mee naar huis te nemen! Het was zo gevaarlijk! Stel nou dat het trouwe nazi's waren die bij ons kwamen spioneren?

Ik zat buiten met Angela om hen een beetje privacy te geven, helemaal dol van de zorgen. Zou het ze opvallen dat de radio niet op de regeringszender was afgestemd? Zou het ze opvallen dat er geen foto van Hitler aan de muur hing? Hoorden we niet dagelijks van buren die elkaar vanwege de kleinste vergrijpen aangaven, alleen maar om er zelf beter van te worden? Hoe had Werner op deze manier met onze veiligheid kunnen spelen, terwijl we zo lang zo voorzichtig waren geweest, zo rustig en onopvallend hadden geleefd? Het antwoord was natuurlijk dat hij nooit zo bang is geweest voor ontdekking als ik. Waarom zou hij ook? Als ik werd gepakt, kon hij ontkennen dat hij iets van mijn ware identiteit had geweten – en ik zou dat bevestigen. Hij zou zich er wel uit redden. Angela en ik zouden verdwijnen.

Dat lieve jonge stel bedankte me voor de gastvrijheid, wenste me het beste en vertrok. Ze zouden vast ontzet zijn geweest als ze hadden geweten hoe bang ik voor ze was. Soms vraag ik me af of ze ooit het kind hebben gekregen waarnaar ze zo verlangden.

Rond Kerstmis werd het grootste deel van Werners eenheid naar het westen gebracht, als laatste buffer voor de geallieerde invasie. Maar Werner – die duidelijk intelligenter was dan de rest, ervaring had in een leidinggevende functie en zelfs met zijn ene oog zo goed kon schieten dat hij er een prijs mee won – werd naar Frankfurt an der Oder gestuurd voor een vervolgopleiding voordat hij naar het oostfront zou worden gestuurd.

Ze hadden besloten hem tot officier te bevorderen.

'Kom naar me toe, dan kunnen we samen oud en nieuw vieren,' zei hij. Ik kon aan zijn stem horen hoe belangrijk het voor hem was – een laatste weekend voordat hij de confrontatie met de Russen moest aangaan. Haastig trof ik voorbereidingen. Hilde Schlegel paste op Angela.

Ik wachtte op Werner in een kleine herberg, eigenlijk gewoon een woonhuis waarvan de eigenaars weleens kamers verhuurden aan soldaten en hun vrouwen.

De herbergier en zijn personeel behandelden me met het grootste ontzag, o ja, met heel veel respect. Mijn vermomming had namelijk een nieuw hoogtepunt van absurditeit bereikt: ik was het beste geworden dat een Duitse vrouw in die tijd en op die plek kon zijn: de echtgenote van een nazi-officier.

Toen ik Werner zag in zijn officiersuniform, wist ik niet of ik moest lachen of flauwvallen. Die vreselijke kleur! Dat koper! Die gehate adelaar! De onderscheidingstekenen van de zogenaamde wereldveroveraars! Hij trok me tegen zich aan, maar ik deinsde vol afschuw achteruit. Ik verdroeg het niet om dat uniform tegen mijn huid te voelen

'Trek dat vreselijke ding toch uit!' riep ik.

We zetten dat hele weekend geen voet buiten de deur. We bleven op onze kamer en vertelden elkaar moppen. Ik meen het. We vertelden elkaar alle grappige verhalen die we maar konden verzinnen Een van de macabere moppen kan ik me nog herinneren. Een Duitser wil zelfmoord plegen. Hij probeert zich te verhangen, maar het touw is van zo'n slechte kwaliteit dat het breekt. Hij probeert zichzelf te verzuipen, maar het percentage hout in de stof van zijn broek is zo hoog dat hij blijft drijven als een vlot. Uiteindelijk komt hij aan zijn eind door de officiële rantsoenen van de regering en sterft hij de hongerdood.

Die mop was lang niet zo macaber als het feit dat Werner met zijn kameraden naar het oosten marcheerde, de kaken van het naderende sovjet-leger tegemoet, terwijl duizenden Duitsers die vluchtten voor hun leven hen tegemoet kwamen. Zij wisten dat de oorlog voorbij en verloren was.

'Duim voor me,' schreef hij.

De dag na nieuwjaarsdag vertrokken mijn bovenburen, 's ochtends heel vroeg.

Ik zag ze weggaan omdat Angela heel vroeg wakker was geworden. Ze slopen met al hun bezittingen en hun slapende kind naar buiten. Ik deed mijn deur open.

'Veel geluk,' fluisterde ik.

'Jij ook, Grete,' antwoordde Karla. 'Ik hoop dat je man weer veilig thuiskomt.'

We gaven elkaar een hand en ze gingen weg. Toch hoorde ik die avond iemand bewegen in hun flat die zogenaamd leegstond. Voet-stappen. Geschuifel. Het ratelen van een ketel. Het kraken van een bed. Ik vroeg me af wie het was, maar besloot dat het me niet aanging.

De volgende ochtend werd er luid op mijn deur gebonsd toen ik in de badkamer luiers uitkookte.

'Frau Vetter!' riep een man. 'Politie! Doe open!'

Mijn bovenburen, schoot het door mijn hoofd. Ze hadden me aan-gegeven omdat er geen foto van Hitler aan de muur hing. Het was de buurvrouw tegenover ons, Frau Ziegler, ze had me aangegeven omdat ze het beginsignaal van de BBC had gehoord en wist dat ik naar de ver-boden radio luisterde. Het was de ambtenaar die me altijd had ver-dacht, of Elisabeth, die me altijd van het toneel had willen hebben. Het kon iedereen zijn. Waar het om ging was dat het eind van de oor-log in zicht was en dat iemand me op de valreep had verraden. Ik was ontdekt.

Mijn maag trok samen. Mijn benen gloeiden en trilden. Mijn keel werd droog. Ik had het verhaal dat ik duizenden keren had gerepe-teerd paraat.

Deze papieren zijn van Christl Denner, Fräulein. Ze woont in Wenen. Wie bent u? Hoe komt u aan deze papieren?

Ik heb ze gestolen. Ik liep over een pad langs de Alte Donau en Christl was op de ri-vier aan het roeien. Ik zag dat ze haar handtas in de rivier liet vallen en zodra zij en haar vrienden verder waren geroeid, ben ik in de rivier gesprongen en ik heb gedoken, telkens weer, net zo lang totdat ik de tas te pakken had. Ik heb de papieren eruit ge-haald en ze vervalst. Het was mijn misdaad. Ik heb het helemaal alleen gedaan. Nie-mand heeft me geholpen...

Ik sloot mijn ogen en dacht aan het gezicht van mijn moeder, glan-zend alsof het licht gaf, en toen opende ik de deur. Er stond een niet zo jonge politieman voor de deur. Hij zag er moe uit.

'Goedemorgen, Frau Vetter. We hebben reden om aan te nemen dat een deserteur zich schuilhoudt in de leegstaande flat van zijn zuster en haar man, de flat recht boven de uwe. Hij zou vannacht hier zijn geweest. Hebt u iets gehoord?'

'Nee,' zei ik. 'Niets.'

'Misschien sliep u te vast om iets te horen.'

'Nee, ik zou het hebben gehoord omdat ik 's nachts vaak op ben met mijn baby.'

'Nou ja, mocht u boven iets horen, belt u dan alstublieft dit nummer.'

'Ja natuurlijk, meneer. Ik zal direct bellen.'

Hij maakte een beleefde buiging en vertrok.

De BBC-programma's pasten het beste in mijn dagelijkse routine. Op een avond stemde ik af op de BBC en ik hoorde een uitzending van Thomas Mann, de Nobelprijswinnaar, auteur van meesterwerken als *De Toverberg* en *Dood in Venetië*. Hij was naar Californië gevlucht en verzorgde al jaren anti-nazi-uitzendingen voor Duitse mensen. Dit was de eerste keer dat ik hem hoorde.

'Duitse luisteraars!

Was deze oorlog maar ten einde! Konden de vreselijke dingen die Duitsland de wereld heeft aangedaan maar ongedaan worden gemaakt.'

Kon dat maar, verzuchtte ik in stilte.

'Er is één ding nodig voor een nieuw begin, en dat is het volledige en absolute besef van de onvergeeflijke misdaden waar u nog zo weinig van weet, deels omdat men informatie voor u heeft achtergehouden en u tot onwetendheid werd veroordeeld, deels omdat u deze verschrikkingen uit zelfbehoud uit uw geweten moest wissen.'

Wat zegt hij nou? vroeg ik me af. Waar heeft hij het over?

'U die nu naar mij luistert, hebt u gehoord van Maidanek in het Poolse Lublin, Hitlers vernietigingskamp? Het was géén concentratiekamp, het was een enorm complex om mensen uit te moorden. Er staat daar een enorm gebouw van steen met fabrieksschoorstenen, het grootste crematorium ter wereld... Meer dan een half miljoen Europeanen – mannen, vrouwen en kinderen – zijn met chloorgas vergiftigd en vervolgens verbrand, veertienhonderd mensen per dag. De doodsfabriek werkte dag en nacht, de schoorstenen rookten onophoudelijk.'

Nee, dacht ik, dat kan gewoon niet. Dit is propaganda.

'Een Zwitsers reddingsteam heeft de kampen Auschwitz en Birkenau gezien. Ze hebben dingen gezien die niemand van vlees en bloed zal willen geloven totdat ze het met hun eigen ogen hebben gezien: de menselijke beenderen, de vaten ongebluste kalk, pijpen voor het gas, de ovens. Ook hebben ze de stapels kleren en schoenen gezien die de

slachtoffers moesten uittrekken, veel kleine schoenen, kinderschoe-
nen... Alleen al in deze kampen zijn tussen 15 april 1942 en 15 april
1944 één miljoen zevenhonderdvijftienduizend joden vermoord.'

Nee. Het kan niet waar zijn. Nee.

Zet die radio uit! zei ik tegen mezelf. Ik wil het niet horen.

Maar ik kon me niet verroeren. En Mann bleef praten.

'... Wat er over was na de verbranding werd tot poeder vermalen
en naar Duitsland gestuurd om er Duitse aarde vruchtbaar mee te
maken...'

Mama.

'Ik heb maar een paar voorbeelden gegeven van alles wat u zult ontdekken. Het neerschieten van gijzelaars, het vermoorden van gevangenen, de folterkamers van de Gestapo... de bloedbaden die zijn aan-
gericht onder de Russische burgerbevolking... de zorgvuldig voorbe-
reide en uitgevoerde moord op kinderen in Frankrijk, België, Neder-
land, Griekenland en vooral Polen.'

Diep binnen in me heerste een vreselijke stilte, alsof ik uitgehold
was en een grot was geworden.

Angela begon te huilen. Ik ging niet naar haar toe om haar te troosten maar liet me op de grond zakken.

De kraag van mijn bloes dreigde me te verstikken en ik trok eraan
om lucht te kunnen krijgen. Maar ik kreeg geen lucht. Ik lag op de
grond en kon niet overeind komen.

Angela brulde inmiddels luidkeels. En toen gilde ik. Maar ik kon
geen enkel geluid maken omdat de Duitsers me dan zouden hebben
gehoord.

Ik lag op de grond, niet in staat om de afschuwelijke dingen die ik
net had gehoord te bevatten. Wie kan een levende, ademende, lachende moeder opeens als rook en as voor zich zien? Dat kan niemand. Ik
kon helemaal niet meer denken. Als een steen zonk ik naar de bodem
van mijn ziel.

Op dat moment werd de ware betekenis van de term 'U-boot' me
duidelijk. Ik had het gevoel dat ik levend begraven was, in stilte, onder
een oceaan van verschrikkingen. Ik leefde te midden van medeplichti-
gen. Het maakte niet uit dat ze eruitzagen als huisvrouwen en winkeliers, ik wist dat hun aanvaarding van Hitlers oorlog tegen het joodse
volk had geleid tot de nachtmerrie die Thomas Mann had beschreven.

Ik weet niet hoelang ik daar heb gelegen. Ik weet niet wanneer Angela uiteindelijk in slaap is gevallen, uitgeput van het huilen.

De volgende dag kwam en de volgende, de weken verstreken, en toen kwam mama terug in mijn verbeelding. Ze zat 's nachts op mijn bed en vertelde me over de gedichtjes die ik als kind voor mijn grootvader had opgezegd en allang was vergeten. Het moet zo zijn geweest, want de volgende ochtend wist ik ze weer en kon ik ze opzeggen voor Angela. Toen ze begon te kruipen, stelde ik me voor dat mijn moeder blij in haar handen klapte. 'Kijk eens, Edith, wat een grote meid. Het duurt niet lang meer of ze rent over de brug in Stockerau...'

Er zat een officier van de Wehrmacht aan de keukentafel, zijn pet in zijn handen. Ik dacht dat hij me kwam vertellen dat Werner dood was. Hete tranen biggelden over mijn wangen.

'Niet huilen,' zei de officier, 'Werner is niet dood. Hij is een krijgsgevangene van de Russen. Zijn eenheid werd in Küstrin aangevallen. Ze hebben zich teruggetrokken totdat ze niet verder konden. Ze zijn omsingeld en hebben zich overgegeven. Alle mannen zijn gevangen genomen.'

'Is hij gewond?'

'Ik denk het niet.'

'O, wat ben ik daar blij om!' riep ik uit.

'Hij wordt naar een kamp in Siberië gestuurd. U zult hem heel lang niet zien.'

'Bedankt! Bedankt!'

Hij zette zijn pet op en ging de volgende echtgenote op de hoogte brengen.

Voor zover ik het kon bekijken, was dit de best mogelijke uitkomst. Werner was niet alleen zonder verwondingen gevangengenomen, ik twijfelde er bovendien niet aan dat hij zich in het Russische strafkamp even goed zou weten te redden als alle andere Duitse soldaten. Ik dacht aan hem zoals ik aan mijn zus Hansi dacht – veilig opgeborgen in handen van een bondgenoot. Met zijn broers, Gert en Robert, zou het minder goed aflopen. Zij zouden in veldhospitalen aan hun verwondingen overlijden.

De man van Hilde Schlegel, Heinz, was in een van de laatste gevechten aan het oostfront gesneuveld. Haar dochtertje Evelyn logeerde bij haar moeder en zelf wachtte ze vol angst op de bezetting van de stad.

'Iedereen zegt dat de Russen monsters zijn die ons allemaal zullen verkrachten,' zei ze. 'Ik heb gehoord dat ze eerst een oude vrouw op een kanon binden voordat ze het afschieten, zodat het arme mens helemaal aan stukken wordt geblazen.'

Ik reageerde niet langer met ongeloof, ik beschouwde het niet langer als propaganda.

'Misschien moet je doen wat Werner heeft gedaan, al je geld van de bank halen zodat je iemand kunt omkopen als het nodig is.'

'Ik denk er niet over, Grete. Het blijft in de kluis op de bank, zodat zij het niet in handen kunnen krijgen.'

In 1945 werd Brandenburg op paaszondag gebombardeerd. Gas en elektriciteit werden afgesloten. De SS liet voor onze huizen loopgraven graven door een brigade Russische soldaten die ons moest verdedigen. Ik neem aan dat het krijgsgevangenen waren. Deze mannen waren zo bang voor het naderende Rode Leger dat ze binnen de kortste keren bij ons binnen waren en wegkropen achter de mensen die ze eigenlijk hoorden te beschermen. Het duurde niet lang of de SS haalde ze weer weg.

We hoorden een sirene die een halfuur bleef loeien en wisten dat Brandenburg was gevallen. Iedereen ging naar de schuilkelders en daar bleven we met de kinderen, een stuk of twintig. Eén klein meisje gilde en huilde omdat ze haar pop boven had laten liggen en bang was dat haar lieveling kwijt zou raken in een bombardement. Haar moeder streek met de hand over haar hart en ging naar boven om de pop te halen. Ze was nog niet terug in de kelder of een bom sloeg in door het dak, met zo'n luide explosie dat ze van schrik de pop liet vallen. Het meisje huilde, de moeder huilde. Iedereen was gespannen en bang.

Ik was ervan overtuigd dat onze bevrijders niet lang meer op zich zouden laten wachten en ging liggen op mijn matras, met Angela in mijn armen. Ze gedroeg zich voorbeeldig. Een van de mannen van de burgerbescherming kwam beneden om te vertellen dat een trein vol eten op het spoor was gestrand. Veel mensen gingen naar buiten om die trein te plunderen en ze deelden het eten waar ze mee terugkwamen met de achterblijvers.

Een Duitse soldaat wekte ons. 'Er is een doorbraak van de Russen,' vertelde hij. 'Tijd om de stad te evacueren.'

Ik deed wat alle anderen deden, legde mijn baby in de wagen en vluchtte. Er waren overal soldaten die ons vertelden welke kant we op moesten, en we renden en renden; iedereen rende. De stad brandde. Achter ons hoorden we het ontploffen van de bruggen die door de Wehrmacht werden opgeblazen om de opmars van de Russen te vertragen. Tegen de tijd dat het donker begon te worden, had ik een dorp aan de rand van de stad bereikt. Ik rende een schuur binnen en vond een hoekje waar ik me kon verbergen. Ik wikkelde Angela in mijn jas en we vielen allebei in slaap. Toen ik wakker werd, gloeide de hemel. En Angela ook. Ze zat onder de rode vlekken en had hoge koorts: mazelen.

Er was niets om haar mee te verzorgen, zelfs geen water. Ik ging huilend van huis naar huis, en smeekte om binnengelaten te worden omdat mijn kind zo ziek was. Een buurvrouw uit Brandenburg zag hoe we eraan toe waren en pleitte voor me. Iedereen zei nee. Iedereen was bang. Uiteindelijk kwam ik bij het laatste huis, het kleinste huis, en een vrouw met haar dochter lieten me binnen. Ze hadden allebei mazelen gehad. Ik moest Angela in de schaduw houden, zeiden ze, en haar veel water laten drinken.

De hele stad leek door dat dorp te vluchten. In het voetspoor van de burgers kwam het leger dat eens onoverwinnelijk had geleken, nu volkomen verslagen en doodsbang om in Russische handen te vallen. Sommige soldaten kwamen dat huisje binnen om even uit te rusten. Een van hen had een radio op batterijen. We zaten er met zijn allen omheen, mijn zieke kind en ik, de oude vrouw en haar dochter en de uitgeputte soldaten. Admiraal Dönitz hield een toespraak. Hij zei dat Duitsland zichzelf niet langer kon verdedigen, dat de oorlog verloren was en dat de Duitse burgers de bevelen van de overwinnaars moesten opvolgen.

Stilte. Niemand huilde. Niemand zuchtte zelfs.

'Dat was dat,' zei ik. 'Wie heeft er honger?'

Ze gaapten me allemaal verbijsterd aan.

'Ga naar de boeren in de omgeving en vraag om bloem en eieren en melk en jam en brood,' zei ik. 'Breng alles hierheen, laat jullie wapens buiten liggen, en ik zal voor iedereen iets lekkers maken.'

En dat deed ik. De hele dag stroomden er mannen dat kleine huisje binnen, en ik bakte honderden dunne Weense flensjes voor de Wehrmacht, en de vrouw en haar dochter bedienden. Toen ik achter het fornuis stond, kwam er een lied van miljoenen jaren geleden bij me boven, en dat zong ik.

Op een dag wordt de Tempel herbouwd,
En de joden zullen naar Jeruzalem terugkeren.
Zo staat het geschreven in de Heilige Schrift.
Zo staat het geschreven. Halleluja.

'Laat niet zo duidelijk zien hoe blij u bent, mevrouw,' fluisterde een van de soldaten in mijn oor. 'Hitler zou u kunnen horen.'

'Hitler heeft zelfmoord gepleegd, sergeant. Dat staat vast. Hitler en Goebbels vonden het niet nodig om de Russen samen met het gewone volk te begroeten. Daarom hebben we die admiraal op de radio gehoord.'

'Je weet maar nooit,' zei hij. 'Wees voorzichtig.'

Te midden van die kolossale nederlaag, de hemel rossig van de branden en overal bulderende Russische kanonnen, was hij nog steeds bang om een woord te zeggen. Zwijgen was een gewoonte geworden, en die gewoonte is besmettelijk, de een na de ander wordt erdoor aangestoken. Als de Duitsers zo bang waren voor een besmettelijke ziekte hadden ze zwijgen moeten kiezen, geen mazelen.

Voordat deze soldaat weer verderging, gaf hij me wat glucosetabletten. We noemden ze suikerpillen. Wat bleken die later goed van pas te komen!

Inmiddels hing er uit elk huis in dat stadje een witte vlag als teken van overgave – een lor, een laken, een handdoek. Mijn twee vriendelijke gastvrouwen waren er niet erg happig op om de Russische overwinnaars te begroeten, dus ze vertrokken. En ik ontving ze liever niet in mijn eentje, dus besloot ik naar Brandenburg terug te gaan. Ik nam zoveel mogelijk eten mee en liep terug met Angela in de kinderwagen, in oostelijke richting, terwijl de verslagen Duitse soldaten naar het westen liepen.

Ik kwam bij een brug over een diepe kloof. In het midden was de brug kapot, en de twee gammele, verzakte helften werden met elkaar verbonden door een wc-deur, zo'n deur die ze op het platteland hebben, met een hartvormig gat erin. De deur was nauwelijks breder dan de wielen van de kinderwagen. Ik keek omlaag en zag stenen en rommel en dood. Ik stelde me voor dat de kinderwagen zou slippen en kantelen, dat Angela omlaag zou storten.

Dit is het einde, dacht ik.

Ik sloot mijn ogen en rende over die deur naar de overkant. Toen ik mijn ogen weer opendeed, zat Angela overeind in haar wagen en ze keek me aan. Ze had geen koorts meer.

De weg naar Brandenburg lag bezaaid met Duitse lijken. Als ze geluk hadden, had iemand een krant over het gezicht gelegd. Ik probeerde er niet op te trappen, maar soms kon ik er onmogelijk omheen. Er lagen enorme bergen puin van de bombardementen. Soms moest ik de kinderwagen er overheen tillen.

De Russen reden op immense paarden over de weg, torenend boven de stad uit.

Ik kwam mijn buurvrouw tegen, Frau Ziegler. Ze was hoogzwanger en duwde haar andere kind, een jongetje, in een kinderwagen, net als ik. We besloten bij elkaar te blijven en terug te gaan naar ons flatgebouw.

We kwamen langs de bank. De Russen hadden de kluis opengebroken en al het geld eruit gehaald. Ze gooiden het geld op straat zodat de bankbiljetten als dorre bladeren rond dwarrelden in de hete wind van alle branden om ons heen. Als de Duitsers het geld probeerden te pakken, brulden de Russen van het lachen.

Ons huis in de Immelmannstrasse stond in brand. De Russische soldaten waren snel naar binnen gegaan om de matrassen, dekens en kussens eruit te halen, en die hadden ze op het braakliggende terrein voor de deur neergelegd. Ze lagen erop, rokend en lachend, en keken naar het brandende gebouw. Een groot deel van de gevel was weggeblazen, zodat de kelder met mijn Weense koffer zichtbaar was, de koffer die mama voor me had achtergelaten bij Pepi. Ik kon de koffer zien in de zinderende hitte, door de rook heen.

'Ik moet die koffer hebben!' riep ik, en als een waanzinnige wilde ik me in de vlammen storten. Een muur van hitte weerhield me. Frau Ziegler probeerde me uit alle macht te weerhouden; wat kon er nou zo belangrijk zijn dat ik mijn leven ervoor wilde wagen? Toch probeerde ik de vlammen nog een keer te trotseren. Mijn wenkbrauwen en haren verbrandden in de immense hitte. 'Help me, laat iemand me helpen! Ik moet die koffer hebben! Help!'

Een Russische soldaat die het hele tafereel had gadegeslagen, sloeg een dekbed over zijn hoofd en lichaam, dook de kelder in en haalde mijn koffer eruit. Ik heb hem denk ik wel duizend keer bedankt. Misschien heb ik zijn handen wel gekust. Nieuwsgierig keken hij en zijn kameraden toe toen ik de koffer openmaakte. Ze zullen wel hebben gedacht dat er een schat in zat – juwelen, zilver, schilderijen. Toen ze zagen dat ik zo hysterisch was geweest over een vaalblauw boek van Goethe, nogal knullig gebonden, dachten ze dat ik van lotje getikt was.

Nu ons huis in puin lag, moesten we een plek zien te vinden waar we konden slapen. Op straat kwamen we onze kinderarts tegen, de oude man die voor al onze kinderen had gezorgd. Hij zei dat we naar een protestantse meisjesschool in de buurt moesten gaan. De onderwijzers brachten ons naar een piepklein kamertje, een soort kleedkamer achter het podium in de aula. Er stonden twee brancards en een bezem en er was een wastafel. We waren doodmoe, net als onze kinderen, dus gingen we op de brancards liggen om te slapen. Het kwam niet bij ons op om de deur op slot te doen.

Midden in de nacht werd ik wakker. Overal om me heen klonk gejammer, niet zoals een sirene, maar eerder een zacht, aanhoudend gillen. Het leek uit de hemel en de aarde te komen. Buiten het kamertje waar wij ons schuilhielden, liepen Russische soldaten heen en weer. Ze kwamen niet binnen, want omdat wij de deur niet op slot hadden gedaan, moeten ze hebben gedacht dat het een bezemkast was als ze de deur opendeden en niets dan duisternis zagen. Frau Ziegler en ik hebben de hele nacht in dat hokje gelegen, hand in hand. We durfden nauwelijks adem te halen en baden vurig dat onze kinderen geen kik zouden geven.

De volgende ochtend gingen we de straat op en we zochten net zo lang totdat we een verlaten appartement vonden. De deuren konden niet dicht, net zomin als de ramen, maar niemand lette nog op dat soort kleinigheden. We hadden alleen een paar koude pannenkoeken te eten. Gelukkig was er op straat een brandkraan waar we water konden halen. Ik loste de glucosetabletten op in water en zo kon ik mijn baby iets geven.

De systematische verkrachtingen in de stad gingen nog een tijdje door en er kwam abrupt een eind aan. De meeste vrouwen konden wel een beroep doen op familieleden. Frau Ziegler ging bij haar moeder logeren. Maar ik had geen familie, dus bleef ik in de woning in de buurt van de brandkraan.

Ik ging op zoek naar mensen die ik kende. Een kennis van me woonde in een gebouw dat gespaard was gebleven. Ze zat in een stoel en staarde uit het raam naar de gebombardeerde stad, de smeulende resten van de gebouwen, de Russen die met een sigaret in hun mond rondslenterden. Haar ogen waren omrand door paarsige blauwe plekken, en in haar neus zat opgedroogd bloed. Haar jurk was gescheurd.

'Ik heb hem het horloge van mijn man aangeboden,' zei ze, 'maar hij had al een hele arm vol horloges.' Ze huilde niet. Ik denk dat ze niet meer kon huilen. 'Godzijdank was mijn baby bij mijn moeder.'

'Laatst heb ik onze oude kinderarts nog gezien,' opperde ik. 'Misschien kan hij je helpen.'

'Nee, dat is niet nodig. Ik heb water. Ik heb eten.' Ze keek om zich heen, wetend dat haar oude leven voorbij was, en ze miste het nu al, ze miste haar dode Führer, haar dode man en het regime dat de wereld had zullen veroveren. 'Dit was het fijnste huis dat ik ooit heb gehad,' zei ze.

Uiteindelijk kwamen de oude mensen terug van wie het appartement was waarin ik mijn intrek had genomen. Ze waren dolblij dat ik niets had gestolen en vonden het goed dat ik bleef. Ik weet niet wat ik Angela in die tijd te eten gaf, hoe we aten, wat we aten; dat herinner ik me niet. Elke dag was een avontuur hoe de honger te stillen. We stonden in lange rijen te wachten om van de autoriteiten een beetje eten te krijgen – wat macaroni, gedroogde erwten, een stukje zwart brood. Als ontbijt aten we waterige soep, gebonden met wat bloem en een beetje zout. Angela at die soep met suiker. Ik was zo mager en verzwakt dat ik haar soms niet eens kon optillen.

Het duurde niet lang of er was in de hele stad niet één hond of kat meer in leven.

Maanden achter elkaar bleef het onrustig: wetteloosheid, geen vervoer of elektriciteit, geen water uit de kraan. Iedereen stal en iedereen was uitgehongerd.

Elke gloeilamp uit elke fitting in elke gang van elk gebouw was gestolen. Als iemand je uitnodigde voor het eten, moest je je eigen mes en vork meenemen. De post werd met paard en wagen bezorgd. In 1945 stuurde Pepi me een kerstkaart. Die ontving ik in juli 1946.

Sigaretten werden als geld gebruikt. De Amerikanen grapten dat je voor een paar sigaretten elke vrouw in Duitsland kon krijgen. De Duitsers brachten hun servies en hun kleden en hun antieke klokken op een vastgesteld tijdstip naar een vastgestelde plek; de Russen mochten niet met de Duitsers omgaan, dus verkochten ze al die spullen aan de Engelse en Amerikaanse soldaten in ruil voor de eerste levensbehoeften.

Onmiddellijk na de komst van de Russen deed iedereen een witte band om zijn arm als teken van overgave. Ik niet. Ik voelde me namelijk een van de overwinnaars. De buitenlandse dwangarbeiders verzonnen manieren om de kleuren van hun vlag op hun mouw te dragen; daaraan konden de Russen dan zien wie ze waren en zouden ze wat eten krijgen voor de lange tocht naar huis. Ik zag een Oostenrijker met rood, wit, rood – de kleuren van de Oostenrijkse vlag – dus ik deed hetzelfde, en de Russen gaven me wat eten.

Ze openden de gevangenissen en lieten alle gevangenen vrij, moordenaars, dieven en politieke gevangenen, zonder onderscheid. Een van die mannen zag mijn geïmproviseerde armband toen ik in de rij stond voor eten en vertelde me verbaasd opgewekt dat hij ook uit Oostenrijk kwam en dat hij gevangen had gezeten wegens 'ondermijning van het Duitse leger'. Hij vroeg me mijn adres en dat gaf ik hem. Hij verdween en ik vergat hem. Meer dan een week later stopte er een vrachtauto voor ons gebouw, en er werd een in onze ogen enorme hoeveelheid aardappelen en groente uitgeladen, zelfs fruit.

'Het is van die Oostenrijker,' vertelde ik mijn dolblije buren. 'Ik weet zelfs niet hoe hij heet.'

'Het was een door God gezonden engel,' zeiden de oude mensen.

Het duurde bijna een halfjaar voordat we weer bonnen kregen, en toen hadden we recht op een kwart liter magere melk per dag per kind. We hadden geleefd van het geld dat ik nog van onze bankrekening had weten te halen. Dit geld droeg ik op mijn lichaam of in de kinderwagen, onder de baby. Nu was het allemaal op. Ik had een baantje nodig, maar om werk te kunnen krijgen, had ik een echt legitimatiebewijs nodig. Dat vormde een groot probleem, want ik durfde nog steeds niemand te vertellen dat ik joods was.

De hele oorlog lang had niemand het over de joden gehad. Met geen woord. Het was alsof niemand zich zelfs maar herinnerde dat er tot voor kort joodse mensen in dit land hadden gewoond. Nu praatten de Duitsers echter voortdurend over de mogelijkheid dat de joden terug zouden komen om wraak te nemen. Elke keer dat een groep vreemdelingen de stad binnenkwam, reageerden mijn buren gespannen en nerveus. 'Zijn het de joden?' vroegen ze dan, bang voor een aanval van tot de tanden gewapende en van haat vervulde mensen, uit op 'oog om oog'. Wat een macabere grap! Niemand kon zich toen voorstellen welke verschrikkingen het joodse volk waren aangedaan, hoe uitgehongerd en ziek en uitgeput en machteloos de overlevenden waren.

In een dergelijke atmosfeer onthulde ik liever niet dat ik joods was. Ik was bang dat de mensen die me in huis hadden genomen – het was heel goed mogelijk dat ze in een joods huis woonden en de kleren van overleden joden droegen – zouden denken dat ik iets van ze wilde afpakken en mij en Angela op straat zouden zetten.

Pas in juli, twee maanden na de Russische overwinning, sneed ik het boek open dat Pepi voor me had gemaakt om er mijn echte papieren uit te halen.

Ik ging naar een advocaat, meester Schütze. Hij vroeg bij de rechtbank een officiële naamsverandering aan, van Grete Vetter geboren Denner in Edith Vetter geboren Hahn.

Daarna ging ik naar het radiostation om ervoor te zorgen dat mijn moeders naam elke dag omgeroepen zou worden in een programma om vermiste personen op te sporen. 'Zijn er mensen die de woonplaats kennen van Klothilde Hahn uit Wenen, modiste van beroep, in juni 1942 naar Polen gedeporteerd? Zijn er mensen die haar hebben gezien of iets over haar hebben gehoord? Zo ja, neemt u dan contact op met haar dochter...'

De communisten die terugkeerden uit de kampen bevestigden het verhaal van Thomas Mann. Een van hen vertelde me dat het zijn taak was geweest om de kleding van joodse mensen te sorteren nadat ze zich hadden uitgekleed en de gaskamers in waren gedreven. Hij moest zoeken naar juwelen of bankbiljetten die in de voering waren genaaid. Ik herinnerde me mijn moeders bruine jas, haar mooie zijden blouses. Ik stelde me voor dat deze man de zomen open had gesneden.

Nee, dacht ik. Nee. Onmogelijk.

Ik kon gewoon niet accepteren dat mijn moeder zo'n afzichtelijk lot ten deel was gevallen. Het lukte me gewoon niet. Dat was niet helemaal dwaasheid van me. Elke dag doken er uit het stof en het puin mensen op die door iedereen dood waren gewaand en nu als door een wonder met hun dierbaren werden herenigd. Ik liet de naam van mijn moeder dus dagelijks omroepen. Ik verwachtte dat ze terug zou komen.

Ik ging naar de burgerlijke stand en werd tot mijn ontzetting geholpen door dezelfde man die Werner en mij had getrouwd.

'Ach, Frau Vetter! Ik herinner me u.'

'En ik herinner me u.'

'Volgens onze gegevens zijn er nog steeds geen papieren betreffende de achtergrond van uw moeders moeder. Nu onze Russische vrienden hier zijn, kunnen zij er misschien voor zorgen.'

'Dat betwijfel ik. Het waren vervalste papieren.'

'Wat?'

'Hier, dit zijn mijn echte papieren. En dit is een gerechtelijk bevel op grond waarvan u mij moet inschrijven als de persoon die ik werkelijk ben.'

Hevig geschokt staarde hij naar mijn joodse legitimatiebewijs. 'U hebt tegen me gelogen!' riep hij uit.

'Jazeker.'

'U hebt de gegevens over uw ras vervalst!'

'Precies.'

'Dat is hoogverraad!'

Ik boog me naar hem toe. Dichtbij. Heel dichtbij. Ik wilde dat hij mijn adem zou voelen.

'Tja, ik denk niet dat u in Brandenburg een officier van justitie zult vinden die mij daarvoor wil aanklagen,' zei ik.

Nu was het de echte ik, voor het eerst in jaren. Hoe voelde dat, zul je je afvragen. Dat zal ik je vertellen. Ik voelde niets. Ik kon de oude Edith namelijk niet meteen terugvinden. Ze was nog steeds een U-boot, diep verborgen. Net als de andere joden stuiterde ze niet direct terug. Het duurde lang, heel lang.

Een eeuwigheid.

Met mijn nieuwe papieren ging ik naar de burgemeester van de stad, een communist die jaren in een concentratiekamp had gezeten.

'Uit welk kamp komt u?' vroeg hij me.

'Ik heb me zonder een kamp weten te redden.'

Hij bekeek de papieren van de universiteit, die dankzij Pepi behouden waren gebleven. In één oogopslag zag hij dat ik bevoegd was om aan de slag te gaan als junior-advocaat, een *Referendar*. Hij stuurde me naar de rechtbank van Brandenburg, waar ik direct werk kreeg, en zomaar opeens, als bij toverslag, een nieuw leven.

hoofdstuk 12

Boven water

De nazi's met een hoge rang waren er allang met hun buit vandoor. In Brandenburg waren alleen nog een hele hoop kleine nazi's over, die probeerden te liegen over hun achtergrond. De rechtbank met alle archieven en dossiers was echter niet gebombardeerd, dus de Russen beschikten over tamelijk accurate gegevens over wie er wel en wie er niet met de nazi's had geheuld. Je kon brieven zien van mensen die je kende, die afsloten met 'Heil Hitler!' De echte enthousiastelingen voegden daar nog 'Gott Strafe England!' aan toe. Er waren dus maar weinig mensen die zich er met leugens uit konden redden. Aangezien de Russen, in tegenstelling tot de Amerikanen en de Engelsen, geen personeel aannamen als ze wisten dat het nazi's waren geweest, ontstond er een personeelstekort en werden de weinige hoogopgeleide mensen die wél konden aantonen dat ze geen nazi waren geweest opeens erg waardevol.

Op 1 september 1945 ging ik aan het werk op de tweede verdieping van de arrondissementsrechtbank. De hoofdofficier van justitie, Herr Ulrich, liet me oude zaken bestuderen om mijn juridische kennis op te frissen. Zelf was hij een vooraanstaand jurist, ontslagen omdat hij weigerde lid te worden van de nazi-partij, en het schonk hem voldoening om mensen te vragen: 'Vertelt u mij eens, meneer, was ú lid van de partij?' En dan leunde hij achterover en verkneukelde zich als ze zweetten en draaiden en logen.

Ik begon als *Rechtspfleger*, een advocaat die verdachten bijstaat. Na een tijdje werd ik benoemd tot *Vorsitzende im Schöffengericht*, voorzitter van een lekenrechtbank, bestaande uit mij als rechter met twee leken. Het zou namelijk onmogelijk zijn geweest om een jury van twaalf niet-nazi's te vinden. Het door Russen gedomineerde parket van de rechtbank wilde dat ik me met politieke zaken ging bezighouden. Dat heb ik geweigerd, en uiteindelijk werd ik als rechter met familiezaken belast.

Mijn grootste ambitie, gewekt door de zaak Halsmann, gestimuleerd door Pepi, lang geleden helemaal opgegeven, werd nu werkelijkheid. Ik was rechter.

Ik kreeg mijn eigen kantoor en droeg een toga. Ik werd aangekondigd als ik de rechtszaal binnenging: 'Das Gericht!' Dan gingen alle mensen staan, en ze bleven staan totdat ik zat.

Het was de mooiste tijd van mijn leven, de enige keer dat ik werk deed in overeenstemming met mijn intellectuele capaciteiten – dat genoegen is met geen pen te beschrijven – en de enige keer in mijn hele leven dat ik iets van het lijden in deze wereld kon verlichten.

Kort na mijn eerste rechtszaak werd ik ziek. Ik had huiduitslag door verkeerd en te weinig eten. Mijn voeten dreigden te vergroeien door slecht passende schoenen. Ik was uitgeput. Ik belandde in het ziekenhuis en mijn hospita zorgde voor Angela.

Toen ik beter was, schreef ik me bij de dienst huisvesting in voor een nieuwe woning. Het duurde twee maanden, maar toen kreeg ik een leuke woning in de Kanalstrasse toegewezen, de beste wijk van de stad. Er had een nazi-advocaat gewoond die op de vlucht was geslagen. De flat had zelfs een balkon.

Een man die een nazi-meubelfabriek had overgenomen, die de nazi's van de joden hadden gestolen, zorgde ervoor dat ik zeer voordelig meubels kon aanschaffen. Ik herinner me een prachtig bureau, rijk bewerkt, met koperbeslag en poten als leeuwenklauwen. Het zag eruit alsof het zo uit een paleis kwam; het was een echt SS-bureau.

Verder bofte ik enorm dat de baas van het elektriciteitsbedrijf, een uit een kamp teruggekeerde communist, bij mij in het gebouw woonde en ervoor zorgde dat we werden aangesloten op het Russische net. Daardoor hadden wij licht, in tegenstelling tot de meeste mensen in Brandenburg.

Je zult je afvragen wat we aten in die tijd, en hoe we eraan kwamen. Nou, dat zal ik je vertellen, het was net als in dat beroemde liedje: 'You get by with a little help from your friends.'

Ik werd lid van een organisatie, Slachtoffers van het Fascisme, waar ik allemaal mensen zoals ik ontmoette, mensen die de oorlog op de een of andere manier hadden overleefd. Het waren niet alleen communisten, maar ook andere joden die als U-boot hadden geleefd, met vervalste papieren of door onder te duiken op het platteland, of mensen die de kampen of de dodenmarsen op de een of andere manier waren ontvlucht. Het was enorm belangrijk voor me, de ontdekking dat ik niet de enige was geweest. We keken elkaar aan en kenden dan zonder een woord te zeggen elkaars verhaal. Wat ik tijdens mijn verschillende reisjes naar Wenen had gezocht en steeds minder had gevonden – een paar dagen dat ik niet hoefde te liegen, me niet hoefde te verbergen, niet bang hoefde te zijn, iemand die me begreep – vond ik nu bij de Slachtoffers van het Fascisme.

Mijn nieuwe vrienden gaven me een fles wijn, die ik met een Russische soldaat ruilde voor een fles slaolie, en we waren allebei in de wolken.

Ik stond een keer in de rij voor brood en raakte aan de praat met Agnes, een vrouw van mijn leeftijd. We raakten bevriend, en toen ik in het ziekenhuis lag en op magere rantsoenen probeerde te herstellen, kwam ze me elke dag iets extra's te eten brengen. Haar broer was bij de SS geweest. Haar man – ik geloof dat hij Heinrich heette – was een communist en had tien jaar in het concentratiekamp Oranienburg gezeten. Tegen het eind van de oorlog was hij ontsnapt, en ondergedoken bij een aantal medestanders die pamfletten verspreidden onder buitenlandse dwangarbeiders om hen tot sabotage aan te zetten. Inmiddels had hij een hoge functie bij de gemeente Brandenburg en in de Communistische Partij, zo hoog dat hij zelfs een auto had.

Dan was er Klessen de visser. Tijdens de oorlog liet hij communisten zijn vissersboot als een soort drijvend hoofdkwartier gebruiken, en daar drukten ze hun anti-nazi-pamfletten. Klessens jongste zoon was omgekomen bij Stalingrad. Op een dag confisqueerde een nazi-officier zijn boot, en die man praatte op zo'n gevoelloze manier over het verlies van levens aan het front dat Klessen woedend werd en hem doodschoot. Uiteraard moest hij vluchten. Hij hield zich tot het einde van de oorlog schuil in de bossen en keerde naar huis terug.

De Russen vertrouwden hem. Hij en zijn vrouw werden vrienden van me. Ze gaven me vis, groente en aardappels – zelfs zoveel dat ik genoeg had om er wat van naar tante Paula en mijn schoonzus Gertrude in Berlijn te sturen. Op een dag kwam Klessen naar mijn kantoor met een zak paling die hij illegaal had gevangen. Ik deed de zak in mijn bureaula. Tijdens een gesprek dat ik met iemand voerde, begon het hele bureau te trillen en te bonken, want zelfs dood bleven die palingen springen.

Vanaf de eerste dag dat ik bij de rechtbank ging werken, diende ik verzoeken in bij het Russische bestuur om Werner uit Siberië te krijgen.

Ik belde de Kommandatura. 'Mijn man is een Duitse officier,' zei ik, 'maar hij is pas aan het eind van de oorlog gevangengenomen, hij is nauwelijks in actieve dienst geweest. Hij is aan één oog blind. Hij verdient het niet om in een strafkamp te zitten. Hij is een goed mens en ik heb mijn leven aan hem te danken. Alstublieft, laat hem vrij.'

Als je die Russen iets vroeg, zeiden ze nooit ja of nee; ze zeiden niets en je wist pas wat de uitkomst was als het daadwerkelijk gebeurde. Ik bleef dus vragen en zij bleven zwijgen en ik bleef vragen.

Op een gegeven moment kwam de post weer een beetje op gang en deed de telefoon het af en toe, zodat ik nieuws kreeg van mijn vrienden en familieleden. Mijn kleine zus Hansi was met het Engelse leger Wenen binnengetrokken en had op Jultschi's deur geklopt. De blijdschap van hun hereniging stroomde als een vloedgolf van geluk naar mijn kapot gebombardeerde Duitse stadje. Ik hoorde dat mijn nicht Elli veilig in Londen zat, dat Mimi en Milo veilig in Palestina zaten, dat mijn neef Max Sternberg, de kunstenaar, de oorlog had overleefd door zich als een Franse gevangene voor te doen, dat Wolfgang en Ilse Roemer door de Quakers waren gered, dat mijn nicht en neef Vera en Alex Robichek hun Italiaanse verbanning hadden overleefd, dat oom Richard en tante Roszi gezond en wel in Sacramento woonden.

Kon ik me voorstellen dat bijna alle anderen waren vermoord? Mijn vrienden uit Wenen, de meisjes uit het *Arbeitslager*, tientallen familieleden, allemaal weg... kon ik me dat voorstellen?

Mijn werk als rechter draaide om kinderen. In die tijd wemelde het van de straatarme Duitse kinderen, ze bedelden op treinstations, sliepen op stapels vodden op straat. Het was logisch dat ze op het slechte pad raakten. Ze verkochten kostbaar eten op de zwarte markt. Ze verkochten hun zusjes en zichzelf. Ze stalen wat er maar te stelen viel. Deze jonge mensen moest ik berechten. Met Osterburg in mijn achterhoofd, de beste van mijn gevangenissen, veroordeelde ik ze niet tot langdurige straffen te midden van keiharde criminelen, maar legde ik ze taakstraffen in de buitenlucht op – het opruimen van rotzooi, het bestraten van trottoirs.

De Russen zochten in het hele land naar de kinderen van Duitsers en dwangarbeiders, haalden hen weg bij hun moeders, biologisch of adoptief, en brachten ze naar de Sovjet-Unie. Dit was vergelding voor de harteloze ontvoering van duizenden Russische kinderen door de nazi-troepen, kinderen die dwangarbeid hadden moeten verrichten of door Duitsers als 'ariërs' waren opgevoed.

Het beleid van een regering kan echter voor individuele personen een tragedie zijn. Dat gold voor Karla, mijn vroegere bovenbuurvrouw. Ze kwam naar me toe op de rechtbank.

'Is het waar dat je joods bent, Grete?'

'Ja. Ik heet geen Grete, maar Edith.'

'Misschien mag ik je vertellen wat mijn probleem is. Ik hoop dat je het begrijpt. Je weet dat mijn man en ik geen kinderen konden krijgen, maar we konden ook geen kind adopteren omdat we geen lid waren van de nazi-partij. De adoptiebureaus hadden zoveel baby's, maar ons wilden ze er geen geven.'

'Aha, nu begrijp ik het.'

'We hebben een kind gevonden, de dochter van een Franse gevangene en een boerenmeisje uit Oost-Pruisen. We hebben haar familie alles betaald wat we bij elkaar konden schrapen. En je weet hoeveel ik van mijn kleine Elsie hou; ze is mijn lust en mijn leven. Maar nu pakken de Russen al dit soort kinderen af, Grete... Edith, bedoel ik... en daarom zijn we ook voor de dageraad gevlucht.' Ze sloeg haar ogen neer. 'Ook om ruimte te maken voor mijn broer.'

'Ik begrijp het.'

'Ik heb zoveel wetten overtreden, allemaal valse papieren getekend om haar identiteit te beschermen en iedereen te laten denken dat Elsie een kind van mij is. Maar nu worden al deze kinderen weggehaald. En ik ben zo bang – niet om naar de gevangenis te gaan, dat zou ik helemaal niet erg vinden, maar om mijn kind kwijt te raken. Grete... ik bedoel Edith... ik heb er alles voor over om mijn kind te houden. Kun jij me helpen?'

'Ja,' zei ik.

En dat heb ik gedaan. Eindelijk was het mijn beurt om iemands leven te redden.

Er werd vaak gevochten om de voogdij, en een bepaald soort zaak dook telkens weer op. Een Duitse officier zit in een strafkamp. Hij is gescheiden en zijn tweede vrouw zorgt voor de kinderen. De moeder van de kinderen zegt dat de vader een nazi was en de kinderen niet 'op een democratische manier' kan opvoeden, en probeert de vader dan uit de ouderlijke macht te laten ontzetten.

Ik dacht aan mijn Werner in de Russische sneeuw. Ik dacht aan Elisabeth die de Russische bezetting als een excuus probeerde te gebruiken om de kleine Bärbl bij hem vandaan te houden, en ik heb zo'n verzoek nooit ingewilligd. Nooit.

Een hoogbejaarde rechter, gepensioneerd maar nu weer aan het werk, vertelde me dat hij tijdens de oorlog een zaak had berecht van een man die half joods was en getrouwd met een ariër. Toen de nazi's deze man dwongen om de straten te vegen, schreeuwde hij de meest vreselijke scheldwoorden aan het adres van Goebbels, de minister van propaganda. De politie stond al op het punt hem af te voeren naar een concentratiekamp, maar de oude rechter had hem alleen een boete opgelegd wegens smaad en hem gevraagd om met het oog op zijn familie in de toekomst alsjeblieft zijn mond te houden.

In 1946 kwam de dochter van dezelfde man die Goebbels had uitgescholden bij mij en ze vroeg of ik haar kon helpen om naar Palestina te emigreren. Het was een haast onmogelijk verzoek. Er waren nog ongeveer honderdduizend joden over in Europa, en ze wilden niets liever dan vluchten uit het continent waar zes miljoen joden waren omgebracht. Engeland wilde hén Palestina al niet binnenlaten, laat staan een Duitse christen.

Ik adviseerde het meisje naar verschillende instanties te gaan en dat deed ze – naar het American Joint Distribution Committee, naar de Hebreeuwse Vereniging voor Hulp aan Emigranten, naar het Britse consulaat – en uiteindelijk kreeg ze toestemming om naar Israël te gaan. Ze is daar getrouwd. Haar ouders hebben zich bij haar gevoegd en er een leven opgebouwd.

Veel mensen pleegden aan het eind van de oorlog zelfmoord, niet alleen Hitler en Goebbels, maar ook mijn docent uit Wenen en haar man de nazi-rechter en mijn leraar Latijn uit Zuid-Tirol. Toen er een vrouw bij me werd gebracht die een zelfmoordpoging had gedaan, nam ik dan ook aan dat ze een nazi was en bang voor de goelag. Ze hield bij hoog en bij laag vol dat ik, en alleen ik, haar advocaat moest zijn.

Zodra ze mijn kantoor binnenkwam begreep ik het.

Het was een vrouw die ik kende van de kraamafdeling in het Städtische Krankenhaus, de vrouw die door haar man was geslagen en verkracht, de vrouw die niet naar huis had gedurfd. Ze was ten einde raad, had haar drie kinderen in de rivier gegooid en was er zelf achteraan gesprongen. Een Russische soldaat had haar uit het water gehaald. Nu moest ze terechtstaan wegens moord.

De advocaat die ze toegewezen had gekregen trok zich terug, en ik vertegenwoordigde haar. Het was de enige keer dat ik ooit een verdachte heb verdedigd.

'Dit is krankzinnig,' betoogde ik. 'Sadistische wreedheden die elke verbeelding tarten hebben haar tot haar daad gebracht. Wie zou er niet gek worden van zoveel verschrikkingen? Wie zou haar kinderen niet liever dood zien dan ze bloot te blijven stellen aan een leven van marteling en angst? Als mijn moeder had geweten wat mij in het leven zou overkomen, zou ze me hebben vermoord zodra ik geboren was.'

De vrouw werd vrijgesproken.

Ik wilde dat Angela een speelmakkertje zou hebben tijdens mijn lange werkdagen, dus ging ik naar het weeshuis. We spraken af dat ik een klein meisje in huis zou nemen, Gretl. Ze noemde me tante en werd een soort oudere zus voor Angela. Elke avond kookte ik voor de meisjes, ik las ze een verhaaltje voor en stopte ze in.

'Wanneer komt mama terug, tante?'

'Dat weet ik niet precies, Gretl.'

'En papa, wanneer komt hij thuis?' vroeg Angela.

'Ze komen binnenkort terug, meisjes.'

'Vertel eens iets over papa.'

Dat had ik al wel honderd keer gedaan, maar ze wilden het altijd nog een keer horen. 'Nou, papa is groot. En sterk. En heel knap. Hij kan prachtig schilderen. En hij kan meer eten dan wij drieën samen!'

Ze giechelden. Ik gaf ze een nachtkus. Dit zijn de volmaakt gelukkige momenten die voortleven in mijn geheugen – de keren dat ik die meisjes vredig en behaaglijk in slaap zag vallen, hun wimpers tegen hun wang.

Voor het eerst in tien jaar tijd begon ik me weer een echt mens te voelen. Ik had een fatsoenlijk huis voor mezelf en mijn kind. Ik had vrienden die me begrepen, met wie ik mezelf kon zijn, bij wie ik mijn hart kon uitstorten. Ik had een geweldige baan, een echte uitdaging, plus de mogelijkheid om op mijn eigen bescheiden manier iets te doen aan het onrecht in de wereld. Mijn werkelijkheid – de ware Edith Hahn – kwam terug. Ik lachte weer, discussieerde weer, droomde van de toekomst.

In mijn droom kwam mijn moeder terug. Ze zou er, zei ik tegen mezelf, vanzelfsprekend ouder uitzien en ze zou waarschijnlijk uitgeput zijn van de lange en afmattende ervaring in het Poolse getto, maar met rust en eten en de liefde en zorgen waarmee Angela en ik haar zouden overstelpen zou ze spoedig weer mijn geestige, energieke moeder zijn. Ik zou haar altijd bij me houden, we zouden nooit meer van elkaar gescheiden zijn.

In mijn droom kwam Werner thuis. Hij zou het gezellig vinden in ons nieuwe huis. Hij zou werk vinden als schilder en we zouden weer een gezin zijn, misschien zouden we nog een kind krijgen. Ik sloot mijn ogen en stelde me de kleintjes voor als ze aan tafel zaten voor de lunch, elk met een groot wit servet onder hun kin.

Hilde Benjamin, een minister in de nieuwe regering, organiseerde elke maand een bijeenkomst van vrouwelijke rechters in Berlijn. Een van de keren dat ik in Berlijn was, nam ik contact op met de American Joint Distribution Committee (de 'Joint'), een groep van Amerikaanse joden die de overgebleven joodse mensen in Europa probeerden te helpen. Vanaf dat moment stuurde de Joint me maandelijks pakketjes: sigaretten die ik met een schoenmaker kon ruilen tegen schoenen voor Angela, maandverband, sokken.

Op een dag zag ik in Berlijn een Engelse soldaat die in een telefoonpaal klom om een telefoonverbinding tussen de Russische en de Engelse zone aan te leggen.

'Ik heb een zus in het Engelse leger,' vertelde ik hem, 'en mijn nicht in Wenen heeft me haar Feldpost-nummer gegeven, haar militaire adres. Maar ik kan haar niet schrijven omdat ik een burger ben. Zou het u lukken om haar een brief van mij te bezorgen?'

Hij klom omlaag, een beleefde Engelse jongen met sproeten en onregelmatige tanden. 'Maar natuurlijk, mevrouw, met groot genoegen.'

Ik ging op de laatste resten van een trap zitten, schreef die brief en gaf hem aan de jonge soldaat.

'Als u haar ziet, vertel haar dan dat ik rechter ben in Brandenburg. Zeg tegen haar dat het goed met me gaat en dat ik van haar hou... Ze is mijn kleine zusje... Zeg tegen haar dat ik elke dag met heel mijn hart naar haar verlang...'

Een paar weken later wandelde mijn bevriende Engelse soldaat de rechtszaal in en hij gaf me een brief van Hansi. Daarna werd hij onze tussenpersoon. Ze stuurde me elastiek voor mijn ondergoed en naalden en levertraan als extraatje voor mijn allerliefste kleine meisje. Ze schreef dat ze met het Engelse leger in Egypte was geweest en was aangesteld om gevangen genomen Duitse soldaten te ondervragen.

'U spreekt verdomd goed Duits voor een Brit,' zei een van hen. 'Waar hebt u dat geleerd?'

'Nu stel ik de vragen,' antwoordde Hansi.

Wat een zoete overwinning.

In de herfst van 1946 vertelde een collega me over een doorgangskamp in de Franse zone waar joodse overlevenden bij elkaar kwamen. Nog steeds liet ik elke dag mijn moeders naam op de radio omroepen, zonder enige resultaat, en ik hoopte in dat kamp iemand te kunnen vinden die iets van haar wist. Bovendien naderde Rosh Hashana en ik verlangde ernaar om met joden samen te zijn. Ik vroeg een paar dagen vrij, en de communisten lieten me gaan.

Reizen was in die tijd een nachtmerrie. De treinen reden wanneer het de Voorzienigheid beliefde. In gifgroen geschilderde waarschuwingen lieten je weten wat je allemaal voor akelige ziektes kon oplopen als je met het openbaar vervoer reisde.

Op de stations boden ongure zwarthandelaars kousen, koffie, chocola en sigaretten te koop aan. Op straat lopen betekende dat je over bergen puin heen moest klimmen of ze op de een of andere manier moest ontwijken. Uit gaten in gebouwen waar eens ramen hadden gezeten, staken pijpen als schoorsteen voor de verwarming, die de angstaanjagende geur van gas uitbraakten. Tijdens die zware tocht naar het kamp droeg ik Angela vrijwel de hele tijd, terwijl ik met mijn vrije hand de lege kinderwagen duwde.

Het kamp was gehuisvest in wat een school kan zijn geweest. Er waren grote zalen vol bedden, opgezet als de opvang na een orkaan of overstroming. De heel oude mensen en kleine kinderen zaten aan de ene kant van het gebouw. Misschien waren die oude mensen niet zo oud als ze eruitzagen; het leek wel alsof ze uit het graf waren opgegraven – ze waren kleurloos, uitgemergeld, tandeloos, ze beefden, staarden in het niets. Ik droeg Angela tussen hen door. Ze strekten hun armen naar haar uit, gewoon om haar aan te kunnen raken, een gezond kind. Mijn moeder was er niet bij.

Ik liet Angela achter bij een van de hulpverleners en liep naar de andere kant van het kamp, waar de jongere mensen zaten. Grauwe mannen met bikkelharde ogen kwamen achter me aan en streelden mijn armen.

'Kom lekker mee naar mijn bed, schatje. Ik heb al sinds mensenheugenis geen vrouw zoals jij meer gezien.'

'Laat me met rust! Ik ben op zoek naar mijn moeder.'

'Ben je joods? Waar kom je vandaan?'

'Ja, ik ben joods en ik kom uit Wenen. Ik ben op zoek naar Klothilde Hahn.'

Ze sloten me in. Ik was doodsbang. Ik zag niemand die me zou kunnen helpen.

'Ga weg!' riep ik. 'Ik ben getrouwd. Mijn man is krijgsgevangene. Hij zit in Siberië. Ik heb mijn kind bij me. Ik ben alleen gekomen voor Rosh Hashana, om met joden samen te kunnen zijn. Hoe kunnen jullie nou joden zijn? Onmogelijk! Ik herken jullie niet.'

Een van hen trok mijn hoofd aan mijn haar naar achteren. Hij was lang, broodmager. Zijn hoofd was kaalgeschoren en zijn waterige zwarte ogen waren rood omrand.

'Dus jij bent met een Duitse soldaat getrouwd, hè, hoer? Daarom zie je er zo goed uit, zo gezond en roze en schoon.' Hij keek naar zijn makkers. 'Wat vinden jullie van haar, kameraden? Ze slaapt met de gojim. En nu voelt ze zich te goed om met ons te slapen.'

Hij spuugde me in mijn gezicht. Hij had maar één of twee tanden in zijn mond en dat waren net de tanden van een vampier.

Om weg te komen uit dat kamp moest ik voor mijn gevoel spitsroeden lopen, rennen tussen duizenden graaiende handen door. Hoe konden deze verwilderde, roofzuchtige mannen joden zijn? Onmogelijk! Waar waren de ernstige, beleefde jeshiva-geleerden die ik me uit Badgastein herinnerde? Waar waren de beschaafde jonge mannen met goede hersens die aan dezelfde universiteit als ik hadden gestudeerd? Wat hadden die monsters met mijn volk gedaan?

Voor het eerst ervoer ik het vreselijke, irrationele schuldgevoel dat alle overlevenden overvalt. Voor het eerst besefte ik dat mijn leven als U-boot misschien niet zo zwaar woog op de weegschaal van het lijden, dat de afschuwelijke ervaringen die de mannen in dat kamp onherkenbaar had veranderd het voor hen wellicht onmogelijk zou maken om mij ooit weer als een van hen te accepteren.

Ik beefde als een riet en kon niet ophouden met huilen.

Ik ging terug naar de andere kant van het kamp, naar de oude mensen, om te helpen met de kinderen, de wezen van deze storm. Ik hield ze tegen me aan, liet ze met Angela spelen en leerde hen spelletjes om hen aan het lachen te maken. Daar vond ik een gevoel van rust.

Het ontbrak me aan de kracht voor de terugreis. Het leek me een onmogelijke opgaaf om Angela weer naar het station te dragen en te duwen. Ik liet haar bij een hulpverlener in het kamp achter en zei dat ik haar met een auto zou komen halen.

Op het station overlegde ik met een van de zwarthandelaren. 'Er is een trein die door Brandenburg komt, maar het is een Russische trein,' vertelde hij me. 'Misschien kan een vrouw beter niet op die manier reizen.'

Het was misschien een wijze raad, maar ik had geen keus.

De trein kwam. Hij was leeg. 'Dit is mijn trein,' zei de dienstdoende officier. Hij had steil blond haar en Aziatische trekken. 'Als je met mij wilt reizen, zul je een coupé moeten nemen.'

Dat deed ik, maar ik was te nerveus om te gaan zitten. Ik bleef staan en keek naar buiten. De Rus kwam binnen, ging naast me staan en sloeg zijn arm om mijn middel.

'Ik ben geen Duitse,' zei ik. 'Ik ben joods.'

Hij haalde zijn arm weg.

'Er zit een joodse officier in de trein. Hij is de baas van alle treinen. Kom, dan breng ik je naar hem toe.'

De joodse officier had donker haar en net zulke ogen als mijn vader. Hij sprak me in het Jiddisch aan.

'Ik spreek geen Jiddisch,' zei ik.

'Dan ben je niet joods.'

'Ik kom uit Wenen. Daar sprak niemand het.'

'Alle joden uit Wenen zijn dood. Weg. Vermoord. Je liegt.'

'*Shema Yisrael*,' zei ik. '*Adonai eloheynoe. Adonai echod.*'

Ik had het sinds mijn vaders begrafenis niet meer gezegd – tien jaar, de tijd waarin een hele wereld was verdwenen. Ik beet op mijn lip en slikte mijn tranen weg. Ik leunde op zijn bureau om te voorkomen dat ik zou vallen.

'Deze trein komt elke week leeg naar dit vervloekte land,' zei hij uiteindelijk, 'om Russische gevangenen op te halen en hen naar huis te brengen. Hier is de dienstregeling. Je mag van deze trein gebruikmaken wanneer het je uitkomt, en ik zal je veiligheid garanderen.'

Hij bleef mijn hand vasthouden totdat ik mijn zelfbeheersing had hervonden. Toch denk ik soms weleens dat ik mijn zelfbeheersing nooit meer terug heb gehad sinds dat bezoek aan het doorgangskamp in de Franse zone.

Wat je ziet is een masker van kalmte en fatsoen. Vanbinnen huil ik nog steeds, altijd, tot in de eeuwigheid.

De volgende dag bracht de man van mijn vriendin Agnes, de communist, me terug naar het kamp en haalde ik Angela op. De hulpverleners waren verbaasd; ze hadden duidelijk niet verwacht dat ik terug zou komen. Maar ik had niet midden in een oorlog een kind gekregen om haar in de steek te laten.

Op een avond, eind 1946, zat ik thuis een zaak voor te bereiden toen er een man op de deur klopte. Hij duwde me een koffertje met brillen in handen en verdween. Ik deed de deur op slot, gooide de brillen op de grond en groef in de voering van het koffertje totdat ik eindelijk een brief vond, geschreven in een oneindig klein handschrift. Een brief van Werner.

Hij maakte het naar omstandigheden goed. Ik had hem meer dan een jaar lang brieven geschreven, maar hij had er niet één ontvangen, tot hij mijn brief van 31 oktober kreeg. De post die hij wél had ontvangen, waren brieven van zijn schoonzus Gertrude, en die waren bedoeld voor zijn broer Robert, die gewond in een militair ziekenhuis lag.

Bij het zien van Werners brief ging er een golf van opluchting door me heen. Totdat ik begon te lezen...

'Ik stuur jou en onze Angela hartelijke groeten en mijn beste wensen. Ik hoop dat het lot je armoede zal besparen, en dat mijn liefste Grete de kracht zal hebben om deze periode van scheiding te doorstaan...'

Op 10 maart 1945 was hij door granaatscherven gewond geraakt in zijn rechterarm. Op 12 maart werd hij gevangengenomen. Na een vreselijke tocht per militair transport kwam hij in een ziekenhuis in Polen terecht, waar hij ondanks het bitter weinige eten probeerde te herstellen. In mei werd hij overgebracht naar een strafkamp in Siberië, een troosteloos en ijskoud oord, waar het leven precies even zwaar was als ik had gevreesd.

Maar Werner was een getalenteerd man, en door zijn handigheid wist hij binnenshuis werk te krijgen. Hij deed timmermanswerk, repareerde sloten, legde verlichting aan, versierde de sombere Russische kantoren, schilderde portretten die de Russen naar huis konden sturen. Precies zoals de Franse dwangarbeider die een prachtig kistje voor mij had gemaakt, wist Werner dat het weggeven van iets moois aan de vrouw van een superieur dé manier was om de man te ontdooien.

Zijn brief maakte de angsten die uit het isolement voortkomen voelbaar. Hoe goed kon ik me hem herinneren? Deed ik moeite om hem eruit te krijgen? Had ik connecties? Was er nog wel iemand in Duitsland die zich de krijgsgevangenen herinnerde? Werden ze in het vaderland als ballast beschouwd?

Hij smeekte me om de Russen precies te vertellen hoe ons huwelijk tot stand was gekomen, 'waaruit duidelijk blijkt dat ik al lang voor de val van Hitlers regime anti-fascistisch was'.

Hij vroeg me om op Bärbl te passen.

Nu ik rechter was, had ik dan nog wel een man nodig die voor me zorgde? Kon hij zich nog wel nuttig maken als hij weer thuis was?

'Wat is het een onbeschrijfelijke kwelling,' schreef hij, 'om niet te weten of liefhebbende handen je bij thuiskomst zullen strelen na de kwellingen van deze gevangenschap.'

Ik wist precies hoe hij zich voelde. Ik herinnerde me wat ik Pepi in Wenen had geschreven. 'Ben je er nog? Ben je me nog niet vergeten? Hou je nog van me?'

Ik stelde me de huilende poolwinden voor, de witte vlaktes, de eindeloos verlichte hemel en dan de maanden van duisternis.

'Alstublieft,' zei ik tegen de hoofdofficier, Herr Ulrich, 'gebruik uw invloed. Zorg dat mijn Werner thuiskomt.'

Ik stelde me de magere rantsoenen voor, het harde brood. Ik zag Werner rillen onder dunne dekens met al zijn kleren aan, zijn sterke handen in lompen gewikkeld bij wijze van handschoenen.

'Alstublieft,' zei ik tegen advocaat Schütze, 'u kent verschillende Russen. Vertel ze dat hij een goed mens is, hoe vriendelijk hij was voor de Nederlanders en de Fransen op Arado, dat ze op hem gesteld waren en hem cadeautjes stuurden.'

Ik dacht aan de sneeuw. Diep. Tot aan zijn knieën. Ik stelde me voor dat hij zij aan zij werkte met andere SS'ers, slagers uit de vernietigingskampen. 'Laat hem vrij,' smeekte ik de Russische commandanten. 'Hij is niet zoals de anderen. Hij verdient het om thuis te komen bij zijn vrouw en kind. Alstublieft.'

De Russen keken me uitdrukkingsloos aan, zeiden geen ja en geen nee. Ik bleef onophoudelijk moeite doen. Ik stuurde brieven naar Berlijn, diende verzoeken in bij alle instellingen die ik kon verzinnen. 'Alstublieft,' smeekte ik.

Hoewel ik er alles aan deed om Werner vrij te krijgen, was ik tegelijkertijd bang voor zijn thuiskomst. Hoe handig ik mijn sociale leven ook beperkte tot de slachtoffers van het fascisme en andere overlevenden van het nazi-tijdperk, ik wist dat ik nog steeds leefde te midden van de felste anti-semieten die de wereld ooit had gekend, en dat een van hen – zij het de minst felle – Angela's vader was. Ik had Werner vaak zijn mening horen verkondigen over de 'kracht van joods bloed'. Stel nou dat hij onze mooie, levendige peuter van drie om die reden weigerde te erkennen? Ik had het gevoel dat ik iets moest doen om het effect van de nazi-propaganda te neutraliseren, om ervoor te zorgen dat Angela een liefhebbende vader zou hebben. Ik besloot Angela als christen te laten dopen en liet een lutherse dominee bij ons thuis komen.

Je zult je afvragen waarom ik Angela niet in de kerk liet dopen. Dat zal ik je vertellen. Ik voelde me verplicht haar te laten dopen, maar het druiste tegen mijn gevoel in en ik wilde niet dat iemand het zou zien.

Het was een avond in de zomer van 1947, om een uur of halfacht. Het was stil op straat. De boten in het kanaal schraapten zacht langs de steigers. De bomen, die weer konden groeien, vulden de lucht met een parfum waarvan je alleen in vredestijd kunt genieten. Toevallig was ik alleen thuis. Gretl was bij haar broertje in het weeshuis. Angela had difterie en had penicilline nodig, maar dat was alleen in het westen beschikbaar, dus lag ze in een kinderziekenhuis in West-Berlijn.

Er werd zacht op de deur geklopt. De ketting zat erop en ik deed de deur op een kier. 'Wie is daar?' Het was donker in de gang, ik zag bijna niets. 'Wie is daar?' Een lange, sjofele en magere man. Grijzige stoppels op zijn gezicht. Zo moe dat hij zelfs niet kon glimlachen.

'Ik ben het,' zei hij.

Ik nam hem in mijn armen. Nadat ik hem met warm water had gewassen stopte ik hem in bed.

We hebben het gehaald, dacht ik, de nachtmerrie is voorbij. Nu komt alles eindelijk weer goed.

Dat dacht ik echt.

De eerste paar dagen waren we gelukkig. Maar naarmate Werner weer op krachten kwam en onze positie ten volle tot hem doordrong, begon hij zijn kwaadheid te verwoorden.

Niets beviel hem aan de nieuwe situatie. Of toch wel iets, het appartement; hij zei dat het eruitzag als iets uit een film. Maar als hij wakker werd, was ik al naar mijn werk en maakte mijn hulp ontbijt voor hem, en daar had hij geen goed woord voor over. Hij wilde me thuis, net als vroeger, hij wilde dat ik sloofde en kookte en op hem wachtte.

'Maar ik moet werken,' protesteerde ik. 'Ik ben rechter, ik heb zaken...'

Angela kwam thuis uit het ziekenhuis. Ik had haar aangekleed als een beeldige pop, in een mooi jurkje, met strikken in haar donkere haar. Verlegen stond ze in de deuropening naar Werner te staren, met zijn grote, ronde en lichte ogen. 'Ga naar je papa.' Ik hurkte naast haar neer. 'Ga naar je papa en geef hem een dikke zoen.'

Ze kroop tegen Werner aan, wilde hem bewonderen en door hem bewonderd worden. Afwezig klopte hij op haar hoofd. Tot mijn onuitsprekelijke teleurstelling maakte het voor hem geen enkel verschil dat ze gedoopt was. Hij bleef volhouden dat het 'joodse bloed' telde. Ik was in de war, ik schaamde me en mijn hart was gebroken. Ik had mezelf verraden en was voor niets tegen de wil van mijn vader ingegaan.

Werner vond het maar niets dat ik een kantoor had met een secretaresse en een receptioniste, dat hij niet zomaar binnen kon komen wandelen, maar aangekondigd moest worden. Hij vond het verschrikkelijk als er iemand bij me was en hij buiten moest wachten. Hij had gedacht dat hij als een held behandeld zou worden en kwam bedrogen uit. Niemand beschouwde hem als een held. Bovendien was hij echt niet de enige teruggekeerde 'held'. Ik begreep zijn frustratie natuurlijk wel. Zo moeilijk was dat niet. Stel je eens voor hoe moeilijk het voor hem was om verslagen thuis te komen in een land zonder economie, zonder kansen voor hem, een land dat nu volgens een nieuw systeem werd bestuurd door mensen die in de tijd dat hij wegging werden veracht en uitgebuit.

Het arbeidsbureau wilde hem wel aan het werk zetten, maar dan moest hij puin ruimen en geulen graven voor de nieuwe riolering. Hij dacht dat ik mijn connecties wel zou kunnen gebruiken om hem een baantje als opzichter te bezorgen, zoiets als hij vroeger bij Arado had gedaan, maar dat soort banen waren er niet voor niet-communisten. Mensen als tante Paula zeiden dat hij blij mocht zijn met een werkende vrouw die zorgde voor een dak boven zijn hoofd en behoorlijk eten op tafel. Hij scheen niet te begrijpen – net zomin als ikzelf – dat ik hem weliswaar vrij had gekregen, terwijl het voor anderen nog twee of vier en soms zelfs acht jaar zou duren, maar dat ik daardoor in het krijt stond bij de Kommandatura, en niet zo'n klein beetje ook.

Hij verwachtte van me dat ik het huishouden deed en voor Angela zorgde, net als vroeger, maar daar had ik geen tijd voor. Ik kon zijn wasgoed niet doen, en dat maakte hem woedend. Hij ergerde zich mateloos als de vrolijke meisjes lachend en roepend door het huis renden. Hij vond dat ik Gretl voorgoed terug moest sturen naar het weeshuis.

'Ze is niet eens van mij!' tierde hij. 'Het is al erg genoeg dat ik twee dochters heb om voor te zorgen. Nu dring je me een derde op, en die is niet eens van mij!'

Ik vroeg hem naar Herr Klessen te gaan, de gulle visser, en wat vis voor het avondeten te halen. Hij weigerde. 'Dat is jouw taak,' snauwde hij. 'Ik ben er niet om eten te halen. Ik ben er om 's avonds aan tafel te gaan en het op te eten.'

'Maar ik heb er geen tijd voor. Er zijn zoveel zaken – '

'Naar de hel met die verdomde zaken van jou!'

'Alsjeblieft, Werner...'

'Ik verdom het om een socialistische visser om iets eetbaars te smeken! Dat is vrouwenwerk!'

Hij barstte van de energie en had niets te doen. Hij was rusteloos, kwaad, maar er was niemand om tegen tekeer te gaan. Zijn oude vrienden van Arado konden hem niet helpen. De fabriek lag na herhaalde bombardementen in puin, en de Russen hadden de machines die gespaard waren gebleven weggehaald. Jaren later is Angela er eens terug geweest, en ze heeft gevraagd waar de Arado-fabriek stond. De inwoners van Brandenburg herinnerden zich niet eens dat er ooit zo'n fabriek had bestaan.

Op een avond kwam ik laat thuis van mijn werk, moe en in gedachten nog helemaal bij de trieste verhalen van al die Duitse vrouwen en kun kinderen. Werner had ondertussen de hele dag naar een woede-uitbarsting toe gewerkt omdat hij een sok met een gat erin had gevonden. Zijn opgekropte razernij trof me als een Amerikaanse bom.

'Kun je soms niet meer naaien?'

'Jawel, ik... Ik naai nog steeds... Het is alleen dat – '

'Het is alleen dat je de grote rechter voor de Russen uithangt en geen tijd meer hebt voor je eigen man.'

'Hou op! Begrijp je dan niet dat je vrij bent gekomen doordat ik heb gebeden en gesmeekt bij de Russen en voor hen werk? Val me toch niet lastig met een gat in je sok. Je bent thuis en je bent gezond. Wees blij met wat je hebt!'

'Wat heb ik dan? Een te hoog opgeleide vrouw die helemaal niet lijkt op mijn vrouw van vroeger!'

'Ik ben nog steeds dezelfde vrouw. Alsjeblieft, schat, probeer het te begrijpen...'

'Nee, je bent niet dezelfde. Mijn vrouw, Grete, was gehoorzaam! Ze kookte. Ze deed het huishouden. Ze streek. Ze naaide. Ze legde me als een koning in de watten. Ik wil haar terug!'

Alles wat ik zo lang had onderdrukt, mijn ware gevoelens, mijn ware persoonlijkheid, al mijn verdriet en mijn bodemloze woede, het kwam allemaal kolkend boven.

'Nou, dat kan niet!' schreeuwde ik. 'Grete is dood. Ze was een nazi-uitvinding, een leugen, net als de propaganda op de radio. En nu de nazi's weg zijn, is zij ook weg. Ik ben Edith! Ik ben Edith! Ik ben wie ik ben. Jij wil zo'n gedwee, bang en gehoorzaam slavenmeisje als ik vroeger bij Bestehorn was. Vergeet het maar! Nu heb je een echte vrouw!'

Hij sloeg me en ik vloog door de kamer. Ik zag letterlijk sterretjes. Mijn hersens rammelden.

Werner liep weg. Ik had het gevoel dat mijn hart zou breken.

Een paar dagen later kwam hij terug, tevreden en voldaan. Ik wist dat hij met een vrouw samen was geweest. Hij nam wat geld en ging naar zijn eerste vrouw, Elisabeth. Weer een paar dagen later kwam hij thuis.

'Bärbl komt hier een tijdje wonen.'

'Wat?'

'Stuur Gretl terug naar het weeshuis. Ik wil Bärbl hier. Elisabeth heeft een paar dagen rust nodig.'

'Nee. Ik gooi Gretl er niet uit. Bärbl heeft een moeder. Gretl heeft niemand.'

'Ik ben je man. Je doet wat ik zeg.'

'Ik weiger de verzorging van Bärbl op me te nemen zodat jij je romance met Elisabeth in een huis zonder kinderen nieuw leven kunt inblazen, nee, dat doe ik niet. Ik hou van Bärbl en ik zou haar graag weer willen zien, maar dit is niet eerlijk. Dit is verkeerd.'

'Je bent iemand geworden die ik niet leuk vind,' zei hij. 'Ik vond je leuk zoals je vroeger was. Ik wil dat je je rijke familieleden in Londen schrijft om te vragen of ze me verf kunnen sturen.'

'Mijn rijke familieleden? Ben je niet goed bij je hoofd? Mijn familie is overal van beroofd! Mijn zusters hebben niets, en jij hebt tienduizend reichsmark!'

'O dat. Ik heb dat geld weggegooid toen ik door een Rus gevangen werd genomen; ik wilde niet dat hij me voor een kapitalist zou aanzien.'

Ik wist niet wat ik daarop moest zeggen. Eigenlijk was het lachwekkend, maar ik was te ongelukkig om dat in te zien. Hij zei dat hij wilde scheiden, hoe eerder hoe beter.

'Ga je terug naar Elisabeth?'

'Natuurlijk. Ik moet voor mijn kleine Bärbl zorgen.'

Ik huilde en huilde totdat ik uiteindelijk besefte dat ik hem voorgoed kwijt was. Ik had het gevoel dat ik de rest van mijn leven alleen zou blijven.

Op een dag gebeurde er iets dat me de ogen opende. Angela was stout geweest, ze had met speelgoed gegooid en gekrijst, en ik berispte haar. 'Hou daar onmiddellijk mee op, anders krijg je straf.'

'Als jij mij straf geeft,' zei ze, 'zeg ik het tegen papa, en dan slaat hij je en maakt hij je aan het huilen.'

Ik besloot ter plekke in te stemmen met de scheiding.

Een collega van me handelde de zaak af. Werner vroeg om er spoed achter te zetten. Hij was al naar het Westen geëmigreerd met Elisabeth. Hij wilde dat ik zou liegen, zou zeggen dat zij van elkaar gescheiden waren om 'mij te redden', dat hij me nooit het hof had gemaakt in München, nooit een minuut van me had gehouden, dat ons huwelijk alleen een poppenkast was geweest om de nazi's zand in de ogen te strooien.

Ik liet mijn collega weten dat hij alles mocht zeggen om die scheiding er als de bliksem door te krijgen.

Zo ging het trouwens ook met Werners tweede huwelijk met Elisabeth. Als de bliksem. Poef. Een vlam. Poef. Weg.

Werner.

hoofdstuk 13

Ik hoorde de duivelse Goebbels lachen

In die tijd liep het grote proces in Neurenberg ten einde en begon de berechting van de minder belangrijke nazi's. Er waren rechters voor nodig. De Russen kozen mij, maar ik wilde er niet bij betrokken raken.

'Wie kan een vonnis van mij nou als rechtvaardig beschouwen?' pleitte ik. 'Iedereen zal zeggen: Dat is een joodse vrouw en ze is gewoon uit op wraak. En ik ben zeker niet van plan om naar de andere kant door te slaan. Ik ben *befangen*, niet onpartijdig. Ik ben niet geschikt voor deze taak.'

Het was voor mij van groot belang om mijn integriteit niet op het spel te zetten, want twee jaar lang was er geen enkele keer beroep aangetekend tegen een van mijn uitspraken. Ik wilde het vertrouwen dat ik genoot niet verliezen.

De commandanten waren het niet met me eens.

Ik ging naar het ministerie van Defensie in Potsdam en legde de kwestie voor aan dr. Hoenigger. Hij was het met mijn gezichtspunt eens en beloofde met de Russen te gaan praten. Toch kreeg ik bevel om het werk te gaan doen. Ik ging terug naar Hoenigger, en dit keer zette hij me zijn kantoor uit.

Ik ging naar de minister van Binnenlandse Zaken en zat uren te wachten voordat hij me eindelijk kon ontvangen. Hij snapte totaal niet waarom ik het zo'n probleem vond. 'Maar aangezien het voor u zo belangrijk is om onbevoegd te worden verklaard,' zei hij, 'zal ik u helpen.'

Ik kreeg te horen dat ik de nazi's niet hoefde te berechten.

Ik kreeg echter ook te horen dat ik niet langer als rechter mocht werken. In de toekomst mocht ik alleen nog als officier van justitie werken.

Mijn gevoel van veiligheid begon te tanen. Ik voelde iemands aanwezigheid in de schaduwen in de gang. Als ik 's avonds thuiskwam, wist ik niet zeker dat alles in orde zou zijn. Ik kreeg de indruk dat de brieven van Hansi en Jultschi werden geopend en weer dichtgeplakt.

Ik werd bij de Russen ontboden voor een gesprek.

Ze stelden me vragen over mijn leven, mijn familieleden en vrienden. Ik moest de namen en adressen opschrijven van iedereen met wie ik correspondeerde. Ze stuurden me naar huis. Toen riepen ze me opnieuw op en stelden me meer vragen, en ik begreep dat ze de antwoorden erop al wisten. De toon waarop ze spraken deed me aan die ambtenaar uit de oorlog denken. 'Maar de moeder van uw moeder, Fräulein, hoe zit het met haar?'

Mijn bloed werd koud. Mijn maag kromp samen – een oud gevoel, maar al te bekend.

'We hebben u geholpen,' zei de commandant. 'Nu moet u ons helpen.'

'Hoe?'

'We weten dat u goed kunt luisteren, dat mensen u vertrouwen en u de waarheid over hun leven vertellen. Wij willen alleen dat u ons vertelt wat zij u vertellen.'

Ze wilden dat ik mijn collega's zou bespioneren, Agnes en haar man, de conciërge en de secretaresse en Klessen, de advocaten en de personen om wie de processen draaiden, alle mensen die ik kende. Ze gaven me een telefoonnummer waar ik ze altijd kon bereiken. 'We verwachten binnenkort van u te horen,' zei de commandant.

De oude angst was terug. Mijn knieën knikten. Ik hoorde mijn stem kleiner worden. Ik mompelde. Ik kreeg een nietszeggende uitdrukking in mijn ogen en deed alsof ik niet begreep wat er van me werd gevraagd. Ik zei geen ja en geen nee. Ik rekte tijd, hoopte dat ze me zouden vergeten. Maar dit was de NKVD, de geheime politie. Zij vergaten niemand. Ze waren machtig. Mensen verdwenen. Geruchten over martelingen deden de ronde. Ze konden je baan laten verdwijnen, je appartement. Je kinderen.

Weer ondervroegen ze me.

Ik kon niet slapen. Ik schrok van elk geluid in de gang. Ik begon mijn vrienden te verdenken. Als ik was gevraagd om hen in de gaten te houden, waren zij misschien wel gevraagd om mij te bespioneren.

Ulrich zei dat ik me niet zo druk moest maken.

'Vertel ze gewoon wat. Het is toch aan jou om te bepalen wat je ze vertelt.'

'Maar het is aan hen om te bepalen hoe ze datgene wat ik ze vertel gebruiken.'

Hij haalde zijn schouders op. Voor hem was het gewoon geen groot probleem. Maar voor mij wel, voor mij was het namelijk hetzelfde probleem, precies hetzelfde probleem als vroeger.

'We hebben nog niets van u gehoord, Frau Vetter,' zei de commandant.

'Ach ja... ja... ik had u zullen bellen, dat nummer...' Ik rommelde in mijn tas. 'Ik weet niet of ik het nog heb...' Dacht ik nou echt dat ik hem wijs kon maken dat ik het nummer was kwijtgeraakt op dezelfde manier als ik het nazi-speldje van het Rode Kruis was 'kwijtgeraakt'?

'Het nummer ligt op uw bureau,' zei hij met een glimlach.

'O ja. Ik weet het weer. Op mijn kantoor.'

'Nee, niet op dat bureau. Op het antieke bureau met het koperbeslag en de leeuwenpoten, het bureau bij u thuis.'

In gedachten hoorde ik de duivelse Goebbels lachen.

Een jong meisje dat ik kende miste op een avond de laatste trein naar huis en kwam onverwacht bij me om te blijven logeren. Toen ze op de deur klopte, brak het koude zweet me aan alle kanten uit. Tegen de tijd dat ik de deur had geopend, trilde ik op mijn benen. Al die vreselijke herinneringen – de angst voor arrestatie, een verhoor, de dood – waren terug.

'Je bent een boodschapper uit de hemel,' zei ik toen ik het meisje binnenliet. Ze begreep niet wat ik bedoelde. Ik bedoelde dat ik door mijn reactie op haar klopje op mijn deur honderd procent zeker wist dat ik niet nog een keer deel kon uitmaken van een systeem van verraad en intimidatie en tirannie, dat ik niet kon leven met de voortdurende angst voor een onverwachte bezoeker. Ik wist dat ik weg moest.

Ik vertelde mensen van wie ik wist dat ze het aan de commandant zouden doorvertellen dat ik twee weken naar mijn zus in Engeland wilde. Daarna ging ik naar Berlijn, en bij het York House informeerde ik naar de beste manier om een visum te krijgen. Een Engelsman – een volslagen vreemde met een grote snor en een koffertje – vertelde me dat ik een kamer moest huren in West-Berlijn en daar een paspoort moest aanvragen.

Ik ging naar het hoofdkantoor van de joodse gemeenschap, en daar ontmoette ik een man die me een kamer kon verhuren. Ik vertelde hem dat ik er niet echt wilde gaan wonen, dat ik wel de huur zou betalen maar dat ik eigenlijk alleen een adres nodig had, zodat ik in aanmerking zou komen voor een *Ausweis*, een legitimatiebewijs. Ik ging naar het politiebureau, waar ik eindeloos lang moest wachten. Eindelijk kwam er iemand. Ik vertelde hem dat ik geen eten wilde, alleen een *Personalausweis*, zodat ik mijn zus in Engeland kon opzoeken.

Vergeet niet dat er in die tijd een blokkade van Berlijn was. Je kon alleen met speciale toestemming op reis, en die werd niet verleend. Toch streek die politieman met de hand over zijn hart. Hij gaf me het felbegeerde document en wenste me een goede reis naar Engeland.

Het duurde maanden voordat ik de rest van de benodigde papieren bij elkaar had – paspoort, visums, toestemming van verschillende instanties. Ondertussen deed ik mijn werk op de rechtbank alsof ik van plan was er altijd te blijven. Ongeveer om de tien dagen ging ik naar de Britse zone om de papieren die binnen waren gekomen op te halen en het joodse echtpaar de huur te betalen.

Ik wist dat ik onze relatie met Gretl op een gegeven moment zou moeten beëindigen, maar ik wilde niet tot het laatste moment wachten, uit angst dat iemand lucht zou krijgen van ons vertrek. Op een dag raapte ik al mijn moed bij elkaar en zonder waarschuwing vooraf bracht ik haar terug naar het weeshuis. Ik probeerde haar een leugentje op de mouw te spelden, wilde gaan zeggen dat we elkaar snel weer zouden zien.

Ze drukte haar handen tegen haar oren. 'Nee,' zei ze.

Kinderen begrijpen altijd alles.

Ik omhelsde haar. Dat was verkeerd. Ik had het nooit moeten doen. Ze begon te huilen. En ik begon te huilen.

Toen ik wegging uit het weeshuis, gilde ze uit alle macht: 'Tante! Tante!' Het personeel kon haar nauwelijks in bedwang houden. Ik rende weg.

Dat was een deel van de prijs die ik voor mijn vertrek uit Duitsland moest betalen: dat ik dat huilende meisje de rug moest toekeren. Baron de Rothschild, die zijn staalfabrieken en paleizen moest afstaan, betaalde geen hogere prijs.

Gedurende die lange en clandestiene voorbereidingen van mijn vertrek moest ik vaak uren met Angela in de rij staan. Hoewel ze een heel wijs klein meisje was, typisch een oorlogskind, en nooit eisen stelde of klaagde, werd ze in die lange rijen soms rusteloos en lastig. Dan begon ze te dreinen of ze schopte een scène. Bovendien was het ontzettend vermoeiend om haar kinderwagen door de kapotte straten te duwen.

Op een dag was ik in Berlijn en probeerde ik tussen alle puin door te laveren toen een Russische soldaat me te hulp schoot. Hij hielp me de kinderwagen overeind te houden en Angela erin.

'Uw dochter doet me aan mijn nichtje denken,' zei hij.

'O, dan moet uw nicht een schattig meisje zijn.'

'Mijn nichtje is dood,' zei hij. 'De SS kwam ons dorp in Rusland binnen en ging op jacht naar alle joden. Toen ze mijn zus en zwager vonden, hebben ze hen ter plekke vermoord en hun kleine meisje uit het raam gesmeten.'

Het was bijna avond. De zon begon onder te gaan. Een man kon zomaar op straat een wildvreemde vrouw een verhaal vertellen over onbegrijpelijke gruweldaden, en het leek echt wel alsof de zon ophield te schijnen. Maar er was geen verandering aan de hemel, geen teken dat de kreten van de kinderen waren gehoord.

'U spreekt uitstekend Duits,' zei ik. 'Ik zou nooit hebben vermoed dat u joods was.'

Hij lachte. 'En ik wist dat u joods was zodra ik u zag.'

Is het niet verbijsterend? Jarenlang hadden de Duitsers niet aan me kunnen zien dat ik joods was. De ambtenaar had me recht in de ogen gekeken, en in mijn verleden, en hij had het niet gezien. Nu liep ik op straat een vreemde tegen het lijf, een buitenlander... en hij wist het meteen.

'Ik zou wel willen proberen of ik naar het westelijke deel van de stad kan komen, zodat ik mijn familieleden die nog leven weer kan zien. Maar het lukt me niet om naar het kantoor te gaan waar ik een visum moet aanvragen omdat ik mijn dochtertje mee moet nemen, en ik kan niet eindeloos lang in de rij staan met een klein kind.

'Ik pas wel op haar,' bood hij aan. 'Zeg maar wanneer u weer hierheen wilt komen uit Brandenburg, zeg maar waar u me wilt ontmoeten, dan zorg ik dat ik er ben. Ik zal haar bij me houden zo lang u nodig heeft om uw visum te krijgen.'

Een fantastisch aanbod – en het was al even fantastisch dat ik het aannam. Een week later ging ik terug naar Berlijn, waar ik had afgesproken met de Russische soldaat. Ik liet mijn kind de hele dag bij hem, en ik ben geen seconde bang geweest dat hij haar zou misbruiken of ontvoeren of verkopen of kwaad zou doen.

Waarom vertrouwde ik die man blind? Omdat hij joods was. En ik kon niet geloven dat een jood mijn kind kwaad zou willen doen.

Altijd gebeurde er wel iets. Een Jiddisch lied op Chanoeka, het gebed van een Britse rabbijn op de radio, een vriendelijk gebaar in een trein of op straat dat me eraan herinnerde dat de joden, hoe ver ik me ook terugtrok, hoe ingrijpend ik mijn identiteit uit angst ook verloochende, altijd mijn volk zouden zijn en dat ik altijd tot dit volk zou behoren.

Je vraagt je wellicht af waarom ik er zo lang over heb gedaan voordat ik plannen maakte om uit Brandenburg weg te gaan, waarom ik mezelf probeerde wijs te maken dat ik in Duitsland een normaal leven zou kunnen leiden. Ik zal het je vertellen. Het was omdat ik me nergens anders een normaal leven kon voorstellen.

Ik kon geen visum krijgen voor Palestina, zelfs niet als Mimi me daar had gewild, en dat was niet zo. Ik kon niet terug naar Wenen. Wonen in de stad die mijn hele familie had begraven? Nooit! In Brandenburg sprak ik de taal, had ik werk en kon ik voor mijn dochter zorgen. Ik had mijn eigen plek onder het communistische regime, een goede baan, een leuk huis en vrienden die mijn lot hadden gedeeld. Jarenlang had ik met angst geleefd, ik was van de ene plek naar de andere gevlucht, ik had me schuilgehouden, honger geleden – je denkt toch niet dat ik weer door een vreemde en slechte wereld wilde zwerven, alleen, met een kind? Dat ik weer verloren wilde zijn, zonder huis, zonder man, zonder familie, zonder een eigen plek in de wereld?

Toen ik wegging uit Brandenburg en de voordeur achter me dichttrok, huilde ik bittere tranen van rouw over de baan en het gevoel van veiligheid waarvan ik maar zo kort had kunnen genieten.

Ik vertrok op een zondag in november 1948. Ik vertelde niemand van mijn plannen om niemand medeplichtig te maken, en ik liet genoeg geld op mijn bankrekening staan om de openstaande rekeningen te betalen. Op het aanrecht liet ik een brood achter, zodat de Russen zouden denken dat ik terugkwam.

Angela en ik gingen naar het station. Daar zonk de moed me in de schoenen en we gingen terug naar huis.

Op maandagochtend belde ik Agnes' man en ik vroeg hem of hij ons naar Potsdam kon brengen, want daar kon je de ondergrondse nemen. Zo kon je de trein en mogelijke razzia's van de Russen omzeilen.

Twee weken woonde ik bij de joodse familie in de Wielandstrasse 33 in de Berlijnse wijk Charlottenburg, wachtend op het eind van een staking bij de Britse luchtvaartmaatschappij, zodat ik het ticket kon gebruiken dat Hansi en haar Engelse man, John, me hadden gestuurd. Een vriendin in Brandenburg vertelde me dat mijn appartement door de politie was verzegeld. Kennelijk hadden ze geconcludeerd dat ik niet terug zou komen.

Ten slotte kwam er een eind aan de staking. Ten slotte kwam er aan alles een eind.

Ik vloog met Angela naar Northolt Airport.

Toen ik mijn zus Hansi zag, haar uitgelaten kreet van blijdschap hoorde, voelde hoe haar tranen zich vermengden met de mijne, toen ik haar in mijn armen hield, mijn kleine soldatenzusje, wist ik dat Edith Hahn eindelijk weer zichzelf was. Een loodzware last viel van mijn schouders. Ik snoof de lucht van de vrijheid op. Mijn vermomming werd geschiedenis.

In de ogen van mijn zus zag ik mijn eigen verdriet weerspiegeld. Jarenlang had ik het met hoopvolle fantasieën op afstand gehouden, maar nu moest ik de vreselijke waarheid onder ogen zien. Onze moeder, Klothilde Hahn, was kort na haar deportatie naar het getto in Minsk vermoord. Ze was aan me verschenen in spiegels, met een bemoedigende glimlach; ze had op mijn bed gezeten en me in mijn angstige uurtjes getroost met blije herinneringen; ze had als een licht voor me uit gezweefd als ik een deur opende en een wisse dood tegemoet dacht te gaan. Was het niet mijn moeder geweest die me door dat koude marmeren beeld had toegesproken en me naar mijn redding had geleid? Mijn engel, mijn baken, ze was voorgoed weg.

En mijn dochtertje en ik hadden toevallig geluk gehad; geholpen door een paar fatsoenlijke mensen waren wij gered.

hoofdstuk 14

Pepi's laatste pakje

In Brandenburg was ik met mijn baan op de rechtbank een vooraanstaand lid van de samenleving geweest, een vrouw uit de middenklas-
se met een behoorlijk salaris en een leuke woning.

In Engeland arriveerde ik als een berooide vluchteling met een visum van zestig dagen en geen werkvergunning. Ik sprak nauwelijks
Engels en had geen bagage, afgezien van een tas met schoon ondergoed. In de daaropvolgende jaren werkte ik voor de Nationale Ge-
zondheidszorg, als schoonmaakster, kok en naaister. Ik heb nooit
meer als jurist gewerkt.

Ik heb die hele poppenkast van het assimileren de rug toegekeerd,
stuurde mijn dochter naar een joodse school en gaf haar een joodse
opvoeding. In 1957 trouwde ik met Fred Beer, ook een Weense jood,
wiens moeder in de Holocaust was vermoord. We hebben elkaar ons
verhaal één keer verteld, één keer maar, en daarna hebben we dertig
jaar lang met geen woord meer over deze verschrikkelijke gebeurtenissen gerept. We hebben het verleden weg laten drijven, als wrak-
hout op zee, in de hoop dat het uiteindelijk zou zinken en vergeten
zou worden. In dat opzicht, is me verteld, waren we te vergelijken met
overlevenden van andere vreselijke rampen.

Fred is in 1984 overleden, en ik ben in 1987 naar Israël verhuisd,
waar ik eindelijk te midden van joodse mensen kon wonen, in ons
eigen land. Hoewel ik omringd ben door mensen uit culturen die
volkomen verschillen van de mijne, voel ik een verwantschap met
hen allemaal. Ik voel me hier op mijn gemak. Hier hoor ik thuis.

Ik heb geprobeerd contact te houden met de mensen die mijn leven als U-boot mogelijk hebben gemaakt en me zo dierbaar waren. Toen Frau Doktor Maria Niederall het gestolen bedrijf kwijtraakte en ziek werd, heb ik twee weken salaris opgespaard om haar een mooi bedjasje te kunnen sturen. Ze was er in elk geval blij mee. Ze had altijd van luxueuze en vrouwelijke dingen gehouden. Helaas kon het haar niet beter maken. Ze is te jong gestorven. Net als veel mensen die om haar zouden hebben getreurd.

Ik las een boek van de beroemde nazi-jager Simon Wiesenthal. 'We mogen degenen die ons hebben geholpen nooit vergeten,' zei iemand in dat boek, dus schreef ik Wiesenthal een brief om hem te vertellen over Christl Denner Beran, mijn lieve vriendin die er nu niet meer is. Ze kreeg een onderscheiding voor haar uitzonderlijke moed. Er werd uit haar naam een boom geplant op Yad Vashem, het Holocaust-monument hier in Israël – de hoogste eer die in ons land aan een niet-jood kan worden toegekend.

Gedurende Angela's jeugd in Engeland stuurde ik haar verjaardagskaartjes van familieleden die in rook waren opgegaan, om haar het gevoel te geven dat ze een grote en liefhebbende familie had. Ze kreeg altijd een kaartje van grootmoeder Klothilde.

Ik heb contact gehouden met Bärbl en haar familie. En ik heb geprobeerd Werner Vetters uitzonderlijke persoonlijkheid een klein beetje levend te houden.

'Je vader had die muur kunnen schilderen,' zei ik tegen Angela. 'Je vader zou ervoor zorgen dat die leraar het excuus geloofde... Je vader had die fiets kunnen repareren...'

Ik vertelde Angela dat Werner en ik oprecht van elkaar hielden en dat we alleen uit elkaar waren gegaan omdat hij geen werk had kunnen krijgen in Engeland. Ik vertelde haar pas toen ze een tiener was dat we gescheiden waren. Ik heb er zelfs voor gezorgd dat ze haar vader een paar keer heeft kunnen ontmoeten, zodat ze de man zou kennen van wie ik heb geprobeerd te houden, een man voor wie ik altijd, ondanks alles, respect zal hebben.

Waarom omhulde ik mijn dochter met deze prettige en troostende leugentjes? Omdat ik niet wilde dat ze zich alleen zou voelen. Net zoals mama me altijd de dingen stuurde die ze zelf niet had – de cake als ze honger had, de wanten als ze het koud had – zo probeerde ik Angela de dingen te geven die ik zelf kwijt was: een familie, een veilig plekje op deze wereld, een normaal leven.

Ik had dit verhaal dus makkelijk kunnen verzwijgen, zodat het voorgoed in het vergeetboek was geraakt.

Alleen heeft Pepi Rosenfeld, met een durf die totaal niet strookte met zijn karakter, de brieven en foto's die ik hem stuurde níet verbrand, zoals ik hem had gevraagd, maar ze bewaard, stuk voor stuk.

Het had onze dood kunnen worden, die brieven.

'Nou, wat vind je, mijn beste Edith?' zei hij met zijn plagerige glimlachje toen we elkaar jaren later in Wenen terugzagen en elkaar voorstelden aan de mensen met wie we waren getrouwd. 'Zal ik die brieven aan het Oostenrijks Nationaal Archief schenken?' Ik moet een kreet van ontzetting hebben geslaakt. 'Ja, ik had wel gedacht dat je zo zou reageren.' Hij lachte. Er waren tientallen jaren verstreken en nog steeds liet ik me door die man bij de neus nemen.

In 1977, kort voor zijn dood, stuurde Pepi me zijn laatste pakje. Het bevatte alle brieven die ik hem uit de kampen had gestuurd en ook die uit Brandenburg, toen ik in het hart van het nazi-rijk een U-boot was.

En mijn dochter Angela, die niets liever wilde dan eindelijk de hele waarheid kennen, heeft ze gelezen.